REISEBUCH SÜDEIFEL

Foto Titelseite: Im Südeifeler Fachwerkwunder Monreal an der Elz

Wir bedanken uns für die freundliche Unterstützung bei der Herausgabe dieses Buches bei:

Touristikinformation Südeifel
Vulkaneifel Touristik und Werbung GmbH
Touristik-Service Ahr, Rhein, Eifel – Bäder-, Wein- und Wanderland e.V.
Verkehrsamt Mayen

Christoph Wendt

REISEBUCH SÜDEIFEL

Meyer & Meyer Verlag

Die Deutsche Bibliothek – CIP-Einheitsaufnahme

Wendt, Christoph:
Reisebuch Südeifel / Christoph Wendt.
– Aachen : Meyer und Meyer, 1994
ISBN 3-89124-216-6

Vertriebspartner in Belgien: Grenz-Echo Verlag, Eupen
Satz: Garamond
Lithos: Qualitho, Essen
Druck: Druckerei Grenz-Echo
ISBN 3-89124-216-6

Inhaltsverzeichnis

Die Südeifel von A bis W

Die Eifel –
Vom Aschenputtel zur strahlenden Prinzessin

„Vergangen ist nicht manches Jahr,
da Eifler sein nicht ruhmvoll war;
sein Land wie Petrus seinen Herrn
verleugnete der Eifler gern.
Denn Eifel hieß, was rauh und kalt,
was öd und arm, von Sitten alt,
was nicht geweckt, und was nicht fein:
drum wollte niemand Eifler sein.
Man ward gewiesen hin und her
weil dort, nicht hier die Eifel wär.
Doch kam man an den neuen Ort,
dann war die Eifel – auch nicht dort."

(Ernst Moritz Arndt, 1844)

Wie sich die Zeiten ändern! Noch zu Beginn unseres Jahrhunderts hatte die Eifel selbst in offiziellen Schulbüchern den wenig schmeichelhaften Beinamen „Rheinisches Sibirien". Die Eifel galt als karges, rauhes und landschaftlich unattraktives Gebiet. Wer beruflich etwa vom Rheintal her in der Eifel zutun hatte, konnte sicher sein, daß Freunde und Verwandte ihn auf das lebhafteste bedauerten. „Wenn ein Spatz vom Rhein in die Eifel fliegt, muß er seine Körner mitnehmen", sagte man damals in Anspielung auf die Armut der Eifel.

Um diese Zeit mag auch die Geschichte von dem Mann entstanden sein, der von den landschaftlichen Reizen der Eifel angelockt von weit her kam, um das Bergland kennenzulernen. In *Mayen* fragte er nach der Eifel. „Da oben, am Horizont, bei der *Nürburg* und der *Hohen Acht* ist die Eifel", sagte man ihm. Man wollte nichts mit der Eifel zu tun haben, das wäre fast einer Beleidigung nahe gekommen, so wie es schon Ernst Moritz Arndt erlebte und in seinem 1844 erschienenen Buche „Rhein- und Ahrwanderungen" geschildert hat. Heute ist man in Mayen übrigens stolz darauf, die Stadt als ein Tor zur Eifel bezeichnen zu können. Aber noch heute spricht man in der Hocheifel von einem besonders schweren, unfruchtbaren Boden als „Eifel". Und in *Gerolstein,* der Brunnenstadt, die ja nun wahrlich ein Zentrum der Eifel ist, kann es geschehen, daß die Einheimischen zu ihren Besuchern aus der Gegend von *Prüm* in der Westeifel ganz abfällig sagen: „Ach, bei Euch da oben in der Eifel." Die allgemeine Mißachtung, ja Verachtung, die die Eifel hinnehmen mußte, änderte sich erst, als zu Beginn unseres Jahrhunderts die Maler, vor allem die Maler der Düsseldorfer Schule die Eifel entdeckten und in ihren Bildern aus der Eifel den Menschen draußen plötzlich die Augen für die herbe Schönheit und die Reize vor allem der Vulkaneifel öffneten. Was etwa der Maler Fritz von Wille ungewollt mit seinen Bildern an Werbung für die Eifel betrieben hat, könnte heute durch keine noch so tüchtige Werbeagentur besser gemacht, vor allem nicht mehr bezahlt werden. Diese Maler wurden zu Werbern mit Pinsel und Palette.

Die Folge waren sprunghaft steigende Besucherzahlen. Ende der zwanziger Jahre wurden zum Beispiel von Köln aus mehr Rückfahrkarten am Wochenende zum Bahnhof *Gerolstein* in der Vulkaneifel verkauft, als etwa zu den längst renommierten Ausflugszielen Rüdesheim oder Assmannshausen am Rhein.

Heute ist die Südeifel zwischen *Prüm* und *Ahrweiler,* zwischen *Bitburg* und *Mayen* Ausflugsziel für ungezählte Besucher ebenso wie Urlaubsland für die Menschen aus den nahegelegenen Ballungsgebieten von Rhein und Ruhr, von Rhein und Main, aus Holland, Belgien oder Frankreich. Das Land der erloschenen Vulkane, dessen seine Bewohner sich einst so schämten, daß sie es überall anders sehen wollten, nur nicht bei sich selbst, ist sozusagen hoffähig geworden. Es wandelte sich vom Aschenputtel zur strahlenden Prinzessin unter den deutschen Reiselandschaften.

Land über erloschenen Feuern – Das Reiseland Südeifel

Nur wenige Reisegebiete lassen sich so klar umgrenzen wie die Südeifel. Man kann das sogar in einem einzigen Satz tun: die hier beschriebene Südeifel ist nichts anderes als der zu Rheinland-Pfalz gehörende, auf die Regierungsbezirke Koblenz und Trier entfallende Teil der Eifel überhaupt.

Denkt man an die Eifel, so kommt unwillkürlich die Vorstellung von Vulkanseen, Kratern und erloschenen Vulkanen auf. Tatsächlich hat die Südeifel erdgeschichtlich über lange Zeit eine ganz andere Entwicklung genommen, als der kleinere Teil des Berglandes im Norden, die

Im Ahrtal bei Maria Laach

Nordeifel. Das geht soweit, daß es immer wieder ernsthafte Stimmen gegeben hat, die die eigentliche Eifel im wesentlichen auf den hier dargestellten südlichen, den ohnehin bei weitem größeren Teil des Gebirges beschränkt sehen und nur einige Randgebiete im Norden hinzunehmen wollten.

Wie auch immer, das, was in der allgemeinen Vorstellung die Eifel ausmacht, findet man in der Südeifel. Hier liegen die berühmten Maare, die Vulkan- und Kraterseen von *Laacher See, Totenmaar, Meerfelder Maar* oder *Windsborn,* um nur einige zu nennen. Hier stehen die Kuppen der natürlich längst erloschenen Vulkane am Horizont. Hier sprudeln an vielen Orten zum Teil weltberühmte Mineralbrunnen, in *Gerolstein,* in *Bad Neuenahr-Ahrweiler*, in *Mendig* und an vielen anderen Stellen. Die großen Klöster der Eifel, die im Mittelalter auch Zentren weltlicher Machtpolitik waren, liegen in der Südeifel. Schlösser, Burgen und malerische Ruinen sind nirgends so dicht beieinander wie hier zwischen der Mosel im Süden und der Landesgrenze zwischen Rheinland-Pfalz und Nordrhein-Westfalen im Norden, zwischen dem Rhein im Osten und der Staatsgrenze gegen Belgien und Luxemburg im Westen. Und damit haben wir bereits exakt die Grenzen der Südeifel aufgezählt.

Ganz allgemein hieß das Bergland der Eifel, und zwar der gesamten Eifel ebenso wie das der jenseits der heutigen Staatsgrenze gelegene Bergland der Ardennen einfach nur Ardennen. Erst seit dem 13. oder 14. Jahrhundert begann sich, allerdings zunächst nur für Teile unseres Reiselandes, der Name Eifel herauszubilden. Bemerkenswerterweise datiert die älteste urkundliche Erwähnung des deutschen Namens Eifel aus dem Jahre 1339 und bezieht sich auf das in der Nordeifel liegende Münstereifel, das als „munster in der eyffelen“ erwähnt wird. Erst nach und nach breitete sich dann der Name für das ganze Bergland aus, wobei interessanterweise die Gegenden um *Prüm* und *Bitburg* lange als nicht zur Eifel gehörig betrachtet wurden.

Was der Name Eifel ursprünglich bedeutet, ist bis heute nicht zufriedenstellend geklärt. Allgemein wird angenommen, daß der Name sich aus einem vorkeltischen, gleichsam prähistorischen Wort „Aquella“ oder „Akaunon“ entwickelt hat. Dieses Wort soll „hohes, steiles Land“ bedeuten.

Ob die beiden einzigen großen Städte, die zumindest am Rande der Südeifel liegen, *Koblenz* und *Trier,* nun noch zur Eifel gerechnet werden müssen, oder ob man sie da liegen lassen sollte, wo sie entstanden sind, an Rhein und Mosel oder nur an der Mosel, mag dahingestellt sein. Für die Südeifel haben diese beiden Städte eine große Bedeutung, als Verwaltungszentren und als wirtschaftliche Mittelpunkte einerseits, andererseits als diejenigen Städte, aus denen zu allererst und vor allem die Ausflügler in die Südeifel kommen. So sollen beide Städte, mögen sie im Grunde auch noch so sehr Rhein- oder Moselstädte sein, in den nachfolgenden Texten dieses Reisebuches mitbehandelt werden.

Dagegen verbietet es sich, jene Städte mitzubehandeln, die am Ufer von Rhein und Mosel, wie Sinzig, Remagen, Andernach, Cochem, Zell oder Bernkastel, aber eben auf dem jeweiligen Eifeler Ufer liegen. Sie leben zwar mit dem Rücken nicht zur Wand, sondern zur Eifel, aber ihr Gesicht wird durch Rhein oder Mosel geprägt. Mit dem Land der erloschenen Vulkane haben sie weniger zu tun, mögen auch die aus den Vulkanausbrüchen des Laacher-See-Gebietes stammenden Bimsablagerungen im Neuwieder Becken einen direkten Bezug zur Eifel herstellen.

Es bleibt ohnehin in dem oben abgegrenzten Raum der Südeifel eine Landschaft, die so voll ist von geradezu atemberaubenden Sehenswürdigkeiten landschaftlicher, geologischer, historischer, kunstgeschichtlicher und architektonischer Art, daß man Mühe haben wird, das alles in einem Reisebuch zusammenzufassen und darzustellen. Von den vulkanischen Wasserflächen der Maare spannt sich der Bogen zu **dem** Wandertal der südlichen Eifel, dem *Liesertal,* von der deutschen Burg schlechthin, der *Burg Eltz*, zur *Nürburg* nahe der *Hohen Acht*. Und von den Fachwerkwunderstädtchen *Adenau* oder *Monreal* bis hin nach *Manderscheid,* der Perle der Eifel.

Der kommunalen Neugliederung der frühen 70er Jahre folgte in der Südeifel eine Neuformierung der touristischen Gebiete. Da gibt es die eigenartigerweise Südeifel genannte Westeifel, die von der rauhen *Schneifel,* der Schnee-Eifel im Norden über die alte Abteistadt *Prüm* und die Bierstadt *Bitburg* bis vor die Tore Triers reicht. Weiter landeinwärts dehnt sich das Kern- und Herzstück der Südeifel, die Vulkaneifel. Zwischen *Daun* und *Wittlich* umfaßt sie das Gebiet der schönsten Eifeler Vulkanseen, zur Mosel hinunter schließt sich das Wittlicher Land an. Im Osten kommt man folgerichtig in die Osteifel, deren Kernstücke die Genovevastadt *Mayen,* das Maifeld und das Laacher Seegebiet sind. Und last but not least ist das *Ahrtal* zu nennen, an dessen Hängen der berühmte Ahrburgunder gedeiht.

Tief eingeschnitten in diese Landschaft der südlichen Eifel ziehen die wichtigsten Wasserläufe des Berglandes von Norden nach Süden zur Mosel hin: der Grenzfluß *Our,* der bei Wallendorf in die *Sauer* mündet; beide grenzen die Eifel zunächst gegen Belgien, dann gegen Luxemburg, und damit insgesamt gegen die Ardennen ab. Aus dem Nordeifeler Zitterwald kommt die *Kyll* als wichtigster Wasserlauf der südlichen Eifel. *Salm* und *Lieser*, *Alf*, *Üß*, *Endert* und *Elz* sind weitere Wasserläufe der Südeifel, die zur *Mosel* hinziehen und vor allem den Wanderer mit alten Burgen und Klöstern, mit Schluchten und faszinierenden Wanderwegen überraschen. Zum Rhein hin, also nach Osten, wenden sich *Nette* und *Brohl* und vor allem natürlich die *Ahr*.

Wenn auch die Südeifel vor allem das Land der erloschenen Vulkane, der Maare und Kraterseen ist, so ist das vorstehend skizzierte Gebiet alles andere als einheitlich. Wälder prägen die Schneifel im Nordwesten, Weinberge das Ahrtal. Fruchtbare Ackerböden sind seit jeher typisch für das Maifeld. Gemeinsam ist diesen unterschiedlichen Landschaften der Südeifel eigentlich nur eins: es ist schwierig zu sagen, wo es am schönsten und interessantesten ist, so reich ist das einst so verrufene Land an Sehenswürdigkeiten, die allerdings zum Teil entdeckt werden wollen. Die verschiedenen Fremdenverkehrsverwaltungen haben die Südeifel gleichsam in ein einziges großes Packet gepackt und das dann gut verschnürt. Aufschnüren und nachsehen, was drin ist, muß jeder selber. Dieses Reisebuch will dabei behilflich sein.

Geologie – So entstand die Eifel

Schon vor mehr als hundert Jahren konnten Geologen ins Schwärmen geraten, wenn die Rede auf die Eifel kam. Das Bergland westlich des Rheins zwischen Koblenz und Bonn galt als geologisches Lehrbuch schlechthin. Der im vorigen Jahrhundert weltbekannte Geologe von Buch meinte, die Eifel habe ihresgleichen auf der Welt nicht, allenfalls könne man in der vulkangespickten zentralfranzösischen Landschaft der Auvergne eine Landschaft ausmachen, die ein ähnliches Bild biete wie die Eifel. Aber eben nur ein ähnliches, bei weitem nicht das gleiche. Fehlen doch in der durch erloschene Vulkane geprägten Auvergne Maare und Kraterseen in der Art, wie sie gerade für die Eifel so typisch sind.

Doch bei aller Schwärmerei der Geologen für die Eifel darf man nicht übersehen, daß diese Schwärmerei, wie Schwärmereien das so an sich haben, einseitig ist. Einseitig ausgerichtet auf die markanten vulkanischen Erscheinungsbilder. Vulkankegel, Krater, Kraterseen, Maare, Bimsablagerungen. Das sind alles Erscheinungsbilder, die auch dem geologischen Laien verständlich sind und ihm vor allem vor Augen halten, daß diese Eifel eben etwas Besonderes ist.

Darüber darf man natürlich nicht vergessen, sich wenigstens kurz vor Augen zu führen, wie die Eifel überhaupt entstanden ist und welche anderen Vorgänge sich hier im Laufe der Millionen von Jahren erdgeschichtlicher Entwicklung abgespielt haben. Es verbietet sich von selbst, hier eine umfassende Abhandlung wiederzugeben über die geologische Entwicklung der Eifel. Sie würde für sich alleine ein ganzes Buch füllen. Nur kurz seien hier die wichtigsten Dinge aufgeführt.

Die ältesten Ablagerungen der Eifel gehören dem Kambrium an, es sind die Quarzite und Phyllite, denen man bei Wanderungen im äußersten Nordwesten des Reisegebietes in der Schneifel und im Zitterwald begegnen kann. Diese kambrischen Schichten waren bereits voll aufgefaltet, als sich darüber die Formationen des Devons bildeten. Diese Devonformationen stammen – so die Geologen – sämtlich aus Ablagerungen des Devonmeeres, das damals die Eifel bedeckte. Das war vor rund 300 Millionen Jahren. Dieses Devonmeer war eine meist flache, bewegte, gut durchlüftete riesige Wasserfläche, die sich über weite Gebiete des heutigen Europa erstreckte. In diesem Devonmeer ragte im Bereich der heutigen Eifel nur ein kleineres, aber besonders wichtiges Hochgebirge auf wohl bis dicht unter die Wasseroberfläche, vielleicht sogar aus dem Wasser heraus – das Gebirge von Manderscheid.

In den Landgebieten, die das Devonmeer umgaben und umragten, entstand durch Verwitterung von Gesteinsmassen Schutt, der von Regen und Flüssen ins Meer verfrachtet wurde. Brandung und Strömungen des Devonmeeres transportierten die Ablagerungen zum Teil weit von ihrem Entstehungsort weg und ließen sie sich schließlich endgültig auf dem Meeresboden absetzen, Schicht um Schicht.

Diese Ablagerungen, die aus Sanden und Tonen bestehen, sind im heutigen Landschaftsbild der Eifel zu Sandstein und Tonschiefer verfestigt und bilden den wichtigsten Bestandteil der Ablagerungen aus dem sogenannten Unterdevon, dem ältesten Abschnitt der Devonzeit. An manchen Stellen sind diese verfestigten Ablagerungen reich an Resten von Meerestieren, wie Krebsen, Armfüßern, Muscheln oder Schnecken. Diese Reste haben die Versteinerungsfundstätten von *Daun,* Daleiden und Stadtfeld berühmt gemacht.

Im Mitteldevon entstanden völlig andere Ablagerungen. Dank günstiger Klimabedingungen war das Devonmeer angefüllt mit einer ungeheuren Menge von Lebewesen, die aus dem Meerwasser feinste Kalke und kalkige Gehäuse ausschieden. Sie setzten sich im Kalkschlamm ab oder bildeten mit tonigen Stoffen vermischt Mergelschlamm. In dem zeitweise wohl recht warmen Wasser fanden auch Korallen beste Lebensbedingungen, so daß sie zum Teil große Korallenriffe bilden konnten. Zwischen ihnen lebten Schnecken, Muscheln, Krebse und Armfüßer. Ihre versteinerten Reste haben die mitteldevonischen Kalke und Mergel der Eifel weltbekannt gemacht. Neben dem Vulkanismus, der seine Spuren in der Eifel unübersehbar hinterlassen hat, sind es eben diese Versteinerungen aus der mitteldevonischen Zeit, die die Eifel berühmt gemacht haben. Aus der Spätzeit des Devons, dem Oberdevon, sind nur in der Gegend von Prüm, bei Wallersheim, Büschesheim und Oos Gesteine erhalten, die aber heute weitgehend abgetragen sind.

Dem Devon folgte das Karbon, die Steinkohlenzeit. In ihr kam es zu Bewegungen der Erdkruste, die dazu führten, daß die bislang waagerecht liegenden Ablagerungen teilweise aufgefaltet wurden, das sogenannte Variskische Gebirge tauchte auf. Im Laufe von rund 100 Millionen Jahren verwitterte dieses Gebirge so weit, daß im Gebiet der Eifel nur noch eine Ebene übrig blieb, aus der hier und da Buckel aus härteren Gesteinsmassen herausragten. Ringsum aber erhoben sich höhere Gebirgszüge, von denen Verwitterungsschutt auf die Eifelebene herabgelangte. Das war im sogenannten Erdmittelalter, also vor etwa 200 Millionen Jahren.

Flüsse kamen von den umliegenden Gebirgen herab in die Eifelebene, brachten Geröll und rote Sandmassen mit sich, die in der Ebene abgelagert wurden und sich im Laufe der Zeit zum Buntsandstein verfestigten. In der Südeifel sind solche Buntsandsteinvorkommen am schönsten in der Trierer Bucht, also am südlichen Rande unseres Berglandes zu sehen. Daß diese Ablagerungen, die sich wohl ursprünglich weit über die Eifel ausgedehnt haben müssen, heute nur noch vereinzelt auszumachen sind, liegt daran, daß im Laufe der folgenden Millionen von Jahren die Oberfläche der Eifel sich hob und senkte, es kam zu Verwerfungen und Auffaltungen. Und wenn es auch für den Augenblick unmerklich geschieht, die Eifel als Teil des Rheinischen Schiefergebirges hebt sich auch heute noch immer, wenn auch nur wenige Zentimeter im Jahrtausend.

Viele Geologen nehmen an, daß in der Buntsandsteinzeit die Eifel wiederum von einem Meer bedeckt war, aus dem zu Beginn der Tertiärzeit die Eifel nur wenig herausragte. In dieser Tertiärzeit kam es zu wichtigen horizontalen Veränderungen des Landschaftsbildes, man könnte sagen, das Rohmodell der heutigen Eifel mit ihren Flußtälern deutete sich damals erstmals an. Der jetzt einsetzende Vulkanismus schuf die tertiären Eifelvulkane, deren Kuppen heute aus dem Landschaftsbild der Eifel nicht mehr wegzudenken sind. Andererseits bildeten sich die Flußtäler heraus, die jedoch in den immer wieder wechselnden Perioden von Gebirgshebung und Ruhepausen ihre Lage und

Mosenberg

Gestalt veränderten, nach den Seiten hin verbreiterten, wobei die zum Teil charakteristischen Terrassen entstanden. Sie sind nichts anderes als Reste eines ehemaligen Talbodens, in den sich der Fluß später wieder tiefer eingefressen hat. Erhalten blieben auch die Mäander der Flüsse, von denen die große Ahrschleife bei Laach ein besonders schönes Beispiel ist. Beim heutigen Ort *Mayschoß* an der Ahr ist noch deutlich ein so entstandener Umlaufberg zu sehen.

Vulkane, zur Parade angetreten – Die vulkanischen Bildungen in der Eifel

Mögen die Herzen von Fossiliensammlern bei Funden aus dem einstigen Devonmeer in der Eifel auch heute noch so hoch schlagen, mit ihren vulkanischen Spuren hat die Eifel etwas, was sie einzigartig macht, was sie aus allen anderen Landschaften Europas heraushebt. Die Vulkane und Vulkanseen setzen der so lange geschmähten Eifel eine Krone auf, um derentwillen einst schon die Wissenschaftler, heute die nach tausenden zählenden Ausflügler und Besucher kommen.

Meist übersehen wird dabei allerdings, daß die Eifel im wesentlichen zwei vulkanische Perioden im Laufe der Erdgeschichte mitgemacht hat. Im Tertiär kam es zu Vulkanbildungen nicht nur in der Eifel. Vom Oberpfälzer Wald über Rhön, Vogelsberg und Westerwald spannt sich die Kette der Mittelgebirge in Deutschland, die durch Vulkane der Tertiärzeit geprägt wurden. Dabei stehen in der Eifel von diesen Tertiärvulkanen meist nur noch die basaltischen Kerne, die härter als das umliegende Gestein der Verwitterung der Jahrmillionen getrotzt haben. Einige der bemerkenswertesten Erhebungen der Eifel sind nichts anderes als solche stehengebliebenen Basaltkerne ansonsten abgetragener tertiärer Vulkane. Die bekanntesten Beispiele sind die *Hohe Acht*, die höchste Erhebung der Eifel, die die *Nürburg* tragende Höhe, der Hochkelberg, der Tomberg bei Rheinbach. Rund zweihundert solcher Basaltkuppen hat man in der Eifel gezählt, die meisten liegen im Flußgebiet der *Ahr* sowie im Laacher Seegebiet. Meist sind sie nur dem kundigen Auge des Geologen als Reste einstiger Vulkane erkennbar. Wer dagegen heute auf dem Vulkanwanderweg des Eifelvereins über den *Mosenberg* wandert, kann auch als Laie unschwer erkennen, daß er sich im Krater eines erloschenen Vulkanes befindet. Und mitunter kommt man den ausgebrannten Lavafelsen so nahe, daß man unwillkürlich fühlen möchte, ob nicht noch ein wenig der unterirdischen Gluthitze von einst darin enthalten sei.

Der Mosenberg mit seinen Kratern gehört zu jener Gruppe jüngerer Eifelvulkane, die in der sogenannten Diluvialzeit entstanden sind und tätig waren, einige davon wie der Mosenberg möglicherweise zu einer

Die Hohe Acht, höchster Berg der Eifel

Der wieder aufgebaute Teil der Nürburg

Am Holzmaar

Auch in der Eifel gibt es Weinbau

Zeit, als bereits die ersten Menschen in der Eifel lebten, im Buchenloch in der Munterley bei *Gerolstein.* Diese jüngeren Eifelvulkane finden sich einmal im Laacher-See-Gebiet und in der heute noch sogenannten Vulkaneifel, also im Großraum *Daun–Manderscheid.*

Manche Standorte in der Eifel sind geradezu berühmt wegen ihres Vulkanblickes. Schaut man etwa von der Falkenley bei *Bad Bertrich* nach Norden, sieht man am Horizont aufgereiht 55 erloschene Vulkane wie gigantische Maulwurfshaufen. Aber auch vom Mäuseberg bei *Daun* hat man einen ähnlich faszinierenden Blick. Am dichtesten scharen sich die Vulkankegel bei Daun zusammen, alle überragend der rund 700 Meter hohe Erresberg. Daß sein Gipfel einen exzellenten Überblick über die Eifeler Vulkanlandschaft bietet, versteht sich angesichts dieser Höhe. Unter den Vulkanen der eigentlichen Vulkaneifel finden sich einige, die schon durch ihren guten Erhaltungszustand verraten, daß sie erdgeschichtlich gesehen recht jung sind. Am schönsten und deutlichsten sieht man das beim Mosenberg. Seine Lavaströme haben den Kraterrand einst durchbrochen und sind talwärts geflossen in den Horngraben auf das Tal der *Kleinen Kyll* zu. Im Horngraben blieb die erstarrende Lava stehen, die typischen sechseckigen Basaltsäulen, die sich damals bildeten, gehören heute zu den schönsten vulkanischen Sehenswürdigkeiten der Eifel.

Beim Empordringen aus der Tiefe der Erde waren die vulkanischen Massen mit Gasen und überhitzten Dämpfen durchtränkt. Sobald diese Magma genannten Massen so hoch gestiegen waren, daß der Boden dem von unten wirkenden Druck nicht mehr widerstehen konnte, explodierten die Gase und Dämpfe und sprengten eine trichterförmige Öffnung heraus. Diese ausgesprengten Trichter, um die herum Teile der herausgeschleuderten Magma abgelagert wurden, sind jene typischen Kesseltäler unterschiedlicher Größe, die sich vor allem in der Gegend von Daun und Gillenfeld zahlreich finden. Manchmal füllten sie sich mit Wasser, einige sind bis heute wassergefüllt. Man nennt sie Maare. Da, wo jedoch glutflüssige Lavamassen aus einem Krater austraten und sich später der Krater mit Wasser füllte, spricht man von einem echten Kratersee. In der Eifel gibt es heute zwölf Maare, von denen einige aber schon weitgehend verlandet sind. Es gibt aber nur einen echten Kratersee, den *Windsborn* oder Wanzenboden auf dem *Mosenberg.* Er ist übrigens der einzige echte Kratersee ganz Deutschlands.

Noch andere Spuren hat der Vulkanismus in der Eifel hinterlassen, Spuren, die bis heute noch nicht nur auffallen, sondern auch wirtschaftlich genutzt werden. Da sind zum einen die vielen, zum Teil weltberühmten Mineralquellen von *Gerolstein, Daun, Birresborn, Bad Neuenahr-Ahrweiler* oder *Mendig*, um nur einige zu nennen. In Millionen Flaschen abgefüllt gehen diese erfrischenden Zeugnisse des Eifelvulkanismus heute in die ganze Welt.

Allein im Dauner Gebiet gibt es rund dreihundert Kohlensäurequellen, die einen Namen tragen, und im *Laacher See* kennt man fast fünfhundert sprudelnde Quellen, die an den verschiedensten Stellen unentwegt Gasbläschen an die Oberfläche des Wassers gelangen lassen. Eine Besonderheit, die in diese Kategorie der vulkanischen Zeugnisse gehört, ist schließlich auch der wallende Born im Ort *Wallenborn*. Hierbei handelt es sich um einen Calcium-Natrium-Hydrogenkarbonat-Säuerling (Mineralquelle). Unter starken Wallungen hebt sich infolge aufsteigender Kohlensäure der Wasserspiegel kräftig brausend bis zu einem halben Meter an. Er macht dann 35 Minuten Pause, und sprudelt und steigt dann wiederum 20 Minuten lang. Er erinnert insofern an einen der berühmten Geysire von Island.

Eine andere Nutzung erfahren die Ablagerungen vulkanischer Auswurfstoffe. Ganz besonders bedeutsam wurden die Aschen, Bimsstoffe und Schlacken, die von den Vulkanen des Laacher-See-Gebietes ausgeworfen wurden und sich im Rheintal zwischen Andernach und Koblenz im sogenannten Neuwieder Becken ablagerten. Sie bilden hier seit alters her die Grundlage für eine blühende Baustoffindustrie. Aber nicht nur zu Bimssteinen wird das verarbeitet, was die Eifelvulkane einst aus dem Erdinneren kommen ließen. Weithin dienen die Ablagerungen als Füllmaterial beim Straßenbau, aus Tuffsteinen wurden Häuser und Kirchen vor allem in der Osteifel gebaut, und der harte Basalt diente schon in früher Zeit zur Herstellung von Mühlsteinen. Interessant und sehenswert ist in diesem Zusammenhang der Steinlehrpfad, der an einem Rastplatz der Bundesautobahn 61 Köln–Koblenz in der Nähe der Ausfahrt *Mendig* angelegt wurde.

Vulkanseen – Die nassen Augen der Eifel

Was wäre die Südeifel ohne ihre Vulkanseen! Diese kleinen und großen, oft noch abseits und ein wenig verträumt in der Landschaft liegenden Wasserflächen sind so etwas wie eine Wiedergutmachung der Natur dafür, daß sie vorher die Eifel mit dem Feuer und den Explosionen der Vulkane so geschunden hat. Mögen die Maare und der Kratersee des Windsborn für die Wissenschaftler nicht so interessant sein, für den Eifelbesucher gehören sie zum Schönsten und Reizvollsten, was das Bergland zu bieten hat. Die Maare der Eifel sind das Überbleibsel der Tätigkeit von 54 Vulkanen. Als meist runde Bergseen ruhen sie in den Kratern aus einer Zeit von mehr als 8000 Jahren. Der größte Eifeler Vulkansee ist der *Laacher See* in der Osteifel zwischen *Mayen,* Andernach und *Brohl* gelegen. An seinem Ufer entstand im 12. Jahrhundert die Benediktinerabtei *Maria Laach,* deren romanische Kirche eines der kostbarsten Zeugnisse der romanischen Baukunst im gesamten Rheinland ist. Rund dreieinhalb Quadratkilometer groß ist die Fläche des bei Seglern wie bei Fischern gleichermaßen beliebten Sees, fast siebeneinhalb Kilometer Umfang hat der See, der an der tiefsten Stelle erstaunlicherweise nicht tiefer als 53 Meter ist und heute fast 108 Millionen Kubikmeter Wasser enthält.

Das war nicht immer so. Der Wasserstand des Sees war immer großen Schwankungen unterworfen, so daß sogar manchmal bei hohem Wasserstand das Kloster gefährdet war. In der ersten Hälfte des

Am Totenmaar

vorigen Jahrhunderts wurde aus diesem Grunde ein Abzugskanal angelegt, der bis heute den Wasserspiegel des Sees in gleicher Höhe hält.

Nach dem Ersten Weltkrieg drohte dem Laacher See Gefahr durch ein Großprojekt der Energiegewinnung. Die Spitzenleistung eines am Rhein gelegenen Elektrizitätswerkes sollte dadurch erzielt werden, daß tagsüber Wasser des Sees durch mächtige Röhrenleitungen nach Andernach fließen und dort Turbinen antreiben sollte. Bei Nacht sollte mit der überschüssigen Energie Rheinwasser in den Laacher See zurück gepumpt werden. Auch wenn man damals noch nicht so sensibel in Umwelt- und Naturschutzdingen war, so empfand man doch dieses technische Projekt als Vergewaltigung der Eifellandschaft. Die damals für die Eifel als Teil der Rheinprovinz zuständige preußische Verwaltung erklärte den Laacher See mit seinen Ufern zum Naturschutzgebiet und rettete damit den größten Vulkansee der Eifel vor der Zerstörung durch die Technik.

Nächst dem Laacher See dürften die drei Dauner Maare die bekanntesten Vulkanseen der Eifel sein, das kleine *Gemünder Maar* bei Daun, das *Weinfelder-* oder *Totenmaar* am Mäuseberg und das *Schalkenmehrener Maar* in seiner unmittelbaren Nähe. Am Stadtrand von Daun liegt in einem tiefen, von Wald umgebenen Kessel das Gemünder Maar, das 7,2 Hektar groß und 38 Meter tief ist. Seine Wasserfläche wird wassersportlich genutzt und ist touristisch voll erschlossen. Jenseits des Mäuseberges stößt man auf das 16,8 Hektar große und 51 Meter tiefe Weinfelder- oder Totenmaar. Dieser Vulkansee gilt weithin als der schönste der Eifel. Man muß ihn im Mai oder Juni erleben, wenn hier der goldfarben leuchtende Besenginster in den Hängen ringsum blüht und diese Blütenpracht in reizvollem Gegensatz zu der düster wirkenden Wasserfläche steht. Dieser düstere Eindruck kommt von den schwarzen Vulkanaschen, die hier den Untergrund bilden. Manchmal wird von diesem düsteren Eindruck auch der Name Totenmaar abgeleitet. Tat-sächlich dürfte der Name jedoch von dem kleinen Friedhof herrühren, der sich oberhalb des Maares befindet und nebst der kleinen Kirche daneben das einzige ist, was vom Dorf Weinfeld (daher der zweite Name) übrig blieb. Dieses Dorf soll an den Hängen über dem See gelegen haben und im 17. Jahrhundert an der Pest zugrunde gegangen sein. Die letzten Überlebenden verließen das Dorf und zogen ans Schalkenmehrener Maar. Bis heute begraben die Schalkenmehrener ihre Toten hier oben auf dem Friedhof über dem Totenmaar. Jenseits der von Daun nach Manderscheid führenden Straße liegt erheblich tiefer als das Totenmaar das Schalkenmehrener Maar, 23,6 Hektar groß und 21 Meter tief. Das Dorf Schalkenmehren an seinem Ufer war einst als Dorf der Handweber berühmt, nutzt heute die alte Tradition für den Fremdenverkehr.

Zwei weitere Maare liegen nicht weit von Daun beim Ort *Gillenfeld,* das fast kreisrunde *Pulvermaar,* das mit seiner Wassertiefe von 74 Metern der tiefste Bergsee Deutschlands außerhalb der Alpen ist. Mit einer Wasserfläche von 36 Hektar ist das Pulvermaar der zweitgrößte Vulkansee der Eifel. Nur bei wenigen Eifeler Vulkanseen läßt sich der Ursprung der Wasserfläche so gut erkennen wie bei dem inmitten eines dichten Buchenwaldes gelegenen Pulvermaar. Dieser Vulkansee ist wegen seiner Tiefe ein beliebtes Tauchgewässer. Doch auf seinem Grunde gibt es tückische Strudel, und schon mehrfach haben Taucher hier ihr Leben verloren. Tauchen ist daher heute nicht mehr ohne weiteres möglich, es muß vorher angemeldet und genehmigt werden. Ebenfalls nahe Gillenfeld und unweit des Pulvermaares stößt man auf das kleine, fischreiche und von einem Bach durchflossene *Holzmaar.* Die Wasserfläche ist klein, nur 6,8 Hektar groß, an der tiefsten Stelle beträgt die Wassertiefe 21 Meter. Mitsamt seiner Umgebung ist das Holzmaar heute Naturschutzgebiet, nachdem es jahrelang durch einen Campingplatz mit Wohnwagensiedlungen verschandelt war. Heute gehört es zu den vulkanischen Wasserflächen der Eifel, die wassersportlich nicht genutzt werden dürfen.

Auch das *Immerather Maar* südöstlich von Gillenfeld ist Mittelpunkt eines Naturschutzgebietes. Dieses 6,2 Hektar große und nur drei Meter tiefe Gewässer liegt abseits der von Daun an die Mosel führenden Straße so versteckt, daß man es leicht übersehen kann. Das Maar entläßt sein überschüssiges Wasser in den nach Bad Bertrich fließenden Üßbach. Dieser Üßbach hat schon das Wasser eines anderen Maares in sich aufgenommen, das des Ulmener Maares. Dieses *Ulmener Maar* gehört zu den schönsten der Eifel. Zum einen, weil die Kratergestalt, in die der See eingebettet ist, besonders schön erkennbar ist, zum anderen weil an seinem Rande, zum Teil auf dem aufragenden Kraterrand Ort und Burg *Ulmen* gelegen sind. Von hier aus zog einst der Ritter Heinrich von Ulmen mit Gottfried von Bouillon in den vierten Kreuzzug. Wer auf den Grund des 5,35 Hektar großen und 37 Meter tiefen Vulkansees taucht, kommt unten unerwartet in warmes Badewasser. Auf dem Grunde des Ulmener Maares sprudelt wohl eine warme Quelle. Der Eifelvulkanismus lebt noch immer. Obschon das Ulmener Maar Naturschutzgebiet ist, darf man das Wasser dennoch zum Baden, Angeln und Bootfahren nutzen.

Westlich von *Manderscheid* liegt am Nordabhang des Mosenberges in einem tiefen, von teilweise kahlen Hängen umgebenen Kessel das

Meerfelder Maar. Es ist eines der größten der Eifel, 32 Hektar mißt seine 17 Meter tiefe Wasserfläche. Ursprünglich war dieser Vulkansee wesentlich größer, füllte den Kraterkessel weit mehr aus als heute. Anfang des 19. Jahrhunderts wurde ähnlich wie beim Laacher See ein Abflußkanal geschaffen, der Wasserspiegel auf die heutige Höhe gesenkt und fruchtbares Land gewonnen, das sich heute um das am Ufer des Sees gelegene Dorf *Meerfeld* dehnt. Obschon das Maar Naturschutzgebiet ist, darf Wassersport betrieben werden. Sogar eine Drachenflugschule hat sich hier etabliert.

Auf den Landkarten, aber auch auf Wegweisern an Ort und Stelle tauchen noch andere Maare auf, das *Strohner Maar* oder Märchen, ein kleines Maar also, das *Dürre Maar* und das *Eckfelder Maar.* Dürres Maar und Strohner Maar sind heute nicht mehr als Wasserflächen zu erkennen, allenfalls nach längeren Regenperioden. Sie sind verlandet, versumpft und bilden als Sumpfgebiete wertvolle Biotope, in denen zum Teil noch seltene Moorpflanzen zu finden sind. Das gilt ganz besonders für das unter Naturschutz stehende Dürre Maar, das in unmittelbarer Nähe des Holzmaares liegt.

Nirgends sonst in der ganzen Eifel aber ist die vulkanische Entstehung einer Wasserfläche so gut zu erkennen wie beim *Windsborn* oder Wanzenboden in einem der Krater des *Mosenberges.* Noch gut erkennbare ausgebrannte Lavafelsen umstehen die leider durch Verlandung immer kleiner werdende Wasserfläche. Der Vulkanwanderweg des Eifelvereins führt zwischen diesen Felsen hindurch. Ähnlich dem Dürren Maar, eigentlich nur noch als Sumpfwiese erkennbar, ist heute der benachbarte zweite echte Kratersee der Eifel, das *Hinkelsmaar,* ebenfalls in einem Mosenbergkrater gelegen.

Das Urpferd im Sediment – Sensation Eckfelder Maar

Eckfeld ist ein kleines Dorf bei *Manderscheid,* unmittelbar am Rande der Autobahn Koblenz–Trier. Noch vor zehn Jahren ahnten die Eckfelder sicherlich nicht, daß ihr Dorf einmal weltberühmt werden könnte, zumindest bei den Wissenschaftlern, die sich mit den frühesten Epochen des Lebens auf der Erde befassen, den Paläontologen. Schon 1839 war dem Eckfelder Schulmeister Nikolaus Pauly aufgefallen, daß es am Pellenbach bei Eckfeld ein merkwürdiges Material gab, das er für Braunkohle hielt. 1854 begann er dann tatsächlich für ein paar Jahre lang hier die „Braunkohle" abzubauen, die er zur Befeuerung von Schmelzöfen ins benachbarte Eisenschmitt lieferte. Doch der Abbau lohnte sich nicht, schlief wieder ein. 1853 wurde bei der Universität in Bonn eine Abhandlung veröffentlicht, die sich mit der „Braunkohle" von Eckfeld befaßte, also noch ehe sie regelrecht abgebaut wurde. Doch außer dem Verfasser hat sich wohl kein Mensch für diese Arbeit interessiert, die Abhandlung landete in einem Archiv. Erst hundert Jahre später stießen Wissenschaftler wieder auf die Eckfelder „Braunkohle" anhand eines Stückes des merkwürdigen Materials, das sich in der Sammlung des geowissenschaftlichen Institutes der Universität Köln erhalten hatte. Man untersuchte es – und stieß auf eine wissenschaftliche Sensation. Das Material war mindestens doppelt so alt, als man bisher angenommen hatte. Nun ging man der Sache systematisch zuleibe. Trierer Geologen begannen im Pellenbachtal mit einer wissenschaftlichen Probebohrung. Sie ergab ein sensationelles Ergebnis. Die Wissenschaftler entdeckten, daß das Pellenbachtal kein übliches Tal war, sondern der rudimentäre Rest eines uralten, des mit Abstand ältesten Eifeler Maarkessels, der durch einen Vulkanausbruch im Tertiär, also vor rund 50 Millionen Jahren entstanden sein mußte. Das bedeutete, daß das inzwischen sogenannte Eckfelder Maar mehr als 5000 mal älter ist als alle anderen Eifelmaare. Dieses Maar war, so schätzen die Wissenschaftler, einst 150 bis 200 Meter tief. Durch Ablagerungen im Laufe der Millionen von Jahren entstanden jene „Braunkohlen", die der Schulmeister aus Eckfeld vor mehr als 150 Jahren im Pellenbachtal fand. Was die Wissenschaftler jedoch besonders faszinierte und noch immer fasziniert, da die Ausgrabungen hier noch in vollem Gange sind, sind die Art und die Qualität der Funde, die man hier machte und macht. Sie erinnern an die Fossilien in den Ölschiefern der berühmten Grube von Messel bei Darmstadt, die vor Jahren als geplante Mülldeponie die Wissenschaftler auf die Barrikaden gehen ließ. Galt Messel schon als Sensation, als einmalig in Deutschland wegen der Funde, die man hier machte, so übertrifft Eckfeld Messel bei weitem.

Seit 1987 arbeitet ein Forschungsteam des Naturhistorischen Museums Mainz in Eckfeld und fördert immer neue Überraschungen ans Eifeler Tageslicht. Blätter und andere Pflanzenteile hat man hier gefunden, die so außerordentlich gut erhalten sind, daß sogar die Zellstrukturen heute nach Millionen von Jahren noch zu erkennen sind. Es sind Überreste von Bäumen, Sträuchern und anderen Pflanzen, die damals die Gegend um Manderscheid bedeckt hatten, wie Ulmen-, Walnuß- und Rosengewächse, aber auch Pflanzenfamilien wie Palmen, Lorbeer- und Teegewächse, deren Nachkommen heute nur noch in den Subtropen zu finden sind. Sogar fossile Pflanzenarten, die man bisher nur aus Nordamerika kannte, hat man hier in Eckfeld zum ersten Mal in Europa gefunden. Auch Blüten der Pflanzen in allen Einzelheiten, wie Staubgefäße oder Stempel, sind hier aus dem Untergrund der Sedimente herausgeholt worden, so gut erhalten wie kaum irgendwo anders auf der Welt. Käfer sind hier wieder aufgetaucht, deren Flügeldecken nach 50 Millionen Jahren noch so metallisch bunt schillern wie heute. Libellen, Fliegen, Schaben, der Reichtum ist für die Wissenschaftler schier unendlich. Mehrere hundert Fische wurden ausgegraben, darunter eine Art, die weltweit bisher nur in Eckfeld gefunden wurde. Überreste von Schildkröten und sogar Krokodilen tauchten auf. Das bedeutet, daß sich in der Gegend um Manderscheid einmal ein tropisch warmer See oder Meer gedehnt haben muß, und zwar über Jahrtausende hinweg.

Je länger die Wissenschaftler graben, umso atemberaubender aus ihrer Sicht werden die Ergebnisse. Fand man doch sogar die Flügel von Fledermäusen, die so gut erhalten sind, daß man noch die Einzelheiten der feinen Behaarung erkennen kann. Als aufregendsten Fund betrachten die Paläontologen indessen das vollständige Skelett eines hundegroßen Urpferdes, das als wesentlich besser erhalten gilt als der ähliche Fund aus der Grube von Messel. Man konnte sogar noch erkennen, daß es eine trächtige Stute war, die vor vielen Millionen Jahren hier im Wasser ertrunken ist. Als vollkommen einzigartig bisher auf der Welt gilt die Tatsache, daß man in Eckfeld 1991 den vollkommen erhaltenen und nicht etwa wie sonst bei Fossilien total eingedrückten und verformten Schädel eines Urpferdes entdeckte. Entsprechend präpariert wurde er zum Vorbild für die erste, originalgetreue Nachbildung eines solchen Tieres, das vor vielleicht 50 Millionen Jahren im Lorbeerwald von Manderscheid sein Futter gesucht hat.

Ohne Regenschirm geht's nun mal nicht – Etwas vom Eifelklima

Der wenig schmeichelhafte Beiname „Rheinisches Sibirien", der der Eifel lange Zeit anhaftete, sagt eigentlich schon viel über das Klima des Berglandes aus: es ist rauh. Doch darf man das nicht verallgemeinern. So unterschiedlich die Landschaftsformen der Eifel sind, so unterschiedlich ist auch das Klima zwischen Rhein und Ardennen. Während in der Schneifel, der äußersten Nordwestecke unseres Reisegebietes, eine mittlere Jahrestemperatur von nur 6 Grad herrscht und bis zu

1100 Millimeter Niederschlag im Jahr fallen, herrschen in der entgegengesetzten Ecke der Eifel, auf dem Maifeld nahe Koblenz und der Mosel, ganz andere Verhältnisse. Hier erreicht die mittlere Jahrestemperatur einen Wert von rund 10 Grad, es regnet (oder schneit) weniger als halb so viel wie in der Schneifel, nämlich nur noch 513 Millimeter im Jahr. Insgesamt gilt für das Eifelklima, je näher an Rhein und Mosel, umso angenehmer ist es, je höher hinauf gegen das Bergland, das im Nordwesten als Barriere gegen die von Westen, von der Küste heranziehenden feuchten Luftmassen steht und diese zum Aufsteigen und zum Niederschlag zwingt, umso rauher und niederschlagsreicher ist es.

In alten Klimaberichten über die Eifel kann man noch nachlesen, daß auf den Höhen der *Schneifel,* etwa beim Schwarzen Mann, durchschnittlich 60 Schneetage im Jahr gezählt werden. Betrachtet man die heutigen Winter auch in der Eifel, so muß man sagen, das ist Schnee von gestern. Auch in der Eifel läßt sich die allgemeine Klimaänderung mit immer weniger Schnee und Frosttagen im Winter beobachten. Sehr zum Leidwesen der Wintersportler, die im Winter gerne zum Schwarzen Mann, an die Hohe Acht oder in die Gegend von *Daun* kommen, wo sich in den letzten Jahren ausgesprochene Wintersportgebiete entwickelt haben. Doch wie heißt es so schön bei Schiller: „Mit des Geschickes Mächten ist kein ewger Bund zu flechten." Und für zuverlässige Wintersportverhältnisse fehlen selbst den höchsten und rauhesten Eifellagen einfach ein paar hundert Meter.

Also, wer in und durch die Eifel reist, sollte wissen, daß er weder ins Markgräfler Land kommt noch auf die Insel Mainau oder an die deutsche Weinstraße, die drei deutschen Regionen mit dem mildesten Klima, sondern in ein Bergland, in dem es immer geraten ist, Regenschirm und wetterfeste Kleidung dabei zu haben. Dann gilt der alte Spruch, daß es kein schlechtes Wetter, sondern nur unzweckmäßige Kleidung gibt.

Eifelgold und Würfelnatter – Die Tier- und Pflanzenwelt der südlichen Eifel

Von ihrem Niederschlagsreichtum und dem dadurch bedingten Klima, aber auch von der Art der Verwitterungsböden her, ist die südliche Eifel eine Landschaft, die bis weit in unsere Zeit hinein von Natur aus für weitläufige Waldbestände geradezu prädestiniert war. Das gemäßigte atlantische Klima zusammen mit den sauren Grauwacke- und Schieferböden hat vor allem großartige Buchenwälder in der Eifel gedeihen lassen, ehe der Mensch mit forstlich ordnender Hand eingriff. Die heute weitgehend das Landschaftsbild beherrschenden Fichtenwälder sind das forstwirtschaftliche Ergebnis der Preußenzeit. Bezeichnenderweise nennt der Volksmund in der Eifel heute noch die Fichte „Prüßeboom", Preußenbaum also. Kalkboden sagt den Buchen nicht so zu, hier ist eher der Lebensraum der Eichen. Wo jedoch auf Kalkböden Buchenwälder gedeihen, kann der Blumenfreund sicher sein, botanische Kostbarkeiten zwischen den silbrig schimmernden Buchenstämmen zu finden, die Nestwurz gibt es dort, das rote und das weiße Waldvögelein, das Zweiblatt. Überhaupt ist die Eifel ein Orchideenparadies. Von den rund 60 verschiedenen Orchideenarten, die es insgesamt in Deutschland gibt, wachsen und blühen nicht weniger als 42 Arten in der Eifel, bis hin zur Königin der wilden Orchideen, dem Frauenschuh. Allerdings sind die meisten Orchideen von ihren Lebensbedürfnissen her an Kalkböden gebunden. Jeder Blumenfreund wird allerdings Verständnis dafür haben, daß hier keine näheren Hinweise auf besondere Orchideenstandorte in der Eifel gegeben werden können. Es wäre sonst vermutlich alsbald um den Orchideenreichtum der Kalkmulden geschehen.

Sumpfliebende Orchideen finden sich in großer Zahl vor allem in den Verlandungszonen der Maare oder dort, wo ein Maar ohnehin nur noch als Sumpfwiese erhalten ist. Dort kann man auch den gefransten Blüten des Fieberklees begegnen, der trotz seines Namens und seiner riesengroßen kleeförmigen Blätter kein Klee – sondern ein Enziangewächs ist. Als früher einmal recht charakteristische Blumen der Eifeler Magerböden hat sich leider nur noch ganz vereinzelt das Bergwohlverleih erhalten, die Arnica montana, eine der wichtigsten und wertvollsten Heilpflanzen der Volksmedizin ebenso wie der Schulmedizin. Die goldgelb blühende Pflanze ist der künstlichen Düngung zum Opfer gefallen, die seit Jahrzehnten auch in der Eifel praktiziert wird.

Die Charakterpflanze der Eifel schlechthin dürfte der Besenginster sein. Im Mai und Anfang Juni überzieht er oft so weit das Auge reicht Böschungen und karge Berghänge als weithin leuchtendes Eifelgold. Besonders schön und geradezu berühmt sind manche Kraterhänge, so oberhalb des Pulvermaares, des Schalkenmehrener Maares und die Abhänge des Mäuseberges oberhalb des Totenmaares. Allerdings ist der Besenginster nicht so kälteunempfindlich, wie man das bei dieser für die rauhe Eifel so typischen Pflanze erwarten könnte. In besonders kalten Wintern fallen oft weithin die Ginsterbestände dem Frost zum Opfer, und das folgende Frühjahr fällt dann meist weit weniger leuchtend

Fliegenragwurz bei Ferschweiler

aus als sonst. Eine andere typische Pflanze, die besonders auf den Grauwackenböden der Eifel gut gedeiht und massenhaft vorkommt, ist der rote Fingerhut, digitalis purpurea. Seltener findet man dagegen den gelben Fingerhut, digitalis ambigua. Feuchte Talwiesen, besonders Bachufer, werden im Juni von den vor allem gegen Abend ungemein aromatisch duftenden weißen Blütenrispen des Mähdesüß, filipendula ulmaria, geprägt. Eine ganz eigenartige Vegetation hat sich bei Gerolstein auf den Verwitterungsböden des Dolomitgesteins entwickelt. Hier kann man zum Beispiel das sonst nur in Südtirol (Dolomiten) vorkommende Dolomitenfingerkraut (potentilla nitoida) finden.

Vereinzelt gibt es in den Wäldern der *Schneifel* auf dem sauren Boden den Siebenstern, trientalis europaea, und die Sumpfheidelbeere, vaccinium uliginosum. Nur an den warmen Hängen des Pallberges bei *Bad Bertrich* und im *Brohltal* wächst der Buchsbaum wild, buchsus sempervirens. An einigen wenigen Stellen, so bei Mehlem in der Nähe von *Prüm* haben sich Wacholderbestände erhalten. Auf kleinem Raum kann man hier auf Landschaftsbilder stoßen, die man sonst nur aus der Lüneburger Heide kennt. In einigen Schluchtwäldern kann man den seltenen Hirschzungenfarn finden, während an einigen wenigen Felsen in der Vulkaneifel der Streifenfarn vorkommt. Die wohl größte Kostbarkeit unter den Blütenpflanzen der Südeifel, die Türkenbundlilie, hat sich noch in den Wäldern nahe der Nürburg erhalten.

Dank ihres Waldreichtums ist die Eifel immer noch ein wildreiches Land. Rothirsch, Rehwild, Schwarzwild (Wildschweine) vertreten die freilebenden Arten des Hochwildes. Fuchs und der selten gewordene Dachs, Baum-, Steinmarder und Iltis, das ist das heute noch in der Eifel lebende Raubwild. Doch halt, da gibt es noch eine Art, wenn auch bislang nur selten und weitgehend auf den nordwestlichen Teil der Südeifel, also die Schneifel beschränkt, deren Wälder nahtlos an die Wälder der Ardennen heranreichen. Hier hat sich längst die echte Wildkatze wieder angesiedelt, eingewandert von den Ardennen her. Doch dieses Wildtier ist außerordentlich scheu, und normalerweise bekommt man es nicht zu Gesicht. Daß es Wildkatzen in der Umgebung gibt, fällt oft nur dadurch auf, daß es merkwürdig aussehende Bastarde zwischen Hauskatzen, die frei umherstreunen, und Wildkatzen gibt. Zu den Kostbarkeiten der Eifeler Vogelwelt gehört der Eisvogel, der ebenso wie die Wasseramsel und die Gebirgsbachstelze vor allem am Oberlauf einiger Eifeler Flüsse wie Kyll oder Prüm noch anzutreffen ist. Uhu und Wanderfalke gelten offiziell in der Eifel als ausgestorben, doch dürfte das eine Schutzbehauptung der Ornithologen sein, die die seltenen und gefährdeten Vögel nicht beunruhigt wissen wollen. Tatsache ist jedenfalls, daß der Wanderfalke an einigen wenigen Stellen bis heute überlebt hat, und der Uhu, unsere größte Eulenart, in mehreren Tälern erfolgreich wieder ausgesetzt wurde. Als Seltenheit unter den Schlangen ist für die südliche, zur Mosel hinziehende Eifel die Würfelnatter zu nennen; eine behende huschende Kostbarkeit ist die Smaragdeidechse. Unter den leider so selten gewordenen Großschmetterlingen muß der Segelfalter als Besonderheit in der Südeifel genannt werden. Er erreicht hier sein nördlichstes Verbreitungsgebiet.

Geteilt seit der Römerzeit – Etwas aus der Geschichte der Eifel

Bis in unser Jahrhundert galt die Eifel als unwirtlich, doch offensichtlich haben die Menschen das früher einmal anders gesehen. Wie wäre es sonst zu verstehen, daß die Eifel zu den am frühesten besiedelten Gegenden Deutschlands gehört? Die ersten Siedlungsspuren hat man in einigen Kalksteinhöhlen in der Eifel gefunden, in der Kakushöhle bei Eiserfey, im Buchenloch bei *Gerolstein,* in der Falkenley bei *Bad Bertrich*. Das war zu einer Zeit, da beim heutigen Düsseldorf der berühmte Neandertaler in seiner Höhle hauste, im sogenannten Paläolithikum, der Altsteinzeit. Doch schon in der gleichen Epoche gab es offene Siedlungen an den unbewaldeten Rändern der Eifel, wie etwa auf dem Martinsberg bei Andernach. In dieser Zeit sind die Eifelvulkane noch tätig gewesen, die ersten Eifeler haben also noch Vulkanausbrüche erlebt. Mehr noch, sie haben wohl die Zerstörung ihrer Siedlungen erleben müssen, fallen doch in das Ende der Altsteinzeit die Bimsausbrüche der Vulkane im *Laacher-See*-Gebiet. Die Wissenschaftler sind der Meinung, daß wichtige Siedlungsspuren aus dieser Epoche unter den Bimsablagerungen verschüttet sind.

In der Jungsteinzeit entstanden zunehmend Siedlungen an den Rändern des Berglandes, die Bewohner haben den Funden nach zu urteilen schon einer höheren Kulturstufe angehört. Im Inneren des Berglandes indessen gab es in dieser Zeit nur wenige Fliehburgen, die bei Gefahr aufgesucht wurden. Daß die Eifel seit dem Ende des Zweiten Weltkrieges auf zwei Bundesländer, Nordrhein-Westfalen und Rheinland-Pfalz aufgeteilt ist, hat im Grunde schon eine Jahrtausende alte Vorgeschichte. Schon zur Keltenzeit lebten im nördlichen Bereich der Eifel Eburonen, im südlichen Treverer. Zur Römerzeit verlief die Grenze zwischen diesen beiden Völkern ungefähr entsprechend der heutigen Landesgrenze. Der nördliche Teil der Eifel gehörte zur römischen Provinz Niedergermanien mit der Hauptstadt Köln, der südliche Teil war Teil der Provinz Belgica mit der Hauptstadt Trier. Lediglich das sehr fruchtbare Maifeld hatten die Römer aus dieser Verwaltungseinteilung herausgenommen und der Provinz Obergermanien mit der Hauptstadt Mainz zugeordnet. Diese Aufteilung der Eifel blieb rund 400 Jahre lang bestehen. Auch zur Römerzeit waren die meisten Siedlungen des Eifelraumes auf die Randgebiete, vornehmlich zur Mosel und zum Rhein hin beschränkt. Da die Eifel jedoch von wichtigen römischen Straßen durchzogen wurde, so der Straße von Köln nach Trier und von Köln nach Reims, entstanden entlang dieser Straßen und der von ihnen abzweigenden Straßen Siedlungen. *Bitburg* dürfte so entstanden sein, ebenso *Jünkerath*. Auch stattliche Herrensitze fanden sich hier und da in der Eifel. Ein besonders schönes Beispiel hat man bei *Bollendorf* freigelegt, wo man auch Tempelanlagen gefunden hat. Man kann wohl davon ausgehen, daß wohlhabende Römer, die sich das leisten konnten, sich Sommersitze etwa im *Sauertal* bei Bollendorf errichten ließen, um den Sommer nicht in der Großstadt *Trier* verbringen zu müssen.

Als nach 400jähriger Herrschaft die Römerzeit in der Eifel zu Ende ging, waren es vor allem Franken, die die Eifel besiedelten und nach der Schlacht bei Zülpich und dem Sieg über die Alemannen ihre Oberherrschaft festigten. Und alsbald zeigte sich wieder eine Zweiteilung der Eifel, der Norden gehörte zum Herzogtum Ripuarien, der Süden zum Moselherzogtum. Diese Herzogtümer wiederum waren in Gaue eingeteilt, von denen in der südlichen Eifel der Maiengau, der Bitgau, der Carosgau um *Prüm* und schließlich der Ardennengau wichtig waren. In die Zeit des merowingisch-karolingischen Reiches fällt die Christianisierung der Eifel mit der Gründung der großen Klöster, vor allem Prüms, das sich zum bedeutendsten Mittelpunkt der Eifel entwickelte.

Als das karolingische Reich durch die Enkel Karls des Großen im Vertrag von Verdun geteilt wurde, kam die Eifel zunächst an das Mittelreich Lothars, später an das Ostreich. Nachdem die Eifel sich mit Lothringen 925 diesem Ostreich angeschlossen hatte, was bei den Historikern als der Beginn des Deutschen Reiches angesehen wird, ging der Einfluß der Herzogtümer wie der einst fränkischen Gaue zurück. Es bildeten sich zahlreiche kleine und kleinste Grafschaften und andere Herrschaften, die von ihren jeweiligen Herren nicht mehr als Verwaltungsgebiete, sondern als persönliches Eigentum angesehen wurden. Zu dieser Zeit war das Landesinnere der Eifel immer noch verhältnismäßig wenig erschlossen und schwer zugänglich. Ideal also für einen Territorialherren, auf Herzog, König oder gar Kaiser, dem er theoretisch untertan war, zu pfeifen und sein eigener Herr zu sein. So ist es letztlich eine Folge der starken Zerklüftung des Berglandes, daß sich gerade in der Eifel eine schier unübersehbare Zahl von kleinen Territorialherrschaften entwickeln konnte, von denen manche wie die Virneburger, die Manderscheider oder die Blankenheimer allmählich zu besonderer Macht kamen. Im 11. bis 13. Jahrhundert hat es in der Eifel etwa 140 solcher kleinster Territorialherrschaften mit eigenen Burgen gegeben. Keine andere deutsche Landschaft muß auf den Geschichtskarten des Mittelalters so buntscheckig wiedergegeben werden wie die Eifel. Zu den rein weltlichen Herren kamen die Klöster, deren Äbte damals ja nicht nur geistliche Würdenträger, sondern auch höchst weltliche und machtpolitisch orientierte Fürsten waren. Über Jahrhunderte hinweg wurde das Geschehen in der Eifel nicht zuletzt vom Gegensatz zwischen den Kurfürsten, das waren die Erzbischöfe, von Köln und Trier geprägt. Die Äbte von *Prüm,* von *Echternach* und vom relativ fernen Stavelot-Malmédy in den Ardennen mischten ebenfalls kräftig mit. Seit dem 13. Jahrhundert spielte auch Luxemburg in der Südeifel eine wichtige politische Rolle. Das bedeutet natürlich, daß die eigentlichen politischen Entscheidungen, die über Wohl und Wehe der Eifel und ihrer Menschen bestimmten, nicht in der Eifel selber, sondern in Köln, Trier und Luxemburg fielen. Da die Residenzen der eigentlich Mächtigen nicht in der Eifel, sondern außerhalb lagen, entwickelten sich auch in der Eifel konsequenterweise keine großen Städte. Zwischen dem 16. und 18. Jahrhundert gehörten die Gebiete um Prüm, Bitburg und Wittlich zu Luxemburg, das von 1555 bis 1714 seinerseits zu Spanien und ab 1715 zu Österreich gehörte. Obwohl in der Eifel damals keine großen Schlachten ausgefochten wurden, hat die Eifel jahrhundertelang furchtbar gelitten, da wichtige Territorialgrenzen kreuz und quer durch das Bergland verliefen, und Söldnerhorden der jeweils anderen, aber manchmal auch der eigenen Seite brandschatzend, plündernd und mordend die Eifeldörfer und kleinen Städte, die sich im Schutze der Burgen entwickelt hatten, heimsuchten. Da mit Köln und Trier zwei geistliche Fürstentümer in der Eifel Einfluß halten wollten, wurden die Reformationskämpfe in der Eifel besonders hart ausgefochten. Im 30jährigen Krieg wurde vor allem die West- und Südeifel, also das zu Luxemburg gehörende Gebiet, jahrelang von Franzosen, Schweden und kaiserlichen Truppen drangsaliert und ausgeplündert. Im 18. Jahrhundert kehrte allmählich etwas Ruhe in der geplagten Eifel ein, die Verhältnisse stabilisierten sich, die Grafen von Manderscheid-Blankenheim waren seit dem 15. Jahrhundert unangefochten die größte Territorialmacht in der Eifel.

Der Einmarsch der Franzosen 1794 bedeutete das Ende für die vielen kleinen Eifelherren, von denen die meisten allerdings ohnehin nur noch Lehensträger waren. Die Franzosen führten die Departementverwaltung ein, die Südeifel gehörte teils dem Rhein-Moseldepartement, dem Saardepartement und dem Departement der Wälder an. 80 Abteien und Klöster in der Eifel wurden aufgehoben, nur 20 Klosterkirchen blieben als Pfarrkirchen bestehen, die meisten anderen wurden auf Abbruch versteigert. Bis heute bestehen in der gesamten Eifel wie überall im linksrheinischen Gebiet die von den Franzosen eingeführten Nur-Notariate weiter. Viele alte Eifeler wissen noch zu erzählen, daß in ihrer Kindheit zu Beginn dieses Jahrhunderts in manchen Eifeler Häusern noch ein Napoleon-Bild gehangen hat.

Durch den Wiener Kongreß kommt die Eifel 1815 an Preußen, dem Luxemburg seine Besitzungen östlich von *Our* und *Sauer* abtreten muß. Die Südeifel wird auf die preußischen Regierungsbezirke Koblenz und Trier aufgeteilt, *Koblenz* wird Sitz der Provinzialverwaltung der preußischen Rheinprovinz. Die Preußen prägen durch die forcierte Aufforstung das Bild der Eifel in einer Art, die bis heute wirkt. 1871 wird die Bahnlinie von Köln nach Trier quer durch die Eifel gebaut und damit ein wichtiger Schritt zur wirtschaftlichen Entwicklung der Eifel getan. Für viele Gewerbezweige kommt der Schritt allerdings zu spät. 1881 wird der letzte Eisenhammer der Eifel in Eisenschmitt bei Manderscheid stillgelegt.

Durch den Versailler Vertrag, durch den Eupen, Malmédy und St. Vith aus dem Eifelverband herausgenommen und Belgien zugeschlagen werden, wird die Eifel zum Grenzland. In den Jahren vor dem Zweiten Weltkrieg wird entlang der neuen Grenze mit viel Beton und wenig Sinn der Westwall gebaut und damit die Landschaft dauerhaft mit Bunkern und Betonblöcken verschandelt. Als im Dezember 1944 die sogenannte Rundstedtoffensive losbricht, werden vor allem die grenznahen Bereiche der Südeifel auf grausame Weise in Mitleidenschaft gezogen und zerstört. Im März 1945 besetzen schließlich amerikanische Truppen die gesamte Eifel. Die uralte Grenzlinie, die schon zur Römerzeit die Eifel in zwei Provinzen aufgeteilt hat, wird nach dem Krieg erneut Grenzlinie. Die südliche Eifel kommt zur französischen Besatzungszone, wird ein paar Jahre später Teil des neugebildeten Landes Rheinland-Pfalz. Der nördliche Teil fällt in die britische Besatzungszone und kommt zum Bundesland Nordrhein-Westfalen.

Der Bamberger Reiter in der Eifel – Ein Blick in die Kunstgeschichte

Was jahrhundertelang für die Eifel insgesamt gegolten hat, daß sie verkannt und verachtet war, gilt in ganz besonderem Maße für ihre Kunstschätze. Daß dieses durch die Jahrhunderte so entsetzlich geplagte und ausgeplünderte Bergland sich bei näherem Hinsehen als eine wahre

Schatzkammer zum Teil uralter Kunstschätze entpuppt, erfahren interessierte Eifelbesucher erst nach und nach. Wann zum Beispiel wäre über die Eifelgrenzen hinaus schon einmal Kunde getan von der vorgeschichtlichen Befestigungsanlage auf dem Ferschweiler Plateau? Wer hätte außerhalb der Eifel schon einmal von jenem kostbaren Rokoko-Lustschlößchen gehört, das sich einst die lebensfrohen Äbte von Echternach in *Weilerbach* nahe der *Sauer* errichten ließen? Und wem ist bekannt, daß es in der Pfarrkirche von *Bassenheim* tatsächlich so etwas wie ein Gegenstück zum berühmten Bamberger Reiter gibt?

Die Liste ließe sich beliebig fortführen, tatsächlich gibt es in Dutzenden und Aberdutzenden von unauffälligen Dorfkirchen der Eifel romanische und gotische Kunstwerke, Skulpturen und Fresken. Ganz zu schweigen von der Vielzahl jener Schnitzaltäre, die im 15. und 16. Jahrhundert aus Antwerpener Werkstätten in die Eifel kamen und zum Teil heute noch erhalten sind, wie etwa in der alten Kirche von Münstermaifeld oder in der ganz versteckt liegenden kleinen Kirche von Kirchsahr nahe Altenahr. Das schöne an diesen alten Kunstwerken, die zu beschreiben viele Seiten füllen würde, ist die Tatsache, daß sie kaum bekannt sind, daß man sie oft stundenlang bei einer Besichtigung für sich alleine hat.

Rund 140 Burgen und Burgruinen sind über die Eifel verstreut, manche nur noch als kümmerliche Reste einst stolzer Befestigungsanlagen und beredte Zeugen einer Zeit, da kleine Lehensherren sich mächtig genug fühlten, den großmächtigen Kurfürsten in Köln oder Trier oder den Herren in Luxemburg zu trotzen. Aber viele sind noch so gut erhalten, daß sie anschauliche Beispiele für die Burgenbaukunst des Mittelalters abgeben. Allen voran die nie zerstörte *Burg Eltz* mit ihren fünf Burgenhäusern aus verschiedenen Epochen. Sie stellt geradezu so etwas wie ein steinernes Lehrbuch der Burgenbaukunst dar.

Prächtige Schlösser hat es in der Eifel nur wenige gegeben, und doch, es gab sie und es gibt sie noch immer. Angefangen von Schloß Bürresheim, dem Vorzeigeschloß der Eifel schlechthin bis zum bezaubernden kleinen Barockschlößchen der sogenannten Burg von *Oberehe* bei Daun.

Fachwerkbauten aus alter Zeit gibt es in der Südeifel im Gegensatz zur Nordeifel kaum. War doch die Südeifel lange Zeit in wesentlichen Teilen das Einflußgebiet der Trierer Kurfürsten. Und die haben schon im 17. Jahrhundert eine Art Feuerschutzverordnung erlassen, mit der der Bau von Fachwerkhäusern schlicht und einfach verboten wurde. Weil Fachwerk damals natürlich aus Lehm und Flechtwerk bestand und brannte wie Zunder. Da war es im Handumdrehen oft um ein ganzes

Dorf geschehen. Wo es in der Südeifel heute Fachwerkbauten gibt, da stammen sie aus der Zeit nach der Französischen Revolution. Mit wenigen Ausnahmen. Die schönste ist sicherlich *Monreal,* das Fachwerkwunder der Südeifel im Elztal. Auch *Adenau* läßt immer noch ein wenig von einstiger Fachwerkherrlichkeit ahnen.

Wenn auch die Römer vorwiegend an den Rändern der Eifel, vor allem im Moseltal gesiedelt haben, so gab es doch militärische und wirtschaftliche Erfordernisse, vor allem entlang der durch die Eifel führenden Straßen Siedlungen anzulegen. Ihre Überreste künden heute noch zum Teil in hervorragendem Zustand, teils gut erhalten, teils geschickt restauriert, vom hohen Kulturstand der Fremdlinge aus dem Süden, die der Eifel immerhin eine 400jährige Epoche des Friedens, der wirtschaftlichen Entwicklung und des relativen Wohlstandes gebracht haben. 400 Jahre Frieden, das hat die geschundene Eifel später nie mehr erlebt. Bedeutende römische Funde gibt es außer in *Trier,* das am Rande der Eifel immerhin zum Range der Hauptstadt eines Weltreiches aufstieg, des weströmischen nämlich, vor allem bei Bollendorf, insbesondere aber bei *Otrang* nahe *Bitburg,* wo die römische Villa mit ihren kostbaren Mosaikböden das großartigste Zeugnis römischer Kultur in der Eifel außerhalb eines Museums ist. Die Reste aus der Römerzeit sind nicht überall so spektakulär wie in *Otrang* oder *Bollendorf,* aber wer genau hinschaut, kann zum Beispiel im Mauerwerk der Kasselburg bei *Gerolstein* römische Ziegel entdecken, die hier von den mittelalterlichen Maurern verarbeitet wurden. Wahrscheinlich steht diese Burg, eine der ältesten der Eifel, überhaupt auf den Fundamenten eines römischen Wachturmes, der die durch das *Kylltal* führende Straße zu bewachen hatte. Stellvertretend für die vielen anderen römischen Fundstätten in der Eifel sei hier noch die Villa Sarabodis in Gerolstein genannt.

Tatsächlich kann sich die so lange geschmähte Eifel rühmen, einen ganz eigenständigen Beitrag zur Kunstgeschichte geleistet zu haben. Haben Eifeler Baumeister doch durch die Übernahme des zweischiffigen Kirchengrundrisses der Hospitalkirche von Kues und seine Weiterentwicklung einen ganz eigenen Kirchenbaustil in der Gotik geschaffen. Mit der im 11. und 12. Jahrhundert entstandenen Abteikirche *Maria Laach* hat die Eifel heute einen der schönsten romanischen Kirchenbauten des ganzen Rheinlandes, und der gotische Kreuzgang von Kyllburg gehört zum besten, was in dieser Epoche in der Eifel entstanden ist. Schließlich darf man nicht übersehen, daß noch mehrere Eifelstädtchen ihre mittelalterlichen Stadtbefestigungen mit Mauern, Türmen und Toren erhalten haben, wie etwa besonders schön *Mayen*

Altes Fachwerkhaus in Walporzheim

oder besonders geschickt restauriert *Hillesheim*. Im einzelnen wird natürlich auf die kunsthistorischen Schätze der Eifelorte bei der Beschreibung der einzelnen Orte einzugehen sein.

Früher Fahrkuh, heute Traktor – Wirtschaft und Landwirtschaft in der Eifel

Die Steinzeitmenschen, die in den Kalksteinhöhlen der Eifel vor 30 000 Jahren schon Zuflucht gesucht haben, waren Jäger und Sammler, erst in der Jungsteinzeit begannen die Eifeler mit einer primitiven Landwirtschaft. Rinder, Ziegen und Schafe wurden gezüchtet, Hafer und Roggen angebaut. Das blieb über Jahrtausende weitgehend unverändert, war noch so zur Römerzeit, die allerdings in die milden Randlagen der Eifel an der Mosel den Weinbau brachte ebenso wie den Obstbau.

Im frühen Mittelalter beginnt dann die Epoche der großen Rodungen, die vor allem von den Klöstern der Benediktiner und Zisterzienser in *Maria Laach, Prüm, Echternach* oder *Himmerod* ausgingen. Dadurch entstanden neue Siedlungen, aber auch neues, wenn auch karges Landwirtschaftsland.

Allerdings wirkte sich das mittelalterliche grundherrliche Wirtschaftssystem im Rahmen der extensiven Flurbestellung der Dreifelderwirtschaft arg hemmend aus. Erst als im 19. Jahrhundert das neue System der Fruchtwechselwirtschaft und neue Anbaumethoden mit natürlicher und dann künstlicher Düngung sich durchsetzten, gab es einen vorübergehenden Aufschwung in der Eifeler Landwirtschaft. Doch die Schwierigkeiten, denen sich die Eifelbauern gegenübersahen, waren groß. Schlechte Böden, rauhes Klima und eine geschichtlich bedingte Aufsplitterung der landwirtschaftlich genutzten Flächen zusammen mit einer miserablen Verkehrsverbindung, die den Absatz der landwirtschaftlichen Waren so gut wie unmöglich machte, behinderten echten Fortschritt.

So muß es als eine Pioniertat angesehen werden, daß Anfang der 80er Jahre des vorigen Jahrhunderts der Regierungspräsident Nasse auf diese Übelstände aufmerksam machte und den preußischen Staat und die Rheinprovinz zur Gründung des mit 300 000 Mark ausgestatteten Eifelfonds veranlaßte. Mit diesem Geld wurde bis 1901 viel zur Linderung des Notstandes getan, dann wurde der Eifelfond aufgehoben und durch den Westfond ersetzt, dessen Mittel allerdings allen notleidenden Gebieten Preußens zukamen. So blieb für die Eifel wiederum nicht allzu viel, außer unendlich viel Mißstand. Die landwirtschaftlichen Betriebe, die vor allem in den Kerngebieten des Berglandes allenfalls eine Fahrkuh als Zugtier hatten, waren meist zu klein, um die vielköpfigen Familien zu ernähren. So mußten die Männer und Söhne in die kleinen Industriebetriebe arbeiten gehen, während die Frau die kleine Landwirtschaft besorgte. Wo Industrie nicht in der Nähe war, mußte auf Heimarbeit zurückgegriffen werden.

Auf diese Weise kam das Dorf *Neroth* zu seinem Ruhm als Mausefallendorf. Vor allem nach dem Ersten, dann verstärkt nach dem Zweiten Weltkrieg wurden sogenannte Umlegungen, Flurbereinigungsverfahren in der Eifel durchgeführt, die sich zwar jahrelang hinzogen, aber dazu geführt haben, daß zusammenhängende Betriebsflächen entstanden, die einer Bauernfamilie als Existenzgrundlage ausreichten. An die Stelle der Fahrkuh trat der Ochse, später das Pferd.

Wo heute noch Landwirtschaft betrieben wird, ist auch die Zeit des Pferdes längst vorbei, gehört der Traktor zum ganz selbstverständlichen Inventar auch des Eifeler Bauernhofes. Aber viele landwirtschaftlichen Vollerwerbsbetriebe gibt es in der Eifel nicht mehr. Die allseits bekannten Schwierigkeiten der Landwirtschaft haben auch in der Eifel Jahr für Jahr mehr Bauern aufgeben und sich nach anderen Erwerbsquellen umsehen lassen. Hier und da wurden aus Bauernhöfen Fremdenverkehrsbetriebe, Reiterhöfe, Fischzuchtbetriebe oder ganz spezialisierte Betriebe wie etwa der Ziegenhof von Reuth. Inzwischen gibt es viele Eifeldörfer, in denen es überhaupt keine Landwirtschaft mehr existiert. Vor allem aus reinen Fremdenverkehrsorten ist die Landwirtschaft als nicht mehr zeitgemäß verschwunden. Allenfalls auf dem ein oder anderen Aussiedlerhof können die Besucher noch Bauernarbeit erleben.

Aber in den Dörfern selber, die in einem falsch verstandenen Bestreben, die Ortsbilder attraktiv zu gestalten, viel veränderten, ist die Landwirtschaft regelrecht verbannt. Da trotten keine Kühe mehr am Abend über die Dorfstraße, ihre Hinterlassenschaften könnten ja stören. Es gibt keine Hühner mehr, sie könnten ja die gepflegten Blumenbeete in den oft städtisch anmutenden Vorgärten durch ihr Scharren beschädigen. Und das Krähen der Hähne ist ja leider Gottes heute mitunter schon ein Fall, der als Ruhestörung die Gerichte beschäftigt. Die seit Jahren durchgeführten Wettbewerbe unter dem Motto „Unser Dorf soll schöner werden" haben in der Südeifel zum Teil verheerende Folgen gehabt. Als schön galt leider lange Zeit alles, was städtisch war. Wenn das Dorf schöner werden sollte, mußte es eben einen möglichst städtischen Anstrich bekommen. Die individuellen Eigenarten der einzelnen alten Bauernhäuser wurden ebenso verwischt wie die der Dörfer selber. Gott sei Dank sieht man das heute anders, und vor allem die Bewertungskommissionen legen heute Wert darauf, daß in den Dörfern, die sich dem Wettbewerb stellen, der ländliche Charakter wieder mehr betont wird.

Mühlsteine und Mineralwasser – Ein Blick in die Eifeler Wirtschaft einst und heute

Rauhes Klima, karge Böden, Bodenzersplitterung und geschichtlich gewachsene Hindernisse haben in weiten Teilen der Eifel die Landwirtschaft eigentlich nie auf einen grünen Zweig kommen lassen. Immer schon waren die Eifeler gezwungen, ihren Lebensunterhalt auch durch Arbeit in der bescheidenen Eifeler Industrie zu suchen. In vielen Tälern der Eifel hat es bis zum Ende des vorigen Jahrhunderts kleine, blühende Betriebe der eisenverarbeitenden Industrie gegeben. Hier und da stößt man noch auf bauliche Überreste einstiger Hüttenwerke, doch meist erinnern nur noch die Namen mancher Orte, vor allem in den Tälern von Kyll und Salm, daran, daß hier einmal Eifeler Eisenerz verhüttet und verarbeitet wurde. Und zwar in einer Qualität, die weithin berühmt war, in der Franzosenzeit deshalb sogar nach Frankreich geschafft wurde zu den Gewehrfabriken.

Daß schon Römer in der Eifel Eisenerz verhüttet haben, beweisen Schlackenfunde, wie man sie etwa am Helenenberg bei *Bitburg* gemacht hat. Die besonders gute Qualität des Eifeler Schmiedeeisens kam einmal von der Qualität des Erzes, zum anderen durch die Verhüttung mit Holzkohle.

Wenn man dann allerdings weiß, daß für die Verhüttung geradezu unvorstellbare Mengen Holzkohle benötigt wurden und für deren Herstellung wiederum schier endlose Mengen Holz, wird verständlich, daß etwa zu Beginn der preußischen Zeit in der Eifel weite Gebiete waldfrei waren. In allen Wäldern, in allen Gebieten der Eifel rauchten damals wohl Tag und Nacht die Holzkohlenmeiler, an die heute nur hier und da noch schwarz gefärbter Boden erinnert, der bei Forstarbeiten zum Vorschein kommt.

Die besten Zeiten hatten die Eifeler Eisenwerke, von denen bereits 1388 eines bei Meerfeld erwähnt wird, im 18. Jahrhundert, als die Franzosen besonders erpicht waren auf das Eifeler Erz. Durch die 1806 verhängte Kontinentalsperre wurden die Eifeler Reitmeister, wie man die Hüttenbesitzer nannte, vor dem englischen Wettbewerb geschützt.

Mit der preußischen Zeit dauerten zwar die günstigen Verhältnisse noch einige Zeit an, doch dann machte sich Wettbewerb, begünstigt durch die Steinkohle, nachteilig bemerkbar. Hinzu kamen fehlende Transportmöglichkeiten. So war das Ende der mehr als tausendjährigen Eifeler Eisenindustrie nicht mehr abzuwenden. Der letzte Eifeler Hochofen mit Holzkohlenfeuerung wurde 1896 in *Jünkerath* stillgelegt. Doch gehört gerade Jünkerath zu den wenigen Eifeler Standorten der einstigen Eisenindustrie, wo sich ein entsprechendes Werk bis in unsere Zeit erhalten konnte.

Von großer Bedeutung für die jeweiligen Regionen war lange Zeit in der Gegend von *Wittlich* die Fabrikation von Tonwaren. Die Eifeler „Krugbäcker", wie man sie nannte, beschränkten sich allerdings weitgehend auf die Anfertigung von Krügen, Milchtöpfen und Röhren in blaugrauem Steinzeug. Vielfach zogen im Winter Eifeler Männer aus dem Wittlicher Raum mit ihren Traggestellen voller Tonwaren auf dem Rücken über Land und verkauften die Sachen. Besonders bekannt wurde dabei Peter Zirbes aus *Niederkail,* der sich einen Namen als Heimatdichter gemacht hat.

Schon in vorgeschichtlicher Zeit haben in der Gegend von *Mayen* Steinmetze gearbeitet. So kann die Mayener Steinmetzindustrie auf eine vieltausendjährige Geschichte zurückblicken. Noch heute ist die Gewinnung und Verarbeitung der Rohstoffe Basalt, Bims und Tuff, die die Vulkane mit ihren Ausbrüchen und Auswürfen der Eifel beschert haben, ein wichtiger Wirtschaftszweig in der Eifel. Das gilt insbesondere für die östliche Eifel, das Gebiet um den *Laacher See* bis an den Rhein zum Neuwieder Becken, wo die hier blühende Baustoffindustrie von dem Bims lebt, den die Vulkane am Laacher See hierher abgelagert haben. An anderen Stellen werden vulkanische Auswurfstoffe für den Straßenbau gewonnen, Tuffsteine finden sich in allen Dörfern und Städten vor allem der östlichen Eifel im Mauerwerk von Häusern und Kirchen.

Ein wichtiges Erzeugnis waren im Mittelalter die aus Lava hergestellten Mühlsteine. 1248 wurden Eifeler Mühlsteine in den Zolltarifen der Mosel genannt. Mühlsteine aus der Eifel wurden über den Rhein und die Nordsee bis England exportiert. Wichtiges Hilfsmittel für die Verladung der schweren Steine auf Rheinschiffe war der Rheinkran in Andernach, der heute noch ein Wahrzeichen der Stadt am Rande der Eifel ist. Noch bis Mitte des vorigen Jahrhunderts wurden solche Mühlsteine in

Gruben bei *Birresborn, Neroth,* Kischweiler, *Pelm* und *Noth* gewonnen.

Ein anderes Vulkanprodukt ist mit seinen Gewinnungsstätten heute nicht mehr aus der Eifel und in seiner fertigen Form nicht mehr von den – Getränkekarten der Welt wegzudenken – das Mineralwasser. Schon vor Jahrhunderten wurden die Mineralwasser von *Birresborn* und *Tönisstein* getrunken. Mitte des 19. Jahrhunderts wurde der Apolinarisbrunnen von *Bad Neuenahr* erbohrt, dessen Wasser sich bekanntlich als „Königin der Tafelwasser" die Welt erobert hat. Bald darauf sprudelten die Thermalquellen, denen Bad Neuenahr seinen internationalen Ruf als Heilbad verdankt. Ebenfalls im vorigen Jahrhundert wurden in *Gerolstein* die verschiedenen Brunnen erbohrt, von hier aus gehen heute Millionen Flaschen mit Mineralwasser in die ganze Welt. Aus *Daun* und aus *Dreis* (Nürburgquelle) kommen weitere bekannte Mineralwasser. *Mendig* ist ebenfalls ein bekannter Abfüllort für köstliches Eifeler Mineralwasser.

Doch bei aller Bedeutung, die etwa die Mineralwasserabfüllanlagen für die jeweiligen Orte haben, für die gesamte Südeifel fallen sie wirtschaftlich kaum ins Gewicht. Da macht sich der Fremdenverkehr heute ungleich gewichtiger bemerkbar. Es ist kaum übertrieben, wenn man sagt, daß die gesamte Südeifel heute auf den Fremdenverkehr ausgerichtet ist, für den allerdings in den letzten Jahren auch enorme Investitionen getätigt worden sind. Das geht so weit, daß im oberen Kylltal zwischen *Stadtkyll* und *Kronenburg* ein Stausee errichtet wurde als Fremdenverkehrsförderungsmaßnahme, da man mit Recht davon ausging, daß ein See immer eine große Magnetwirkung für Touristen hat. Ähnlich ist es mit dem Bitburger Stausee und dem Stausee von Wascheid bei Prüm. Neue Hotels entstanden, bestehende wurden modernisiert, eine Vielzahl von privaten Fremdenzimmern wurde geschaffen, bei denen die sogenannte Naßzelle heute längst selbstverständlicher Bestandteil ist. Feriendörfer und Freizeitparks wuchsen, in Daun, bei Bitburg, die Anlagen der Deutschen Wildstraße in Daun, Kasselburg und Gondorf sind aus dem Eifeler Fremdenverkehr nicht mehr wegzudenken.

Derzeit ist man bestrebt, den Fremdenverkehr in der Eifel in eine Richtung zu lenken, die man als naturnahen Tourismus bezeichnen möchte. Voraussetzung für das Gelingen dieses Versuches ist es sicher, den Besuchern die einzigartige, durch den Vulkanismus geprägte Naturlandschaft der Eifel nahe zu bringen. Eine wichtige Unterstützung dazu soll das derzeit (Sommer 1993) in Planung und Vorbereitung befindliche Vulkanmuseum in *Daun* leisten.

Von Döppeskooche und Viez – Eifeler Besonderheiten aus Küche und Keller

Die Eifeler der vergangenen Zeiten waren arm, bitterarm, man kann es nicht oft genug wiederholen. Und man muß diese Tatsache sich immer wieder in Erinnerung rufen, wenn man so manche bis heute wirkende Erscheinung begreifen will. Auch das Bild der Eifeler Küche und Keller war vom armen Leben der normalen Eifeler geprägt, wobei es zwar Unterschiede in der Art der Speisen gab, je nach dem ob die Menschen in der Schneifel oder im Maifeld, an der Ahr oder nahe der Mosel lebten. Immer aber galt für die Eifeler Hausfrau als wichtiger Grundsatz: so viel wie möglich zum Leben von dem nehmen, was die eigene Landwirtschaft und der Garten hergaben oder was man draußen in der Natur sammeln konnte.

So gehören noch bis in unsere Tage zu den Eifeler Spezialitäten, die heute durchaus als Leckerei angesehen werden kann, die Hongslatze, der auch Kettensalat genannte Löwenzahnsalat. In der Eifel wurden und werden die jungen Blätter des Löwenzahns gerne und besonders schmackhaft mit einer warmen, sauren Specksauce serviert oder mit Kartoffeln und Speck untereinander gemischt.

Auf die Frage nach ihrem Lieblingsgericht konnte man bis in die Jahre nach dem Zweiten Weltkrieg von vielen Eifelern zu hören bekommen „Döppekooche“ (Topfkuchen). Nach Ansicht Eifeler Hausfrauen gerät und schmeckt dieses Gericht am besten, wenn es im gußeisernen Topf zubereitet wird. Es ist ein einfaches, ungemein schmackhaftes Gericht, das zwar wenig Arbeit, doch viel Zeit für die Zubereitung erfordert. Und so wird der Döppekooche gemacht: Man braucht zunächst ein Kilo Kartoffeln, zwei Eier, eine Zwiebel, 250 Gramm durchwachsenen Speck (oder geräucherte Bratwurst), ein Teelöffel Salz, etwas Muskat, Fett. Die Kartoffeln werden geschält und gerieben, dann entfernt man von der Kartoffelmasse das Wasser, gibt die Eier, Salz, Muskat und die ebenfalls geriebene Zwiebel dazu und vermengt alles gut miteinander. Der Topf wird gut eingefettet, der Boden mit dem in Scheiben geschnittenen Speck belegt. Dann füllt man schichtweise Kartoffelmasse und Speckscheiben ein, jedoch so, daß obenauf Kartoffelmasse liegt. Im Backofen muß der Döppekooche nun bei 200 Grad zwei Stunden backen, bis er eine braune Kruste hat. Zum Döppekooche gibt es oft mit Butter bestrichenes Schwarzbrot und Apfelmus.

Ein beliebtes Gericht war der Stampes. Sauerkraut wurde gekocht und dann mit Kartoffelbrei und Speckwürfeln untereinander gemischt. Bunnetertisch ist etwas ähnliches, jedoch nimmt man dazu grüne Bohnen statt Sauerkraut. Überhaupt waren Bohnen, die in jedem Bauerngarten angebaut wurden, ein wichtiges Lebensmittel. Fleisch gab es normalerweise nur an Sonn- und Feiertagen, ein beliebtes Festgericht war Sauerkraut mit weißen Bohnen zusammen gekocht und Schweinefleisch. Meist wurde im November das den Sommer über mit Küchenabfällen großgezogene Schwein geschlachtet. Auch Suppen, vor allem deftige Eintopfsuppen wie Kartoffelsuppen, Erbsen- oder Bohnensuppen standen bei den Eifelern hoch im Kurs. Daß man es an der *Ahr* verstand, eine vorzügliche Rotweinsuppe zuzubereiten, ist ebenso verständlich wie die köstliche Biersuppe, deren Rezept aus der Bierstadt *Bitburg* überliefert ist. Wobei man denn bei dem angelangt wäre, was der Eifeler früher gerne trank und heute gerne trinkt.

Der verstorbene, langjährige Vorsitzende des Eifelvereins, Dr. Josef Schramm, hat einmal gesagt, für die Eifel wären drei große W's prägend: Wasser, Wald und Wein. Auf den ersten Blick mag es befremdlich erscheinen, das Vulkanland Eifel mit Wein, diesem Kind der Sonne, in Verbindung zu bringen. So falsch ist es aber nicht. Immerhin erstreckt sich entlang des gesamten Südrandes der Eifel zur *Mosel* hin und in den von der Mosel zur Eifel hinaufziehenden Tälern oft noch weit in die Eifel hinein das Gebiet der Rebstöcke, des Weinbaugebietes Mosel, eines der bekanntesten deutschen Weinbaugebiete. Und zum anderen sind die steilen Hänge des unteren und mittleren *Ahrtales,* des nördlichsten deutschen Weinbaugebietes übrigens, bedeckt von Reben, deren Trauben den berühmten Ahrburgunder liefern. So hatten die Eifeler also immer schon einen gewissen Zugang zum Wein.

Wo der Wein nicht mehr gedeiht, wachsen aber immer noch Apfelbäume. Es waren nie Bäume, die edle Tafeläpfel brachten, sondern immer nur Früchte, die zum Pressen und Keltern gut genug waren. Das, was anderswo als Most, Äppelwoi oder Apfelwein bezeichnet wird, nennt der Eifeler, vor allem im südlichen Teil der Südeifel, seit alters her Viez.

Heute ist natürlich aus der Eifel neben den verschiedenen Mineralwässern, die bereits an anderer Stelle genannt wurden, das Eifeler Bier nicht mehr wegzudenken. Immerhin wird in *Bitburg* mit köstlichem Eifeler Quellwasser ein Bier gebraut, das heute nicht nur zu den deutschen Spitzenerzeugnissen gehört, sondern in die ganze Welt exportiert wird. Das gute Wasser der Eifel hat im übrigen auch an anderen Orten dazu geführt, daß aus kleinen lokalen Brauereien Braustätten geworden sind, deren Erzeugnisse heute zum Teil über die Eifel hinaus bekannt sind.

Geradezu als Markenprodukt bekannt ist inzwischen der Eifeler Obstschnaps, der überall dort gebrannt wird, wo es entsprechenden Obstbau gibt. Allein im Kreise Bitburg – Prüm gibt es heute noch rund zweihundert Obstbauern, die das Recht haben, ihr Obst in hochprozentige Flüssigkeit zu verwandeln.

Was die durchschnittliche Gastronomie in der Eifel angeht, braucht sie im Grunde heute keinen Vergleich mit der Konkurrenz in anderen deutschen Landen zu scheuen, so weit es um die üblichen Speisen geht, die unter gleichem oder ähnlichem Namen von Schleswig-Holstein bis Oberbayern überall angeboten werden. Doch gerade darin liegt ein bemerkenswerter Mangel der Eifeler Gastronomie. Schaut man in Spezialkochbücher, in denen alte Eifeler Rezepte gesammelt und beschrieben sind, könnte man leicht jede Speisekarte auch der gehobenen Gastronomie damit füllen. Doch sucht man in fast allen Eifeler Gasthäusern und Restaurants vergeblich nach wirklichen Eifeler Spezialitäten. Döppekooche oder Grompeerepudding (Kartoffelpudding), wirkliche Eifeler Spezialitäten, gibt es für die Eifeler Gastronomen ebensowenig wie Hongslatze. Eifeler Gastwirte sollten einmal über die Grenzen der Eifel in andere Landschaften, etwa in die Pfalz schauen und sich ansehen, wie sehr dort gerade die sogenannte bürgerliche Küche sich längst der alten Bauernspeisen bemächtigt und sie verfeinert und berühmt gemacht hat. Es mag sein, daß man in einem Restaurant am Laacher See tatsächlich gelegentlich Felchen aus dem See bekommt, doch wenn auf den Speisekarten Eifeler Forelle angeboten wird, wird die Sache schon tragikomisch. Die Forellen kommen so gut wie nie aus dem frischen, fließenden Eifeler Bach, das wäre technisch ja auch gar nicht möglich. Wenn der Gast Glück hat, stammen die Tiere aus Fischteichen der Umgebung, wie sie heute in fast allen Eifeler Bachtälern zu finden sind. Mitunter kann man jedoch auch beobachten, daß die Tankwagen dänischer oder belgischer Forellenzüchter ihre Ware bei den Eifeler Gasthäusern ablassen, wo die Fische dann bestenfalls in Bassins kommen, die mit Eifeler Wasser gefüllt sind.

Doch man sollte sich nicht den Appetit verderben lassen. Aus der Fülle der Gasthäuser und Restaurants zwischen Prüm und Mayen, zwischen Bad Neuenahr und Bitburg ragen einige heraus, die von der strengen Gastronomiekritik zum Teil zu den besten in ganz Deutschland gezählt werden, auch wenn es nur ein gutes Dutzend sind. Allein schon um ihretwillen würde sich ein Besuch in der Eifel lohnen. Diese Häuser, die Sternstunden des lukullischen Genusses verheißen, sind in der alphabetischen Reihenfolge der Orte, in denen sie angesiedelt sind, die folgenden:

Weingasthaus Schäferkanne, Brückenstr. 29,
53505 Altenahr, Telefon 02643/7128;

Steinheuers Restaurant Zur alten Post, Heppingen,
53474 Bad Neuenahr-Ahrweiler, Telefon 02641/24114;

Restaurant Brogsitters St. Peter, Walporzheimer Str. 134,
53474 Bad Neuenahr-Ahrweiler, Telefon 02641/389911;

Waldhotel Sonora, Auf dem Eichelfeld,
54518 Dreis, Telefon 06578/406;

Restaurant im Hotel Zens, Kurfürstenstr. 35,
54531 Manderscheid, Telefon 06572/768;

Gourmetrestaurant Wagener, Markt 10,
56727 Mayen, Telefon 02651/2861;

Lochmühle, An der B 267,
53508 Mayschoß/Ahr, Telefon 02643/8080;

Altes Gasthaus Müller, Karstr. 37,
54516 Wittlich, Telefon 06571/6476;

Landhaus Mühlenberg, Dauffenbach,
54313 Zemmer, Telefon 06505/8779.

Vom Schloßhotel zum Caravan – Unterkunftsmöglichkeiten in der Südeifel

In einer Landschaft, die als Fremdenverkehrsgebiet so bekannt und beliebt ist, die so gut erschlossen ist wie die Südeifel, stehen dem Reisenden viele unterschiedliche Möglichkeiten offen zu übernachten oder aber sich einzumieten, um Ferien zu machen. Die Möglichkeiten reichen vom luxuriösen Schloßhotel bis hin zu Jugendherbergen und Campingplätzen, auf denen man sein Zelt aufbauen oder seinen Wohnwagen abstellen kann. Unter den Hotels, die man in der Eifel findet, gibt es einige Glanzlichter, die genannt werden sollen, wobei die Aufzählung sicherlich nicht vollständig ist. Es handelt sich in alphabetischer Reihenfolge der Orte um folgende Häuser:

Staatliches Kurhotel, Kurfürstenstr. 34,
56864 Bad Bertrich, Telefon 02674/834;

Steigenberger Hotel, Kurgartenstr. 1,
53474 Bad Neuenahr-Ahrweiler, Telefon 02641/2291;
Dorint Sporthotel Südeifel, Am Stausee,
54675 Biersdorf, Telefon 06561/841;
Kuchers Landhotel, Karl-Kaufmann-Str. 2,
54552 Darscheid, Telefon 06592/629;
Schloßhotel Kurfürstliches Amtshaus, Auf dem Burgberg,
54550 Daun, Telefon 06592/3031;
Hotel Sonora, Auf dem Eichelfeld,
54518 Dreis, Telefon 06578/306;
Romantikhotel Zum alten Brauhaus, An der Kirche,
54647 Dudeldorf, Telefon 06565/2057;
Seehotel Maria Laach,
56653 Glees, Telefon 06236/5840;
Hotel Zens, Kurfürstenstr. 35,
54531 Manderscheid, Telefon 06572/768;

Feriendörfer findet man in der Südeifel in folgenden Orten:

Biersdorf, Auskunft: Dorint Ferienpark Südeifel, Am Stausee Bitburg,
54675 Biersdorf, Telefon 06569/990;
Bollendorf, Auskunft: Ferien- und Freizeitzentrum Hotel Burg Bollendorf, 54669 Bollendorf, Telefon 06526/690;
Daun, Auskunft: Dorint Hotel und Ferienpark Daun, Im Grafenwald,
54550 Daun, Telefon 06592/7130;
Gerolstein, Auskunft: Feriendorf Felsenhof,
54568 Gerolstein, Telefon 06591/3129
und Waldferienpark Gerolstein-Hinstershausen, Hillenseifen,
54568 Gerolstein, Telefon 06591/678;
Gunderath, Auskunft: Ferienpark Heilbachsee,
56767 Gunderath, Telefon 02657/8090;
Manderscheid, Auskunft: Jugendferiendorf Moritz,
54531 Manderscheid, Telefon 06572/4277;
Stadtkyll, Auskunft: AEGON-Ferienpark, Wirfttal,
54589 Stadtkyll, Telefon 06597/92920;
Wachsweiler, Auskunft: AEGON-Ferienpark, Im Prümtal,
54649 Wachsweiler, Telefon 06554/427.

Nicht nur Jugendliche, sondern jedes Mitglied des Deutschen Jugendherbergswerkes findet Aufnahme in den folgenden Jugendherbergen in der Südeifel:
Altenahr, Bad Neuenahr-Ahrweiler, Bollendorf an der Sauer, Daun, Gerolstein, Manderscheid, Mayen, Prüm, Koblenz, Trier.

Wer es vorzieht, in der Natur zu logieren, aber ein Mindestmaß an Versorgung dabei vorfinden möchte, sollte mit Zelt oder Wohnwagen auf einen der folgenden Südeifeler Campingplätze gehen:
Altenahr an der Ahr, Remagen am Rhein, Maria Laach, Dorsel an der Ahr, Müllenbach, Dockweiler bei Daun, Schalkenmehren, Gillenfeld, Manderscheid, Kyllburg, Stadtkyll, Bleialf, Prüm, Heilhausen bei Wachsweiler, Wachsweiler (zwei Plätze), Utscheid bei Neuerburg, Obersgegen, Körperich, Gentingen an der Our, Oberweiß bei Bitburg, Wallendorf an der Our, Dillinger Brück an der Sauer, Echternacherbrück, Irrel (zwei Plätze), Rahlingen an der Sauer.

Von Burg zu Burg durch die Eifel

Keine andere Landschaft Deutschlands muß auf den Karten der Geschichtsatlanten so buntscheckig dargestellt werden wie die Eifel. Denn keine Landschaft war im Mittelalter auf so viele große, kleine und kleinste Territorien weltlicher und geistlicher Macht aufgespalten wie unser Bergland. Von den geistlichen Kurfürsten, den Bischöfen zu Köln und Trier angefangen über die Herren von Luxemburg, Manderscheid oder Daun, den Blankenheimern oder Virneburgern und schließlich den Äbten der großen Klöster wie Prüm oder Echternach, die als Reichsfürsten bedeutsame weltliche Macht besaßen, hatten alle diese Herren wiederum ihre Vasallen oder Lehensträger. Ihnen überließen sie ihre Burgen oder gestatteten ihnen, solche zu bauen. Rund 140 solcher Burgen gab es in der gesamten Eifel, die weitaus meisten davon in der Südeifel. Manche blieben großartig erhalten wie die Burg Eltz, andere sind nur noch romantische Ruinen im Wald oder auf einem Bergvorsprung. Die eine oder andere Burg erlebte auch ihre wundersame Wandlung zum prächtigen Schloß. Schönstes Beispiel dafür ist *Bürresheim* nahe Mayen. Manche der erhalten gebliebenen oder wieder aufgebauten Burgen und Schlösser sind heute noch privat bewohnt, andere dienen als Schulen, Internate oder sonstige Wohnheime. Und wieder andere werden als Museen zugänglich gehalten. Auch die ein oder andere privat bewohnte Burg kann zumindest zeitweise und nach Vereinbarung mit dem Besitzer wenigstens teilweise besichtigt werden. Kostbare Möbel oder Tapeten, Sammlungen von Waffen, Porzellan oder Teppichen sind dabei zu sehen. Auch als Kulisse für Festspiele dienen Eifelburgen, wie die Genovevaburg in *Mayen* oder als Greifvogelwarten wie die Kasselburg bei *Gerolstein.* Und sogar als luxuriöse Schloßhotels sind einstige Eifelburgen im In- und Ausland bekannt geworden. Schönstes Beispiel dafür ist die einstige Burg *Daun.* Welcher der vielen Eifelburgen der Ruhm zukommt, die älteste im Lande zu sein, wird oft diskutiert. Folgt man der Überlieferung, dann hätte die Burg *Mürlenbach* in der Kyll Anrecht auf diesen Titel. Wird doch erzählt, Bertrada von Mürlenbach, eine Urgroßmutter Karls des Großen, die Stifterin der Abtei *Prüm,* habe an der Kyll eine Burg bauen lassen. Nachweisen läßt sich das nicht. Die erste Erwähnung einer Eifelburg betrifft die Oberburg von *Manderscheid,* die 973 erstmals genannt wurde und daher als älteste nachgewiesene Burg der Eifel angesehen werden muß. Andererseits steht die schon genannte Kasselburg auf den Überresten eines römischen Wachturmes, der hier vor fast 2000 Jahren zur Sicherung der Militär- und Handelsstraße der Römer durch das Kylltal gebaut wurde. Burgen jedenfalls, wohin man schaut in der Südeifel. Kaum ein größerer der alten Eifelorte, der nicht eine Burg als Keimzelle oder als beherrschendes Wahrzeichen hätte. Schon der Burgen und Schlösser wegen lohnt sich eine Eifelreise. Denn selbst wenn manche der noch bewohnten Burgen nicht besichtigt werden können, liegen sie doch oft so nahe der Straße oder eines öffentlichen Weges, daß man wenigstens eindrucksvolle Partien sehen kann. Die wichtigsten Schlösser, Burgen oder Burgruinen der Südeifel sind nachstehend aufgeführt, wobei etwa notwendige Angaben über Öffnungszeiten oder Zugangsmöglichkeiten (Schlüssel in der Gärtnerei) bei den jeweiligen Ortsbeschreibungen angegeben sind.

Ahre, aussichtsreiche Burgruine oberhalb von Altenahr;
Bollendorf, Schloß, früher Wasserburg. Im Park ein Greifvogelschutzgehege;
Bruch bei Wittlich, malerische Wasserburg, Besichtigung nach Vereinbarung möglich;
Bürresheim, Schloß im Nettetal bei Mayen. Gilt als schönstes Schloß der Eifel, im Besitz des Landes Rheinland-Pfalz. Ganzjährig zu besichtigen;
Dasburg, mächtige Ruine im Ort Dasburg oberhalb des Ourtales;

Daun, Burgruine oberhalb der Stadt Daun, im Burggelände im einstigen Amtshaus das Schloßhotel Amtshaus Daun;
Dreis, Barockschloß bei Wittlich, Besichtigung nach Vereinbarung;
Eltz, schönste Burg Deutschlands, wie oft gesagt wird. Vollkommen erhalten im Elztal bei Münstermaifeld;
Falkenstein, Burgruine mit wieder aufgebauter Kapelle oberhalb des Ourtales. Besichtigung nach Vereinbarung;
Freudenkop, Ruine bei Neroth;
Gerolstein, Ruine der sogenannten Löwenburg;
Hamm, Schloß oberhalb des Prümtales, bewohnt, nicht zugänglich;
Jünkerath, Burgruine im gleichnamigen Ort an der Kyll;
Kasselburg, eindrucksvolle Burganlage über dem Kylltal bei Pelm (Gerolstein). Ist als Greifvogelwarte in die Deutsche Wildstraße einbezogen;
Kerpen, Burg, teilweise wieder aufgebaut, Schullandheim, Turm mit herrlichem Ausblick zugänglich;
Kyllburg, erhalten gebliebener Bergfried der einstigen Burg;
Landskron, Burgruine bei Bad Neuenahr, erhalten gebliebene Kapelle. Schönster Aussichtspunkt über das Ahrtal;
Lissingen, ehemalige Wasserburg bei Gerolstein, als landwirtschaftlicher Großbetrieb genutzt und bewohnt;
Malberg, Schloß, angeblich fensterreichstes Gebäude der Eifel; im Kylltal bei Kyllburg, heute Schloßhotel;
Manderscheid, Oberburg und Niederburg, zwei Ruinen im Liesertal unterhalb von Manderscheid;
Mayen, Burg (Genovevaburg). Enthält das Eifeler Landschaftsmuseum;
Monreal, Löwenburg und Rech, zwei Burgruinen in Monreal an der Elz;
Mürlenbach, Burgruine, teilweise wieder aufgebaut, eindrucksvolle Toranlage;
Neuenahr, Burgruine bei Bad Neuenahr;
Neuerburg, Burg, nach Zerstörung teilweise wieder aufgebaut, dient als Jugendburg. Besichtigung nach Vereinbarung möglich;
Nürburg, eindrucksvolle Ruine bei Adenau inmitten des nach ihr benannten Nürburgringes, teilweise wieder aufgebaut. Großartige Fernsicht über die Eifel;
Oberehe, Schloß, befestigtes Gut nahe Hillesheim. Nur von außen zu besichtigen;
Olbrück, Burgruine bei Oberzissen, schöner gotischer Bergfried erhalten geblieben;

Schloß Malberg

Prümer Burg, Ruine bei Prümzurlay;
Pyrmont, Schloß im Elztal bei Münstermaifeld, wieder aufgebaut;
Ramstein, Ruine, sehr eindrucksvoll bei Kordel im Kylltal;
Rittersdorf, Wasserburg nahe Bitburg, als Restaurant zugänglich;
Roth, Burg, ehemalige Ordenskommende im Ourtal;
Saffenburg, Burgruine bei Mayschoß an der Ahr;
Schönecken, teilweise erhaltene Burg in Schönecken bei Prüm;
Schweppenburg, Burg im Brohltal bei Burgbrohl;
Trutzeltz, Burgruine oberhalb der Burg Eltz bei Münstermaifeld;
Ulmen, Burgruine in Ulmen am Rande des Ulmener Maares;
Virneburg, Burgruine im gleichnamigen Ort;
Welschbillig, Burgruine auf dem Gelände einer römischen Prachtvilla aus dem 2. Jahrhundert;
Weilerbach, Barockschloß bei Bollendorf;
Wernerseck, weitläufige Burgruine bei Plaidt;
Wolfsfeld, schloßartige Burg nahe Bitburg.

Wandern, ach wandern

Daß das Wandern des Müllers Lust sei, wird zwar immer noch bei vielen Gelegenheiten lauthals verkündet, doch sind es die Müller nicht alleine, die gerne wandern. Die Eifeler könnten fast allesamt Müller sein, so beliebt ist in der Eifel das Wandern. Kaum ein größerer Ort in der Eifel, der nicht eine Ortsgruppe des Eifelvereins sein eigen nennt, kein Eifeler Fremdenverkehrsamt, mag es noch so klein sein, das nicht kleinere oder größere Wanderungen in der Umgebung anbietet. Und nur wenige andere deutsche Landschaften können sich rühmen, ein so dichtes und so vorzüglich markiertes Netz an Wanderwegen zu besitzen wie die Eifel.

Wundert es in diesem Lande der erloschenen Vulkane, daß der beliebteste und bekannteste Wanderweg natürlich der ***Hauptwanderweg Nr. 13*** des Eifelvereins ist, der – ***Vulkanweg.*** Markiert ist dieser Weg mit einem Winkel, einem der beiden Eifeler Wegemarkierungszeichen. Doch weil der Vulkanweg eben etwas besonderes ist, steht der Winkel auf der Spitze und sieht so wie ein V aus. Weil der Vulkanweg von Ost nach West durch die Eifel zieht, hat das V jeweils an der Seite, an der es nach Westen weist, einen kleinen Querstrich. So weit die Theorie der Wegemarkierungen. Der Vulkanweg selber ist 155 Kilometer lang und damit einer der längsten Hauptwanderwege des Eifelvereins. Von Andernach am Rhein führt dieser Weg am *Laacher See* vorbei über *Burgbrohl,* den Gänsehals und Hochstein nach *Mayen,* weiter über *Virneburg,* Broos, *Ulmen, Gillenfeld, Manderscheid*, den Mosenberg, Weiersbach und *Daun* nach *Gerolstein.* Eifelfreunden mag bei diesen Namen das Herz höher schlagen, es sind fast alles Namen, die für die schönsten vulkanischen Sehenswürdigkeiten der Eifel stehen. Erloschene Vulkane, Krater, Maare, Kraterseen, Aufschlüsse vulkanischer Eruptionen.

Aber auch Burgenromantik kommt dabei nicht zu kurz. Ein anderer attraktiver Hauptwanderweg des Eifelvereins ist der ***Hauptwanderweg Nr. 2*** von Brühl bei Bonn über die Hohe Acht, den höchsten Eifelberg, *Daun, Manderscheid,* das Kloster *Himmerod* nach *Trier.* Er ist 181 Kilometer lang.

Wandernswert ist auch der ***Hauptwanderweg Nr. 15,*** der auf einer Länge von 72 Kilometern von *Cochem* durch das wildromantische Enderttal nach *Daun* und *Mürlenbach* und weiter zur alten Abteistadt *Prüm* führt.

Wer weite Aussichten liebt, ist auf dem ***Hauptwanderweg Nr. 16*** gut aufgehoben, führt der doch zwischen *Alf* an der Mosel und *Vianden* im Ourtal über die südlichen Teile der zentralen Hocheifel, wobei man immer wieder faszinierende Fernsichten genießen kann. *Bad Bertrich, Manderscheid, Kyllburg* und die Bierstadt *Bitburg* sind Stationen auf diesem 102 Kilometer langen Weg.

198 Kilometer lang ist der längste Hauptwanderweg des Eifelvereins, der ***Weg Nr. 5***, der von Kreuzau bei Düren durch die westliche Eifel nach *Trier* leitet. Von den Höhen der Schneifel südlich von Losheim an zieht dieser Weg durch die Südeifel, bringt den Wanderer nach *Prüm, Schönecken* und zu den malerischen Prümer Wasserfällen, läßt ihn von *Echternacherbrück* einen Blick über die Grenze auf die Basilika des Heiligen Willibrordus jenseits des Grenzflusses Sauer nach *Echternach* in Luxemburg werfen, ehe er sich *Trier* zuwendet.

Als Lieserpfad wurde ein Teilstück des ***Hauptwanderweges Nr. 3*** weithin bekannt, gehört doch das Liesertal zwischen *Daun* und *Wittlich* zu den schönsten Flußtälern der Eifel. Geradezu grandios ist der letzte Abschnitt des Teilstückes *Daun–Manderscheid,* wenn die beiden imposanten Manderscheider Burgen ins Blickfeld kommen, jene Ruinen, die wie keine anderen zum Wahrzeichen Eifeler Burgenromantik wurden.

Weinfreunde unter den Wanderern in der Eifel wird es früher oder später auf den ***Rotweinwanderweg*** ziehen, der das Weinbaugebiet Ahr zwischen *Altenahr* und *Lorsdorf* auf einer Länge von rund 30 Kilometern durchzieht. Er führt zum größten Teil durch sonnige Weinbergslagen und gewährt immer wieder faszinierende Ausblicke auf das tief ins Schiefergestein eingeschnittene Ahrtal und den „Rotweinfluß" selber. Manchmal führt der Weg durch den Wald, dann wieder zwischen Rebstöcken hindurch und gewährt – das ist sicherlich für viele Weinfreunde, aber auch Liebhaber bizarrer altertümlicher Ortsbilder wichtig – bequeme Abstiegsmöglichkeiten zu jedem Talort unten an der Ahr. Im Gegensatz zu den anderen Wanderwegen in der Eifel ist der Rotweinwanderweg nicht mit einem geometrischen Zeichen, Keil oder Winkel markiert, sondern mit einer roten Traube. Das Wandern auf dem Rotweinwanderweg gleicht daher einem Vexierspiel: in einem Meer von Reben muß immer wieder eine kleine rote Traube gesucht werden. Eine kleine rote Traube, die nicht an einer Rebe hängt, nicht gelesen, gegessen oder gekeltert werden kann, sondern aufgemalt ist auf Wegweiser, auf Mauersteine, auf Felsen, Pfähle oder Baumstämme.

Neben diesen großen Wanderwegen, die größere Teile der Eifel durchziehen, gibt es oft lokal recht interessante Wanderwege oder organisierte Wanderungen, die unter einem bestimmten Thema stehen. Diese Themen beziehen sich entweder auf die vulkanische Erdgeschichte der Region oder auf die Geschichte. Der bedeutendste dieser Themenwanderwege ist der ***Geopfad von Hillesheim,*** der jedoch nicht nur touristisch hergerichtet, sondern wissenschaftlich aufgearbeitet aus dem Rahmen der üblichen Themenwanderwege fällt. Ihm ist daher ein eigenes, das folgende Kapitel dieses Buches gewidmet.

Die Kurverwaltung *Manderscheid* bietet die Möglichkeit, mehrstündige geologische Exkursionen in der „Vulkaneifel" rund um Manderscheid durchzuführen. Dazu wurde eigens eine ***Vulkanroute*** geschaffen, die allerdings nichts mit dem Vulkanweg des Eifelvereins zu tun hat. Diese Vulkanroute zeigt auf einer Strecke von 35 Kilometern, die auch in Teilabschnitten durchwandert werden kann mit dem Meerfelder Maar, eines der größten Eifelmaare, und darüber hinaus die Vulkangruppe der Westeifel, an der man wie bei „Lehrvulkanen" fast alle Erscheinungen des Vulkanismus und der Maarentstehung studieren kann.

Ganz anders sind die thematischen Wanderungen, deren Hintergrund die Geschichte der Eifel oder einer ihrer Regionen ist. Besonders interessant ist da die Möglichkeit auf den Spuren der Kelten und Römer im Bereich der Gemeinde *Irrel* zu wandern. Vor allem das *Ferschweiler Plateau* mit seinen Menhiren, keltischen Festungsanlagen und römischen Siedlungsresten ist eine Fundgrube für Archäologen und Hobby-Geologen.

Eine andere geschichtliche Erlebniswandermöglichkeit wird von *Gerolstein* aus geboten, wo man auf den Spuren der Ritter gleich mehrere Tage unterwegs sein kann. Ziel sind dabei Burgen und Burgruinen, wie die Kasselburg im Kylltal, die Bertradaburg in *Mürlenbach,* die von Johann von Böhmen einst auf dem Nerother Kopf gebaute Burg Freudenkop.

Bei dieser wie bei vielen anderen Wanderungen in der Eifel ist es wie in anderen Gebieten längst selbstverständlich, daß Wanderer, die mehrere Tage unterwegs sind, keinen drückenden Rucksack mehr mittragen müssen. Wandern ohne Gepäck kann man heute in allen Gegenden der Südeifel, wobei mehr und mehr auch Radwandern ohne Gepäck beliebt wird. Wie ja überhaupt Radwandern in der Eifel im Zeitalter der vielgängigen Mountainbikes kein Problem mehr ist. War das Bergland der Eifel mit seinem unentwegten Auf und Ab vor Jahren noch ein Schrecken für Radwanderer, zieht es die Pedalritter heute genauso in die Eifel wie ins flache Land.

Problematischer wird es da in der Eifel für die Wasserwanderer. Zwar hat die Eifel eine Vielzahl stattlicher Wasserläufe, doch nur wenige eignen sich zum geruhsamen Wasserwandern. Wer Eifelflüsse mit dem Kanu befahren will, braucht in der Regel schon eine gehörige Portion Wildwassererfahrung. Da, wo an den Unterläufen der Flüsse wie bei Ahr oder Kyll zum Beispiel das Gefälle nachläßt und die Flußbetten nicht mehr so verblockt sind, erlaubt der im Sommer meist recht niedrige Wasserstand auch keine großen Wandertouren. Fazit: zum Wasserwandern sind Eifeler Gewässer im Gegensatz zu denen der benachbarten Ardennen oder der Flüsse am Eifelrand wie Sauer, Mosel oder Rhein nur bedingt geeignet. Wildwasserspezialisten finden hier allerdings beachtliche Möglichkeiten, vor allem natürlich im Frühjahr, wenn die Flüsse reichlich Wasser haben. Wer sich zu diesem Thema näher informieren will, sollte sich an den Deutschen Kanuverband wenden, Bertaallee 8, 47055 Duisburg.

Tausend Schritte in die Erdgeschichte – Der Geopfad von Hillesheim

395 Millionen Jahre Erdgeschichte warten auf den Eifelwanderer, der sich anschickt, den Geopfad im Bereich der Verbandsgemeinde *Hillesheim* zu erleben. 395 Millionen Jahre Erdgeschichte in dieser Landschaft sind naturgemäß vor allem Begegnungen mit dem „feurigen" Teil der Erdgeschichte, mit dem Vulkanismus. Und so ist der Geopfad, der auf einer Länge von 125 Kilometern dreißig verschiedene Aufschlüsse geologisch bedeutsamer Art erschließt, vor allem ein Pfad zur Begegnung mit der vulkanischen Geschichte dieses Teils der Eifel.

Als die Verbandsgemeinde Hillesheim zusammen mit dem geologischen Institut der Rheinisch Westfälisch Technischen Hochschule Aachen Ende der 80er Jahre diesen Geopfad als geologischen Lehr- und Wanderpfad anlegen ließ, wurde hier ein Pilotprojekt geschaffen, zu dem es bislang vergleichbares in Deutschland nicht gibt. Allerdings werden zur Zeit im Brohltal, in *Gerolstein* und in *Manderscheid* ähnliche Geopfade geschaffen.

Rund fünf Milliarden Jahre ist die Erde alt, ein unvorstellbar langer Zeitraum. 395 Millionen Jahre läßt sich in der Eifel das erdgeschichtliche Werden verfolgen, für den Menschen eine nicht faßbar lange Zeit, gemessen am Gesamtalter der Erde aber auch nur ein längerer Augenblick. Und von diesem Augenblick wiederum nur für die Dauer eines Sekundenbruchteiles, wie man ihn von den Verschlußzeiten der Kameras kennt, nämlich „nur" rund 2000 Jahre nutzte, gestaltete und veränderte der Mensch in der Eifel das über so lange Zeit entstandene Landschaftsbild. Doch er hat in dieser kurzen Zeit das augenfällige Bild der Eifellandschaft vielleicht mehr verändert als die Kräfte der Natur über Millionen Jahre. So ist es nicht nur interessant, sondern eigentlich folgerichtig, daß zu den dreißig Stationen dieses Geopfades nicht nur natürliche Aufschlüsse wie Ablagerungen, Vulkane, Gesteine, sondern auch Bildungen und Erscheinungen gehören, die auf menschliche Einwirkungen zurückgehen, wie der Eiskeller von Hillesheim oder Brauneisenschürfstellen und Stollenmundloch des Erzbergbaues im Bolsdorfer Wald. Und schließlich sind die Aufschlüsse, die dem Wanderer in Steinbrüchen oder an Wegeböschungen begegnen, ohne den Eingriff der Menschen in die Landschaft überhaupt nicht denkbar.

Natürlich haben die Schöpfer des Geopfades nicht erwartet, daß emsige Wanderer den 125 Kilometer langen Pfad abwandern. Der Pfad wurde daher so angelegt, daß er auch in Einzelabschnitten begangen werden kann, jeder der 30 Aufschlüsse ist für sich alleine zugänglich. Zwei Mittelpunkte hat der Geopfad, sie liegen am Eiskeller in *Hillesheim* und bei der *Burg Kerpen*. Sie bieten sich als Ausgangspunkte für Wanderungen über diesen geologischen Lehr- und Wanderpfad an. Deshalb wird an diesen beiden Stellen umfassend in die Geologie, vor allem die durch den Vulkanismus der Quartär- und Tertiärzeit geprägte Geologie der Eifel eingeführt. Auf großen Tafeln finden sich dazu Erläuterungen zu den verschiedensten geologischen Themen, wie der Entstehung von Vulkanen, das Bild der Eifel in der Buntsandsteinzeit, die Entstehung des Eisenerzes in der Eifel, was gerade für das Gebiet der Verbandsgemeinde Hillesheim früher einmal bedeutsam war, die Eifel zur Devonzeit, Wasserkreislauf und Wassergewinnung und noch manch andere Themen. An jedem der dreißig Anlaufpunkte des Geopfades steht eine farbige Erläuterungstafel, auf der die wichtigsten geologischen Fakten des jeweiligen Aufschlusses in Wort und Bild dargestellt sind. In Hillesheim selber gibt es dazu noch eine Schausammlung, die das, was man bei der Wanderung sieht und erfährt, noch anschaulich ergänzt.

395 Millionen Jahren erdgeschichtlicher Entwicklung stehen 2000 Jahre menschlicher Einwirkung auf die Landschaft gegenüber. Doch dieser minimale Zeitraum hat genügt, um die Landschaft stellenweise entscheidend zu verändern, zum Teil zu zerstören. Auch das soll bei diesem Geopfad anschaulich gemacht werden. Und es soll dem Wande-

rer auf diesem Pfad vor Augen geführt werden, daß diese Landschaft Existenzgrundlage von Pflanzen, Tieren und Menschen ist und der Mensch aufgerufen ist, die Umwelt pfleglich zu behandeln. Es würde hier zu weit führen, alle dreißig Stationen des Geopfades vorzustellen, lediglich die wichtigsten seien kurz erwähnt, wobei letztlich jede der Stationen wichtig ist im Sinne des Gesamtverständnisses und eine Auswahl immer von subjektiven Gesichtspunkten geleitet ist.

Die erste Station, der sogenannte Eiskeller in Hillesheim, zeigt auf anschauliche Weise, wie der Mensch vergangener Zeiten sich geologische Gegebenheiten nutzbar gemacht hat. In die vor etwa 250 bis 240 Millionen Jahren entstandenen rötlichen Steine der Buntsandsteinzeit schlug man Stollen. Durch die Verdunstung des im Gestein befindlichen Wassers entsteht Verdunstungskälte. In einer Zeit, da man noch keine stromgetriebenen Kühlgeräte kannte, konnte man also in solchen künstlichen Höhlen Lebensmittel kühl einlagern und vor dem raschen Verderben schützen.

An die Zeit, da im Hillesheimer Raum Eisenerz geschürft und verhüttet wurde, erinnert die zweite Station mit dem Stollenmundloch, einer Eisenerzschürfstelle im Bolsdorfer Wald. In der Nähe hatte man schon 1929 inmitten eines Hügelgräberfeldes Eisenschlacke und einen Verhüttungsofen aus vorrömischer Zeit, etwa aus dem 7. Jahrhundert vor Christus, gefunden. Bis Ende des 19. Jahrhunderts ist hier im Bolsdorfer Wald aus primitiven Schurflöchern und kleinen Stollen manganhaltiges Brauneisenerz gewonnen worden.

An Station drei, Giesenheld, stößt man auf sehr schöne Säulen aus erstarrter Basaltlava des Giesenheldvulkans. Eine gewaltige, aufrecht stehende Basaltsäule, die den Namen Beilstein bekommen hat, blieb von zahlreichen derartigen Säulen im Eruptionsgebiet des Beilsteinvulkans, der siebenten Station, erhalten. Die restlichen Basaltsäulen sind nur noch als Bruchstücke zu finden, sie bilden ein besonders schön ausgeprägtes Felsenmeer.

Der ehemalige Steinbruch Wolfskaul ist die achte Station. Hier hat man noch vor wenigen Jahrzehnten die Buntsandsteinschichten für den Hausbau ausgebeutet. Fassadensteine, Bausteine, Bodenplatten wurden hier gewonnen. 1904 fand man hier ein gut erhaltenes Skelett eines Wirbeltieres, des Eifelosaurus Tridiakus. Entfernte Verwandte dieser hierzulande seit Millionen Jahren ausgestorbenen Echsenart leben heute noch in Neuseeland. Aus Ablagerungen des Devonmeeres entstanden die fruchtbaren kalkhaltigen Böden der Eifeler Kalkmulden, die nicht zuletzt bei den Orchideenfreunden bekannt sind wegen ihres Orchideenreichtums.

Station dreizehn des Geopfades zeigt südwestlich von *Leudersdorf* die Hillesheimer Kalkmulde.

Station achtzehn zeigt den Wasserfall von *Dreimühlen,* der als der interessanteste Wasserfall der Eifel angesehen wird. Er ist durch Ablagerungen von drei stark karbonathaltigen Zuflüssen des Ahbaches entstanden. Das Karbonat fördert Ansiedlung und Wachstum bestimmter Laubmoospolster. Sie überziehen sich mit dem durch die Karbonatablagerung entstehenden Sinter. Der völligen Abdeckung durch Karbonatsinter kann das Moos nur durch ständiges schnelles Wachstum entgehen. Während also das bedeckte Moos abstirbt, wächst die Pflanze in anderen Teilen ständig weiter und vergrößert so die Polster, die immer dichter von Sinter bedeckt werden. Wenn das Moos unter der Karbonatüberkrustung abstirbt, bleiben die entsprechenden Hohlräume übrig, die dem Sinter seine typische Porosität geben.

Für Fossilienfreunde besonders interessant ist Station zweiundzwanzig, der einstige Steinbruch Rauhheck. Hier liegen bis zu 70 Meter mächtige Kalkstein- und Mergelsteinschichten, in denen man zahlreiche Korallen, Stromatoporen (eine heute ausgestorbene Art von Meereslebewesen) und Brachiopoden (Armfüßer) finden kann. Das sind Hinweise darauf, daß die Ablagerungen einem tropischen Meer im Mitteldevon entstammen.

Der Dreiser Weiher am Döhmberg, Station siebenundzwanzig, ist das schönste, ausgeprägteste und größte Trockenmaar der Eifel. Einst war dieser vulkanische Einbruchstrichter mit Wasser gefüllt. Heute ist die Senke ausgetrocknet. Daß der Dreiser Weiher vulkanischen Ursprungs ist, zeigt eine heute noch wirtschaftlich genutzte, das heißt abgefüllte Mineralquelle hier.

Auch die Stationen fünfundzwanzig, sechsundzwanzig, fünfundzwanzig A und achtundzwanzig des Geopfades sind Mineralquellen. In den vulkanischen Aschen, die den Döhmberg bedecken, findet man neben vielen Mineralien auch besonders schöne Olivinbomben. Eine dreißig Kilogramm schwere Olivinbombe ist in *Hillesheim* in der Sammlung zum Geopfad zu sehen.

Festgemauert in der Erde – Eine Glockengießerei und andere Sehenswürdigkeiten in der Südeifel

Eine Landschaft wie die Eifel ist eigentlich schon eine Sehenswürdigkeit für sich. Wo sonst in Mitteleuropa gäbe es so viele vulkanische Erscheinungsformen zu entdecken wie in der Eifel. Und wenn man einmal vom Gesamtbild des Berglandes absieht, sind sicherlich die Vulkane, Maare und Kraterseen die größten Sehenswürdigkeiten: der Laacher See, das Meerfelder Maar, die drei Dauner Maare, nämlich *Weinfelder-* oder *Totenmaar, Schalkenmehrener* und *Gemünder Maar,* das *Pulvermaar, Holzmaar* und das *Immerather Maar* sowie die Trockenmaare und der *Windsborn* als einziger Kratersee der Eifel. Der markanten Vulkangruppen sind so viele, daß man sie hier unmöglich alle aufzählen kann. Genannt seien der Mosenberg wegen seiner markanten Schlackenbildungen, der Kalem bei *Birresborn* und der Hochsimmer bei *Mayen.*

Der Wallenborn

Zahlreiche interessante und sehenswerte vulkanisch-geologische Aufschlüsse sind im Zuge der Geopfade von *Hillesheim* und einer ähnlichen Anlage im Brohltal zugänglich. Zwei müssen allerdings besonders erwähnt werden: die ***Lavabombe*** von *Strohn* und der ***Wallenborn***. In Strohn ist die Lavabombe zu sehen, eine gewaltige Basaltkugel aus blasenreichem Olivinbasalt. Sie hat einen Durchmesser von sechs Metern, einen Rauminhalt von rund 56 Kubikmetern und ein Gewicht von mindestens 120 Tonnen. An isländische Geysire erinnert der „wallende Born" in *Wallenborn,* doch anders als auf der Feuerinsel ist es hier in der Eifel eine Mineralquelle, die sich alle 35 Minuten wallend und brausend rund einen halben Meter hoch hebt.

Ein anderes bemerkenswertes Naturschauspiel ist der bereits genannte wachsende Wasserfall Dreimühlen bei *Nohn.* In Folge von Kalksinterablagerungen wächst er jährlich bis zu zehn Zentimeter in den Ahbach hinein. Attraktive Naturschauspiele bieten die Wasserfälle der Prüm bei Irrel und der Elz unterhalb von *Pyrmont.*

Besuchenswert sind die alten Eis- und Mühlsteinhöhlen bei *Birresborn,* doch sollte man eine Taschenlampe dabei haben, wenn man hier ins Innere der Eifelberge hineingehen will.

Wer kennt es nicht, Friedrich Schillers berühmtes Lied von der Glocke. So wie der Dichter vor zweihundert Jahren das Werden einer Kirchenglocke als beinahe mystischen Vorgang geschildert hat, so kann der Besucher heute alles noch in der Eifeler Glockengießerei in *Brockscheid* bei *Daun* erleben. Wie die Form in die Erde gemauert wird, wie die Arbeiter am Tage, da der Ofen angestochen wird, ihren Hut abziehen und ein Gebet sprechen und dann das glühend flüssige Erz aus dem Ofen herausschießt und in die vorbereiteten Kanäle der Glockenform fließt – alles läuft noch so ab, wie Schiller es seinerzeit beschrieben hat. Tage später wird die lehmige Umhüllung abgeschlagen, und die blanke Glocke kommt zum Vorschein. Zu jeder Zeit haben Besucher freien Zugang in der Eifeler Glockengießerei, können zuschauen, was gerade gearbeitet wird. Denn natürlich ist nicht jeder Tag ein Tag des Höhepunktes, an dem auch eine Glocke wirklich gegossen wird. Oft dauert es Wochen, bis es wieder so weit ist. Am besten, man erkundigt sich vorher bei der Glockengießerei, welche Arbeit gerade ansteht. Gruppen müssen sich ohnehin voranmelden. Führungszeiten sind montags bis samstags um 10, 11, 12, 14 und 15 Uhr. Erwachsene zahlen dafür zwei Mark, Kinder und Jugendliche bis zu 18 Jahren eine Mark. Auskünfte bekommt man unter der Telefonnummer 06573/255.

Die Glockengießerei Mark in *Brockscheid* gehört sicherlich zu den bekanntesten Sehenswürdigkeiten, jedenfalls technischer Art, in der Eifel. Doch es gibt noch manch andere, die anzuschauen lohnend ist. Da ist zum Beispiel die Schneidemühle *Meisburg* bei Daun. Sie ist die letzte mit Wasserkraft betriebene Sägemühle des ganzen Rheinlandes. Donnerstags, samstags und sonntags kann man sie ab 14 Uhr im Rahmen von Führungen besichtigen. Auskünfte bekommt man unter der Telefonnummer 06599/222.

Einige der großen Mineralwasserbetriebe in der Vulkaneifel kann man nach vorheriger Anmeldung besichtigen, wobei es im Rahmen der Führungen natürlich auch Trinkproben gibt: der Dauner Sprudel in *Daun,* Telefon 06591/615, die Nürburgquelle in *Dreis,* Telefon 06595/636, der Phönixsprudel in *Birresborn,* Telefon 06549/215 und der Gerolsteiner Sprudel in *Gerolstein,* Telefon 06591/140.

Auch die größte und bekannteste Brauerei der Eifel, die Brauerein Simon in *Bitburg* kann man besichtigen. Auskünfte über Besichtigungszeiten und Führungen bekommt man unter der Telefonnummer 06561/140.

Sportsfreunde unterwegs

Sport in der Eifel heißt natürlich zuerst einmal wandern. Wandern auf mehreren tausend Kilometern markierter Wanderwege, die teils vom Eifelverein ausgesucht und markiert wurden, teils von örtlichen Fremdenverkehrsämtern oder -verbänden. Daß es in einer touristisch so bedeutsamen und gut erschlossenen Region wie der Südeifel darüber hinaus in jedem für den Fremdenverkehr bedeutsamen Ort die Möglichkeit gibt, Tennis oder Fußball zu spielen, in Hallen oder Freibädern zu schwimmen, Fahrräder, auch Mountainbikes, zu mieten oder sein Glück auf dem Rücken von Pferden zu finden, versteht sich eigentlich von selbst.

Wenn also hier von Sportmöglichkeiten in der Südeifel die Rede sein soll, dann von solchen Sportmöglichkeiten und Freizeitaktivitäten, die etwas ausgefallener sind, für die es in jeder Ferienregion vielleicht nur ein oder zwei Möglichkeiten gibt, für Motorsportler etwa oder für Luftsportler. Gerade für solche Leute hat die Südeifel einige ganz spezielle „Schmankerl" zu bieten. Wo sonst als in der Südeifel könnten Motorsportfans auf einer weltberühmten Rennstrecke mit ihrem eigenen Wagen oder Motorrad fahren wie auf dem Nürburgring? Der Welt schönste Rennstrecke, wie man den *Nürburgring* oft schon genannt hat, steht an allen rennfreien Tagen jedermann offen. Informationen: Telefon 02691/302124.

Wer lieber mit einem Renn-Card unter rennsportlichen Bedingungen fahren möchte, kann dies im sogenannten Zackspeedmotodrom zwischen dem 1. April und 31. Oktober von 9 bis 18 Uhr. Informationen dazu gibt es unter Telefonnummer 02691/1048 oder 02636/1421.

Es gibt viele Möglichkeiten in die Luft zu gehen, auch in der Eifel. Möglichkeiten zum Segelfliegen ebenso wie zum Fliegen mit kleinen Propellermaschinen findet man an den Dauner Maaren auf dem Flugplatz Sennheld, Informationstelefon 06592/2976 und 2755. Auch in *Prümzurlay* gibt es solche Möglichkeiten, Auskunft unter Telefon 06525/366; in *Bad Neuenahr-Ahrweiler* kann man segelfliegenderweise in die Luft gehen. Informationen unter Telefon 02641/26443. Von den Flugplätzen *Daun-Senheld* und Prümzurlay sind auch Rundflüge mit Motorflugzeugen möglich. Daun-Senheld bietet zudem auch eine Motor- oder Segelflugausbildung an.

Drachenfliegen ist möglich in *Meerfeld,* wo es auch eine Drachenflugschule gibt. Informationen unter Telefon 06572/8949 bei der Kurverwaltung *Manderscheid.*

Auch mit dem Heißluftballon fahren kann man in der Südeifel oder besser gesagt über der Südeifel, und zwar von Prümzurlay aus. Auskünfte darüber gibt Günter Ziwers, Telefon 06525/699.

Manche hängen gerne zwischen Himmel und Erde an Seil und Haken in steilen Felswänden. Auch für sie hält die Südeifel Betätigungsmöglichkeiten bereit, und zwar in *Gerolstein.* Auskünfte gibt das Verkehrsamt Gerolstein unter der Telefonnummer 06591/1382.

Die Korallen und Dolomitfelsen von Gerolstein sind besonders reich an Versteinerungen. Es gibt hier geführte Wanderungen zum Fossiliensuchen, man kann aber auch auf eigene Faust sich aufmachen und sein Glück versuchen. Auskünfte erteilt das Verkehrsamt Gerolstein, siehe oben.

Wer gerne in rasender Fahrt über eine Sommerbobbahn zu Tal flitzt, kann diesem Vergnügen frönen in Daun beim Hirsch- und Saupark, Telefon 06592/3151 oder 1500. Auch in *Altenahr* gibt es diese Möglichkeit täglich von 10 bis 18 Uhr. Auskunft Telefon 02643/2321.

Für Wasserratten, die mehr als nur schwimmen wollen, ist der Angebotstisch in der Südeifel eigentlich reich gedeckt. In den folgenden Orten bieten sich an natürlichen (Maaren) oder künstlichen Seen Möglichkeiten zum Rudern, Segeln, Surfen, auch Schulungskurse:

Bell (Waldsee Riedern), Surfen;
Biersdorf, am Stausee Bitburg;
Bollendorf auf verschiedenen Weihern, außerdem auf der Sauer;
Daun, Gemündener Maar;
Gillenfeld, Pulvermaar;
Maria Laach, Laacher See;
Schalkenmehren, Schalkenmehrener Maar;
Stadtkyll, Kronenburger Kyllstausee;
Ulmen, Ulmener Maar.

Erlebnisbäder findet der Besucher der Südeifel in folgenden Orten:

Bad Neuenahr-Ahrweiler, Ahrthermen, von 9 bis 23 Uhr täglich, Telefon 02641/801200;
Bad Neuenahr-Ahrweiler, Twinbad, täglich 9 bis 21 Uhr, samstags und sonntags 9 bis 19 Uhr. Freibadeanlage und Riesenrutschbahn sind nur während der Freibadesaison zugänglich. Auskünfte Telefon 02641/24133;
Gunderath, Malibu-Erlebnisbad im Gran Dorado Heilbachsee, subtropisches Erlebnisbad, Telefon 02657/8090;
Mayen, Badezentrum mit der längsten hangverlegten Wasserrutschbahn Europas, Telefon 02651/88260;
Nickenich, Lavamaar-Freizeitpark, Telefon 02631/81266;
Stadtkyll, subtropisches Erlebnisbad Vulkamaar, Telefon 06597/2878.

Und im Winter, wenn's geschneit hat? Mehrere Orte in der Südeifel lassen sich als Wintersportorte bezeichnen. Es gibt hier auch eine bescheidene Infrastruktur mit Liften und präparierten Pisten, gespurten Langlaufloipen, zum Teil auch Skischule und Skiverleih. Doch sollte man ehrlicherweise darauf hinweisen, daß der Eifel, deren höchster Punkt nur 748 Meter erreicht, einfach ein paar hundert Höhenmeter fehlen, um im Winter auch nur halbwegs Schneesicherheit versprechen zu können. Immerhin, manchmal schneit es genug, und mitunter bleibt der Schnee sogar bis zum Wochenende liegen. Dann lohnt sich für Wintersportfreunde ein Besuch in der Hocheifel an der *Hohen Acht,* wo *Nürburg* und *Jammelshofen* die notwendige Infrastruktur zum Skilaufen, Langlaufen, Rodeln und Winterwandern bieten. Informationen über Schneelage und Liftbetriebe gibt es bei der Gemeindeverwaltung Jammelshofen, Telefon 02691/7741 und dem Verkehrsverein Nürburg, Telefon 02691/2304. Auch am Mäuseberg bei *Daun* kann man bei genügender Schneelage Wintersportfreuden nachgehen. Auskünfte darüber, was möglich ist, erteilt das Verkehrsamt Daun, Telefon

06592/71477 bis 79. Die Schneifel oder Schnee-Eifel im äußersten Nordwesten der Südeifel hat ihren Namen vom Schneereichtum der Landschaft. Hier gibt es Wintersportmöglichkeiten am „schwarzen Mann" bei *Prüm*. Näheres erfährt man beim Verkehrsamt Prüm, Telefon 06551/505.

Der Rohrstock des Dorfschulmeisters – Von Museen in der Südeifel

Ob Mausefalle, alte Autos oder der Rohrstock eines Dorfschulmeisters, es gibt bekanntlich nichts, was man nicht in einem Museum zusammentragen könnte. Das ist in der Südeifel nicht anders als sonstwo. Neben Heimatmuseen, in denen engagierte Menschen eine Vielzahl von Objekten zusammengetragen haben, die für Geschichte, Kulturgeschichte, Wirtschaft oder Landschaft eines Ortes oder einer Gegend bedeutsam sind, gibt es in der Eifel eine Reihe von Museen, die jeweils nur einem eng begrenzten Thema gewidmet sind. Die wichtigsten und interessantesten Museen der Südeifel sind diese:

Bad Neuenahr-Ahrweiler, Ahrgaumuseum mit Exponaten vom Mittelalter bis zur frühen Neuzeit im Stadtteil Ahrweiler, 1.4. bis 30.10., Telefon 02641/34583;
Bad Neuenahr-Ahrweiler, Museum Römervilla am Silberberg im Stadtteil Ahrweiler. Die gehobene römische Wohnkultur im Rheinland sowie das Alltagsleben einer Familie stehen im Mittelpunkt. April bis Oktober dienstags, samstags und sonntags. Telefon 02641/31516;
Bleialf bei Prüm, Schaubergwerk des Bleibergbaues;
Daun, Heimatmuseum mit Sammlung von Mineralien und Versteinerungen, geöffnet vom 1.5. bis 30.10., Telefon 06592/71418;
Gerolstein, Kreisheimatmuseum, geöffnet montags nachmittags, mittwochs, donnerstags und freitags. Informationen: Telefon 06591/1382 oder 3200;
Gerolstein, naturkundliches Museum, geöffnet dienstags bis sonntags. Informationen Telefon 06951/5235;
Gerolstein, römisch-germanisches Altertumsmuseum, „Villa Sarabodis", geöffnet vom 1.5. bis 30.9., dienstags, mittwochs und samstags, vom 1.10. bis 30.04. mittwochs und samstags. Telefon 06591/3362 oder 7901;

Hillesheim, geologisch-mineralogische Sammlung und Ausstellung, geöffnet 1.7. bis 31.10., dienstags, donnerstags und samstags. Telefon 06593/80116;
Immerath, Schulmuseum im alten Schul- und Backhaus, geöffnet April bis Oktober donnerstags nachmittags. Telefon 06573/1497 oder 06592/71477-79;
Irrel, Westwallmuseum im Festungswerk Katzenkopf, geöffnet 1.4. bis 30.9. täglich, Telefon 06525/7914;
Jünkerath, Eisenmuseum, Geschichte der Eifeler Eisenindustrie, April bis September dienstags bis freitags, Oktober bis März samstag, sonntags und feiertags. Telefon 06597/1482 oder 06592/170;
Laufeld, Puppenmuseum im Hotel Eifelperle, ganzjährig täglich von 16 bis 17 Uhr, Telefon 06572/3490;
Manderscheid, Heimatmuseum, Mai bis Oktober, täglich außer montags und freitags, November bis April sonntags und mittwochs, Telefon 06572/8949;
Maria Laach, Naturkundemuseum St. Winfried, mit Ausstellungen zur heimischen Fauna und Flora, ganzjährig, Telefon 02652/4785;
Mayen, Eifeler Landschaftsmuseum in der Genovevaburg, geöffnet ganzjährig täglich außer montags, Telefon 02651/88262;
Neroth, Mausefallenmuseum, geöffnet April bis Oktober mittwochs, freitags und samstags, im November mittwochs und sonntags, Telefon 06591/7230, 5822, 3544;
Nürburg, Rennsportmuseum, Autos und Motorräder aus sieben Jahrzehnten, geöffnet Ostern bis Oktober täglich. Telefon 02691/302147;
Otrang, römische Villa, Rekonstruktion mit schönem Mosaikboden;
Prüm, Heimatmuseum mit volkskundlichen Sammlungen sowie Spielzeugsammlung und Feuerwehrmuseum, geoffnet 1.5. bis 15.9., Telefon 06551/1765;
Wittlich, Wechselausstellungen in der Synagoge und im alten Rathaus, Telefon 06571/4068.

In manchen Heimatmuseen findet man Altäre oder Altarteile, Heiligenfiguren oder sonstige Dinge, die ursprünglich aus einer Kirche stammen. Einige Kirchen in der Südeifel sind kunsthistorisch besonders bedeutsam und so sehenswert, daß sie nachstehend aufgeführt werden:

Berndorf bei Hillesheim, Wehrkirche von 1513/15 auf dem Kirmesberg;
Bleialf bei Prüm, gotische Kirche mit einem Freskenzyklus von 1498;

Fraukirch bei Mayen, Genovevakirche, angeblich ursprünglich bereits aus dem 8. Jahrhundert, sehenswerter Altar mit Darstellung der Genovevalegende;
Himmerod bei Großlittgen, Zisterzienserkloster von 1134. Besonders sehenswert die Westfassade, 1751 von Christian Kretschmar gebaut;
Kirchsahr bei Kreuzberg an der Ahr mit gemalten Tryptichon der Kölner Schule aus dem 14. Jahrhundert ;
Klausen im Salmtal, spätgotische Wallfahrtskirche mit prachtvoller Innenausstattung, unter anderem einem Antwerpener Schnitzaltar von 1480;
Lutzerath-Driesch, Wallfahrtskirche, spätgotische Einstützenkirche mit schönem Rippengewölbe und prachtvollem Barockaltar von 1672;
Maria Laach, Abteikirche, Basilika, einer der bedeutendsten und imposantesten romanischen Kirchenbauten des Rheinlandes, dem Kaiserdom zu Speyer nachgebaut ab 1093;
Münstermaifeld, ehemalige Stiftskirche von 1255 mit Wehrturm vor dem Westwerk. Im Inneren der Münstermaifelder Goldaltar, ein vergoldeter Schnitzaltar einer Antwerpener Schnitzwerkstätte von 1520;
Neuerburg, Pfarrkirche von 1472, größte und schönste zweischiffige Hallenkirche der Eifel;
Niederehe bei Üßbach, Klosterkirche, um 1200 gebaut, mit zum Teil noch originaler Freskenausmalung;
Niedermendig, Kirche St. Cyriakus, Mitte des 13. Jahrhunderts entstanden, mit spätromanischer Freskenausmalung, wie sie für die Eifel einmalig ist;
Springiersbach bei Bengel im Kondelwald, Rokokokirche des Klosters von 1769 mit großartigen Deckengemälden, kostbarer Inneneinrichtung aus Eichenholz. Sehenswert auch der Kapitelsaal des Klosters um 1220 entstanden.

Sag dem Wildschwein Guten Tag – Die schönsten Straßen durch die Südeifel

Anders als in den benachbarten Ardennen, in denen es Dutzende von ausgeschilderten Touristenstraßen gibt, die unter allen nur erdenklichen Themen stehen, findet man in der Südeifel nur wenige touristisch interessante Routen, die als solche speziell konzipiert und unter einem bestimmten Thema ausgeschildert wären. Dafür hat die Südeifel jedoch

Glockengießerei in Brockscheid

Altes Stadttor in Ahrweiler

Klosterkirche Maria Laach

Beim Sommerfest in Adenau

eine Touristenstraße ganz besonderer Art, etwas, das es so nirgends sonst gibt, die ***Deutsche Wildstraße.*** Die Deutsche Wildstraße ist der Versuch, Tiere, die heute noch oder früher einmal in der Eifel oder überhaupt in Europa beheimatet waren, in einer für sie typischen Landschaft in möglichst natürlichen Verhältnissen nicht nur anzusiedeln und leben zu lassen. Sinn dieser dem Naturfreund gewidmeten, rund 180 Kilometer langen Rundstraße durch die Südeifel ist es vielmehr darüber hinaus, dem Natur- und Tierfreund die Möglichkeit zu geben, diese Tiere in der für sie möglichst natürlichen Umgebung zu beobachten. Das ist selbstverständlich bei Braunbären oder Wölfen nicht in der gleichen Weise möglich wie bei Rothirsch oder Wildschweinen. Versucht hat man es trotzdem, und die Besucherzahlen in den vier Südeifeler Wildparks, die durch die Deutsche Wildstraße miteinander verbunden sind, zeigen eigentlich, daß dieses Experiment bei den Besuchern ankommt, daß es gelungen ist. Anders als touristische Routen anderswo ist die Deutsche Wildstraße in der Südeifel keine starr festgelegte Route, die an den Kreuzungen oder Abbiegungen durch besondere Hinweisschilder gekennzeichnet ist. Vier feste Punkte hat diese Deutsche Wildstraße, nämlich den Eifelpark *Gondorf* bei *Bitburg,* den Sau- und Hirschpark *Daun,* die Greifvogelwarte und Wolfsstation auf der Kasselburg bei *Pelm* und den Wildpark *Klotten* bei *Cochem* an der Mosel. Er liegt der Mosel näher als der hier dargestellten Südeifel, soll aber der Vollständigkeit halber hier erwähnt werden. Wie der durch die Eifel reisende Naturfreund von einem Park zum anderen kommt, ob er den kürzesten Weg wählt oder sich zwischendurch für diesen oder jenen Abstecher entscheidet, bleibt ihm überlassen. Alles, was routenmäßig zwischen den einzelnen Parks liegt, ist die Deutsche Wildstraße. Als Rundkurs hat die Deutsche Wildstraße natürlich auch keinen bestimmten Anfangs- oder Endpunkt, beginnen oder beenden kann man die Route bei jedem der vier Parks. Als größte und bunteste Anlage unter diesen vier Parks der Deutschen Wildstraße präsentiert sich der *Eifelpark Gondorf* bei Bitburg. Berühmt wurde er vor Jahren schon durch seine Bärenschlucht, inzwischen sind neben den Bären und zahlreichen anderen Wildarten auch Gemsen, Steinböcke, Wildkatzen und Murmeltiere zu sehen. Daneben wurde der Eifelpark aber auch systematisch zum Freizeitpark mit zahlreichen Attraktionen und Vergnügungsmöglichkeiten ausgestaltet. Er ist geöffnet von April bis Oktober täglich von 9 bis 18 Uhr. Der eigentliche Wildpark ist sogar ganzjährig geöffnet. Telefon 06565/2131.

Von den Bären im Eifelpark führt die Deutsche Wildstraße über die Bierstadt *Bitburg* ins *Kylltal,* über *Kyllburg* und *Mürlenbach* nach *Ge-*

rolstein. In der Kasselburg, einer der best erhaltenen Eifelburgen nahe der Brunnenstadt Gerolstein, entstand zunächst eine Greifvogelwarte, der später ein Wolfspark angeschlossen wurde. Tägliche Wolfsfütterungen und Flugvorführungen von Adlern und anderen Greifvögeln gehören hier zum festen Besucherprogramm. Der *Adler- und Wolfspark* in der Kasselburg ist ganzjährig täglich geöffnet. Informationen gibt das Verkehrsamt Gerolstein, Telefon 06591/1381-82.

Von Gerolstein führt die Deutsche Wildstraße in östlicher Richtung nach *Daun,* wo der große *Hirsch- und Saupark* die nächste Station bildet. Über ein Wegenetz von 12 Kilometern Länge kann der Parkbesucher mit dem eigenen Wagen durch diesen Park fahren und immer wieder anhalten, wenn Hirschrudel oder „Rotten" von Wildschweinen nahe sind, was vor allem bei Kindern Fahrten durch diesen Park so beliebt macht. Hier kann man buchstäblich vom Wagen aus, durch das geöffnete Fenster, den Wildschweinen Guten Tag sagen. Der Hirsch- und Saupark Daun ist ganzjährig täglich geöffnet, es sei denn, die Wege wären im Winter durch Schnee oder Eis unbefahrbar. Informationen gibt die Touristinformation Vulkaneifel in Daun, Telefon 06592/17200.

Die Deutsche Wildstraße bringt den Eifelreisenden dann über *Kelberg* und das *Elztal* mit dem romantischen *Monreal* und durch das wilde *Enderttal* nach *Klotten.* Rund 60 Hektar ist der *Wildpark Klotten* groß, es gibt neben Rot- und Schwarzwild Füchse und Wölfe, Bären, Zwergziegen und zahlreiche Volieren mit vielen Greif- und Ziervögeln. Geöffnet ist der Park ganzjährig täglich, von November bis Ostern jedoch dienstags und mittwochs geschlossen. Informationen: *Hochwildfreigehege Klotten,* Telefon 02671/7660.

Aus dem Moseltal geht es dann wieder in die eigentliche Eifel hinauf und über *Lutzerath* an den Maaren vorbei nach *Manderscheid,* über *Himmerod* und *Spangdahlem* wieder nach *Bitburg,* wo der Kreis sich schließt. Auch wenn die Eifel keine ausgeschilderten Touristenstraßen hat, so berühren doch zumindest drei überregionale touristische Routen die Eifel. Die ***„Grüne Straße"*** Ardennen–Eifel kommt auf ihrem Weg vom französischen Rethel zum deutschen *Sinzig* bei *Roth* an der Our über die Grenze und führt über Bitburg, *Kyllburg* ins stille *Salmtal* zum Kloster *Himmerod.* Von hier aus geht es weiter über Manderscheid und an den Dauner Maaren vorbei nach Daun, über *Kelberg, Müllenbach, Nürburgring, Kempenich* zum *Ahrtal.* Über *Bad Neuenahr-Ahrweiler* erreicht diese Route bei Sinzig dann den Rhein. Lediglich im Raum Prüm-Bitburg berührt die ***„Straße der ländlichen Kultur"*** die Eifel. Diese Route ist ein belgisch-deutsch-luxemburgisches Gemeinschaftsprojekt, das von der Europäischen Gemeinschaft, dem

Wildschwein als Gaststättenschild in Adenau

Europarat und zahlreichen Stellen in den beteiligten Ländern unterstützt wird. Sinn dieser Straße ist es, Dörfer und Städte miteinander zu verbinden, in denen sich bemerkenswerte ländliche Kulturdenkmäler erhalten haben. Ausgeschildert ist diese Route in der Eifel nicht. Ebenfalls nicht ausgeschildert, sondern bislang lediglich in der Konzeption vorliegend ist die dritte touristische Straße, die ein Stück weit die Südeifel berührt, die ***„Route Gottfried von Bouillon".*** Sie ist als Straße der Geschichte Europas gedacht und wird als solche sicherlich eines Tages noch ganz besonders propagiert werden. Gottfried von Bouillon, der Namenspate dieser Route, ist dabei nur eine Symbolgestalt, deren Name integrierend für die Idee dieser Straße wirken soll. Von *Bollendorf* im Sauertal führt diese Route über *Roth, Dasburg, Neuerburg, Rittersdorf, Manderscheid, Cochem, Burg Eltz, Pyrmont* und *Ulmen* nach *Daun* und weiter über *Gerolstein, Mürlenbach* und *Prüm* nach Belgien. Sie verbindet also Orte, deren Burgen, Schlösser oder Klöster einst in ihrer Bedeutung über die Grenzen der Eifel hinaus gingen. Zum Schluß seien noch einige Straßen in der Eifel erwähnt, die entweder durch landschaftlich besonders reizvolle Gegenden führen oder aber besondere Sehenswürdigkeiten berühren:

- die Ahrtalstrecke von Müsch über Altenahr nach Bad Neuenahr-Ahrweiler;
- die Kylltalstrecke von Gerolstein über Birresborn, Mürlenbach, Densborn nach Kyllburg;
- die Strecke Gerolstein-Daun-Manderscheid über Üdersdorf-Bleckhausen;
- die Straße durch die Hocheifel von Adenau über die Hohe Acht und den Nürburgring nach Mayen;
- die Westeifelroute von Prüm über Schönecken, Wachsweiler, Krautscheid nach Neuerburg und weiter über Roth, Bollendorf nach Echternacherbrück;
- die alte Trierer Straße von Prüm über Schönecken durch das Nimstal nach Bitburg;
- die Route von Prüm über Schönecken, Neustraßburg, Densburg nach Kyllburg.

Feste feiern wie sie fallen

In einer armen Landschaft wie der Südeifel haben sich kaum große Volksfeste entwickelt, die die Zeiten überdauert hätten bis heute. Der heute noch alljährlich Mitte Oktober stattfindende Lukasmarkt in *Mayen* fällt aus dem Rahmen der üblichen Kirmesveranstaltungen der Eifel heraus. Denn die Kirmes, das Namensfest des örtlichen Kirchenpatrons, war in den früher rein katholischen Eifelorten das größte öffentliche Fest im Jahreslauf. Daneben haben sich wie der Lukasmarkt in Mayen auch an anderen Orten in der Südeifel bemerkenswerte Märkte erhalten, die teils als Volksfeste gefeiert werden, teils aber auch immer noch in erster Linie Märkte sind. Der bekannteste ist der jeden ersten und dritten Donnerstag im Monat stattfindende Viehmarkt in *Hillesheim,* der bereits um 5 Uhr morgens beginnt und als größter Viehmarkt Westdeutschlands gilt. Das bekannteste Volksfest der Eifel dürfte jedoch die Säubrennerkirmes von *Wittlich* sein, bei der zahlreiche ganze Schweine am Spieß gegrillt werden. Ursprung dieses nahrhaften Festes soll einer lokalen Sage nach die Tatsache sein, daß es im Jahre 1397 Schweine waren, die die Eroberung der Stadt durch gegnerische Truppen ermöglichten. Als Strafe und zur Rache beschloß der Stadtrat sämliche damals in *Wittlich* lebenden Schweine zu schlachten und zu braten. Die Säubrennerkirmes findet alljährlich am dritten Wochenende im August statt. Informationen: Verkehrsverein Wittlicher Land, 54516 Wittlich, Telefon 06571/4086. Und das sind die weiteren wichtigen Volksfeste in der Südeifel:

- „Eierlage" am Ostermontag in Schönecken. Hierbei handelt es sich um einen Wettlauf zwischen jenen, die die Ostereier verstecken und den anderen, die sie suchen und finden.
- Pfingsten gibt es in Bad Neuenahr-Ahrweiler den Gebietsweinmarkt;
- Ebenfalls in Bad Neuenahr-Ahrweiler findet am letzten Samstag im Juni ein großes Rosenfest statt.
- Alle zwei Jahre feiert man in Kerpen am ersten Sonntag im Juli das Burgfest.
- Am zweiten Sonntag im Juli gibt es in Ulmen das große Burg- und Heimatfest.
- Ebenfalls am zweiten Wochenende im Juli kommt es alljährlich in Bitburg zum europäischen Grenzlandtreffen.
- Adenau begeht alle zwei Jahre am letzten Juliwochenende sein Saugassefest.
- Am ersten Wochenende im August steht in Biersdorf der Stausee in Flammen.
- Am zweiten Wochenende im August feiern Gillenfeld das Pulvermaarfest und Hillesheim das Stadtmauerfest.
- Am Wochenende vor dem zweiten Mittwoch im August steht Daun im Zeichen seiner großen Laurentiuskirmes.
- Dudeldorf begeht am Wochenende nach dem 15. August sein Krautwischfest.
- Das letzte Augustwochenende steht in Adenau im Zeichen des großen Stadtfestes.
- Auf der Niederburg von Manderscheid begeht man am vierten Wochenende im August ein großes historisches Burgfest.
- Weinwochen beginnen am ersten Septemberwochenende in Bad Neuenahr-Ahrweiler.
- Kaisersesch begeht am letzten Septemberwochenende den großen Herbstmarkt.
- Ebenfalls am letzten Septemberwochenende steht Adenaus entzückender historischer Altstadtkern im Zeichen der Buttermarktkirmes.

- Anfang Oktober kommt es alle zwei Jahre in Hillesheim zur großen Herbstschau;
- Mitte Oktober begeht Mayen seinen Lukasmarkt, den wohl größten Jahrmarkt der Südeifel;
- In die Reihe der Feste in der Südeifel müssen auch die Burgfestspiele auf der Freilichtbühne im Burghof der Genovevaburg zu Mayen genannt werden. Von Anfang Juni bis Mitte August eines jeden Jahres werden hier anspruchsvolle Schauspiele der Weltliteratur, Tragödien ebenso wie Komödien, aber auch Märchenspiele für Kinder aufgeführt.
  Informationen: Städtisches Verkehrsamt Altes Rathaus,
  56727 Mayen, Telefon 02651/88260.

Was man sonst noch wissen sollte

Anreise

Die Eifel ist verkehrsmäßig, vor allem für den Autofahrer, sehr gut an das Umland angeschlossen und selber gut erschlossen. Die Autobahn A 61 Krefeld–Ludwigshafen verläuft durch die östliche Eifel nahe dem Rhein und nimmt den gesamten Fernverkehr auf, der über Köln, Frankfurt, Karlsruhe oder Stuttgart kommt. Die Autobahn A 48 von Koblenz nach Trier zieht durch das Maifeld, die Voreifel und die Vulkaneifel. Halbseitig ist bislang die von Belgien herkommende und nördlich von Prüm die Eifel erreichende A 60 ausgebaut, die einmal fertig gestellt über Wittlich zur A 48 führen wird, während die A 1 bislang in Blankenheim in der Nordeifel endet. Wenn sie einmal ausgebaut ist, wird sie durch die Hohe Eifel führen und bei Daun die A 48 erreichen. Für Bahnreisende ist wichtig die Schnellzugstrecke Köln–Trier–Saarbrücken, die von Blankenheim her kommend über Jünkerath, Gerolstein, Kyllburg nach Trier durch die Südeifel verläuft. Wichtigster Knotenbahnhof mit einigen Umsteigemöglichkeiten ist immer noch Gerolstein. Für Bahnreisende aus Richtung Koblenz berührt die direkte Strecke Koblenz–Trier die Südeifel nur im Raum Wittlich. Ansonsten ist die Südeifel wie so viele Landschaften in Deutschland abseits der Ballungsgebiete ein Stiefkind der Bahn. Andere öffentliche Nahverkehrsverbindungen mit Bussen sind in der Eifel ebenfalls schlecht.

Auskünfte

Jede Gemeinde in der Südeifel hat ihr Fremdenverkehrsamt, das entweder bei der Gemeindeverwaltung (Rathaus) angesiedelt ist oder aber als privatrechtlicher Fremdenverkehrsverein ein Eigenleben führt. Anerkannte Kurorte haben eine Kurverwaltung, die in der Regel die Aufgaben eines Verkehrsamtes mit wahrnimmt. Die Anschriften der örtlichen Verkehrsämter, Kurverwaltungen oder Verkehrsvereine finden Sie jeweils am Ende der nachstehenden Ortsbeschreibungen. Die Südeifel ist in sechs überregionale Fremdenverkehrsorganisationen aufgegliedert, die weitgehend den jeweiligen Landkreisen entsprechen. Es sind dies:

Bäder-, Wein- und Wanderland Rhein-Ahr-Eifel e.V.,
Postfach 1340, Markt 11, 53474 Bad Neuenahr-Ahrweiler,
Telefon 02641/97330,
für den Landkreis Bad Neuenahr-Ahrweiler, also das Ahrtal bis zur Hocheifel um Adenau und Nürburgring.

Mayen-Land, Verbandsgemeindeverwaltung Mayen-Land,
Kelberger Str. 26, 56727 Mayen, Telefon 02651/800935.
Mayen-Land umfaßt die Verbandsgemeinde Mayen Land, die mit 27 Gemeinden eine der größten Verbandsgemeinden in Rheinland-Pfalz ist.

Touristinformation Vulkaneifel,
Postfach 1371, 54550 Daun, Telefon 06592/17200.
Das Gebiet umfaßt mit dem Landkreis Daun, einem Zipfel des Kreises Euskirchen (Kronenburg, Dahlem) und einem Teil des Kreises Bernkastel-Wittlich (Manderscheid, Himmerod) die gesamt Vulkaneifel.

Touristinformation Südeifel,
Postfach 1365, 54634 Bitburg, Telefon 06561/15403.
Das Gebiet umfaßt den Landkreis Bitburg-Prüm.

Rhein-Mosel-Eifeltouristik,
Bahnhofstr. 9, 56068 Koblenz, Telefon 0261/14024.
Das Gebiet umfaßt den zur Eifel gehörenden Teil des Landkreises Mayen–Koblenz.

Touristinformation Wittlicher Land e.V.,
Altes Rathaus, 54516 Wittlich, Telefon 06571/4086 und 4087.
Das Gebiet umfaßt die Stadt Wittlich und die 24 Gemeinden der Verbandsgemeinde Wittlich Land.

Einige Gemeinden der Südeifel im Landkreis Cochem-Zell werden überregional betreut vom

Verkehrsamt Ferienland Cochem,
56812 Cochem, Telefon 02671/3971.
Die gesamte Südeifel gehört indessen zum Lande Rheinland-Pfalz, so daß als Gesamtinformationsadresse zuständig ist der
Fremdenverkehrs- und Heilbäderverband Rheinland-Pfalz e.V.,
Postfach 1420, 56014 Koblenz, Telefon 0261/31079, Fax 0261/18343.

Karten

Ohne gute Karten kann die schönste Reise danebengehen, nur mit einer übersichtlichen Karte im vernünftigen Maßstab, die auch kleine und kleinste Straßen, Orte und Sehenswürdigkeiten enthält, kann eine Reise gelingen. Für die Südeifel ist da vor allen anderen die Deutsche Generalkarte 1:200 000 Blatt 12 und Blatt 15 zu empfehlen. Wer seine Karte nicht nur als zuverlässigen Wegweiser beim Autofahren, sondern auch zum Wandern benutzen will, sollte auf die verschiedenen Kartenblätter der Wanderkarte des Eifelvereins im Maßstab 1:25 000 zurückgreifen. Sie sind im Buchhandel ebenso wie über die örtlichen Fremdenverkehrsämter zu bekommen.

Reiseführer

Man kann nie zu viel wissen, und wer sich auf eine Reise in die Südeifel begibt, wird von den unterschiedlichsten Interessen geleitet werden. Entsprechend diesen Interessen gibt es eine Vielzahl von detaillierten Reiseführern für die Südeifel. Nachfolgend seien die wichtigsten aufgeführt:
Eifelführer, herausgegeben vom Eifelverein. Ein detaillierter Führer für die gesamte Eifel mit Straßen- und Wanderwegbeschreibungen, sowie Darstellung aller Orte der Eifel. Vor allem auf die Bedürfnisse des Wanderers zugeschnitten.
Die Eifel, von Walter Pipke und Ida Palhuber in der Reihe der Dumont-Kunstreiseführer, Dumont-Buchverlag Köln. Ein umfassender Reiseführer für die ganze Eifel, bei dem der Schwerpunkt auf der Kunstgeschichte liegt.
Die schöne Eifel, herausgegeben vom Eifelverein. In dieser Schriftenreihe gibt es inzwischen eine Vielzahl von Taschenbüchern, von denen

jedes jeweils einem wichtigen Eifelort gewidmet ist. Die Orte werden mit ihrer Umgebung unter allen Blickpunkten umfassend dargestellt.

Reisezeit

Die Eifel ist zu jeder Jahreszeit schön. So jedenfalls wird geworben. Natürlich ist das richtig, aber schön läßt sich bekanntlich auch noch steigern. Also schön zu jeder Jahreszeit, zu bestimmten Zeiten aber eben noch etwas schöner. Im Frühjahr, im Mai zum Beispiel, wenn das Eifelgold blüht, der Besenginster, und weite Flächen der Eifel vergoldet. Oder wenn im Juni die Heuwiesen blühen. Und wenn sich im Herbst die Wälder bunt verfärben, ist für manche Eifelfreunde sogar die schönste Zeit, die Eifel zu bereisen. Die Westeifel und Hohe Eifel liegen voll im atlantischen Klimabereich, so daß hier mit erheblich häufigeren und stärkeren Niederschlägen und einem insgesamt rauheren Klima zu rechnen ist als etwa im Ahrtal oder in der Ost- und Südosteifel zu Rhein und Mosel hin.

Die Südeifel von A bis W

Adenau – Heerlager der Rennfahrer

Am Fuße des höchsten Eifelberges, der 760 Meter hoch aufragenden Basaltkuppe der Hohen Acht, liegt im Tal des Adenauer Baches das kleine Städtchen Adenau. Gleichermaßen wegen seiner schönen alten Fachwerkhäuser wie auch als Ausgangspunkt für einen Besuch auf dem weltberühmten Nürburgring bekannt, gehört Adenau zu den meist besuchten Fremdenverkehrsorten der Südeifel. An Wochenenden, an denen besondere Rennveranstaltungen auf dem Nürburgring stattfinden, gleicht der Ort, der einst Sitz eines Amtmannes der Kurfürsten von Köln war, einem modernen Heerlager.

Die erste urkundliche Erwähnung von Adenau findet sich im Jahre 992. Im Mittelalter war Adenau Sitz einer Ordenskomturei des Johanniter-Ritterordens. Später blühte das Städtchen als Zentrum der Tuchindustrie auf. Viele schöne alte Häuser erinnern an den damit verbundenen einstigen Wohlstand. In preußischer Zeit war Adenau für kurze Zeit Kreisstadt eines eigenständigen Landkreises Adenau, der dann später im Landkreis Ahrweiler aufging.

Sehenswürdigkeiten:

Marktplatz. Im Zentrum von Adenau steht am Marktplatz ein Ensemble besonders schön erhaltener und gepflegter Fachwerkhäuser aus dem 15. und 16. Jahrhundert.

Katholische Pfarrkirche. Die Kirche stammt im Kern aus dem 10. Jahrhundert, jedoch ist nach Kriegszerstörungen im Zweiten Weltkrieg von diesem ältesten Teil der Kirche nur noch der romanische Westgiebel mit dem eigenartigen achteckigen Turm erhalten. Er bildet heute den Mittelpunkt des Kirchenbaus, der im 12. Jahrhundert gotisch umgestaltet, im Laufe der folgenden Jahrhunderte dann immer wieder weiter verändert wurde.

Museumsviertel Buttermarkt. Etwa einen Kilometer vom Markt entfernt in Richtung Breidscheid-Nürburgring hat sich eine Gruppe altertümlicher Fachwerkhäuser erhalten. Auf dem kleinen Platz, den sie säumen, wurde früher der Markt mit landwirtschaftlichen Erzeugnissen abgehalten. Das Viertel steht insgesamt unter Denkmalschutz. Es wirkt wie ein Freilichtmuseum, ist aber durchaus bewohnt und bewirtschaftet.

Adenau, der Buttermarkt

Unter anderem gibt es hier einen alten Steinbackofen, in dem ein Adenauer Bäcker sein Brot noch auf traditionsreiche Art und Weise backt. Besuchenswert ist das Café Peripheria. Bei diesem Café befindet sich eine Station der „Kulturbrücke Altenahr–Adenau–Nürburgring". Hierbei handelt es sich um den Versuch, einen Brückenschlag zwischen Rennsport, Musik, Landschaft, Weinbau, Tradition und Geschichte mit zeitgenössischer Kunst zu verbinden. Die „Kulturbrücke" ist das Konzept des Kunstförder-Vereins Peripheria, der das Ziel hat, die Akzeptanz für zeitgenössische Kunst im ländlichen Raum der Südeifel zu steigern. Er versucht, dieses Ziel zu erreichen, indem er Kunst nicht nur zeigt, sondern auch durch seine Bereitschaft, sie näher zu bringen. Es soll erreicht werden, daß Verbindungen zwischen unterschiedlichen Bereichen und Menschen nicht nur entstehen, sondern auch bestehen bleiben.
Alle Stationen der „Kulturbrücke" sind über Wege des Eifelvereins zu erreichen. Die Gesamtlänge dieser „Kulturbrücke" beträgt etwa 35 Kilometer. Gleich neben dem Café Peripheria kann man die Station „Einschnitt" der „Kulturbrücke" sehen, den Versuch der Künstlerin Beate Leisten, den Eingriff in die Natur durch den Menschen ohne entspre-

chenden Ausgleich darzustellen. Das Café befindet sich im historischen Burghaus, dem Wehrturm der Herren von Adenau aus dem 14. Jahrhundert. Er war der Mittelpunkt des zweiten Siedlungskerns des Flekkens Adenau. Im Café gibt es einen Galerieraum, in dem ständig wechselnde Ausstellungen präsentiert werden.

Ausflugsziele:

Nürburgring. Die berühmteste und wie viele Fachleute sagen schönste Rennstrecke der Welt wurde Ende der 20er Jahre dieses Jahrhunderts im Rahmen eines Arbeitsbeschaffungsprogrammes in der Hohen Eifel um die namengebende Nürburg (siehe unten) gebaut. Eine Einfahrt zum Ring befindet sich unmittelbar am Stadtrand von Adenau in Richtung Breidscheid.
Die Grand-Prix-Auto- und Motorradrennstrecke, die in Form einer Acht angelegt wurde, ist vor wenigen Jahren unter modernen Sicherheitsgesichtspunkten entschärft und ausgebaut worden. Sie besteht aus der 21 Kilometer langen Nordschleife und der viereinhalb Kilometer langen eigentlichen Rennstrecke. Ihre bekanntesten Stellen sind die Nürburg- und die Müllenbachschleifen. Diese Rennstrecke für Grand-Prix-Veranstaltungen ist Austragungsort von Formel-I-Rennen und Grand-Prix-Veranstaltungen für Motorräder. Außerdem können hier Welt- und Europameisterschaften verschiedener Fahrzeugkategorien ausgetragen werden. Die eigentliche Rennstrecke hat 14 Kurven, maximal 8,8 Prozent Gefälle und 6,4 Prozent Steigung.
Auf der wesentlich längeren Nordschleife finden Zuverlässigkeitsfahrten, Ralleys, Leistungsprüfungen und Rennsportveranstaltungen für Tourenwagen statt. Wenn keine Veranstaltungen stattfinden, kann jedermann mit seinem Wagen oder Motorrad gegen eine Gebühr die Strecke befahren, wobei der Verkehr einbahnstraßenmäßig erfolgt, das bedeutet, daß es keinen Gegenverkehr gibt.
Beliebt bei den Zuschauern sind vor allem zwei aus dem Rahmen fallende Veranstaltungen: die internationalen Truckerrennen als LKW-Ralleys und Schlittenhunderennen im Winter, falls genügend Schnee liegt. Alles in allem haben entlang des Nürburgringes rund 120 000 Zuschauer auf speziellen Tribünen, in besonders hergerichteten und abgesicherten Hängen und auf Waldlichtungen Platz. Ein großzügiges System von Parkplätzen sowie Zeltplätzen an den wichtigsten Stellen des Ringes steht für anreisende Schlachtenbummler bereit.
Rennsportmuseum. Am Start und Ziel gibt es im Rennsportmuseum rund 40 Autos und Motorräder aus sieben Jahrzehnten zu bestaunen.

Alle Fahrzeuge sind noch fahrbereit und werden gelegentlich auch bei Oldtimer-Veranstaltungen eingesetzt. Berühmt sind die hier stehenden Bugattis, Ferraris, Mercedes (Silberpfeil) und Porsches. Daneben gibt es Sehenswertes zur Geschichte des Nürburgringes und des Rennsportes in der Eifel.

Nürburg, Dorf und Burg. Das kleine, rund 600 Meter hoch gelegene Dorf Nürburg im Einzugsbereich des weltberühmten Ringes ist seit langem als Luftkurort bekannt und besucht. Über dem Dorf erhebt sich die Ruine der Nürburg. 678 Meter hoch liegt sie auf einem alten Vulkan. Im 11. Jahrhundert wurden an der Stelle, an der die Römer bereits eine Signalstation unterhalten hatten, Haupt- und Vorburg errichtet. Zunächst gehörte die Burg, die in den letzten Jahren teilweise rekonstruiert wurde, den Grafen von Aremberg (Nebenlinie), später kam sie in den Besitz Kurkölns und wurde eine der größten und stärksten Festungen in der ganzen Eifel. 1690 belagerten die Franzosen die Nürburg, konnten sie aber erst nach langer Zeit und großen Mühen erobern und zerstören. Vom Bergfried der Burg hat man einen großartigen Blick über weite Teile der Hohen Eifel.

Hohe Acht. Der mit 760 Metern hohe Eifelberg ragt als mächtige Basaltkuppe aus dem Schiefergestein des Untergrundes. Beim Aufstieg, vom Parkplatz etwa 20 Minuten, sieht man unmittelbar unterhalb des Aussichtsturmes auf dem Gipfel sehr schön ausgeprägte Basaltsäulen. Der auf der Kuppe der Hohen Acht stehende Aussichtsturm wurde zu Ehren Kaiser Wilhelms I. gebaut. Von der Plattform des Turmes aus hat man einen umfassenden Blick über die Südeifel, bei klarem Wetter kann man den Kölner Dom ebenso erkennen wie das Siebengebirge.

Barweiler. An der B 258 nahe der Haupteinfahrt zum Nürburgring liegt der Wallfahrtsort Barweiler. In der Pfarrkirche, die ursprünglich um 1466 entstand, steht auf dem linken Seitenaltar das als wundertätig verehrte Gnadenbild der Madonna mit dem Kind, das auch heute noch Ziel verschiedener Wallfahrten ist. Die Wallfahrer kommen dazu zum Teil über weite Strecken nach Barweiler.

Aktivitäten:

Motorsport auf dem Nürburgring, Wintersport in Nürburg (Abfahrtspisten und Sprungschanze!) und in Jammelshofen. Wandern.

Informationen: Verkehrsamt Adenau, Markt 8,
53518 Adenau, Telefon 02691/30516.

Ahrtal – Das Tal der roten Traube

Zwischen Altenahr und Bad Neuenahr-Ahrweiler erstreckt sich auf einer Länge von etwa 12 Kilometern das mittlere Ahrtal, zweifellos der landschaftlich schönste und von seinen Weinbergslagen her der bekannteste Teil des Rotweintales. Die in einem Keller im Nordeifeler Blankenheim (nach anderer Version im Wald bei Nonnenbach, Gemeinde Blankenheim) entspringende und bei Sinzig in den Rhein mündende Ahr durchfließt insgesamt zwischen Kreuzberg und Bad Bodendorf nicht nur das nördlichste Weinbaugebiet Deutschlands überhaupt, sondern das größte geschlossene Rotweingebiet unseres Landes.

Den schönsten Eindruck vom Tal der mittleren Ahr hat man von der Höhe aus den Weinbergen, etwa beim Wandern über den Rotweinwanderweg. Dieser Weg zieht in halber Höhe durch die Weinberge und gibt dabei immer wieder den Blick auf das Tal frei. Aber was heißt hier Tal? Das scheinen ein halbes Dutzend Täler zu sein, die da unten ineinander verschachtelt sind. Bergrücken, Felsrippen und Waldkuppen drängen und schieben sich gegeneinander und ineinander. Erst bei näherem Hinsehen kann man dann ausmachen, daß die Ahr sich da so ungeheuer windungsreich ins Schiefergestein hineingefressen hat. In das Schiefergestein, das mit seinen Verwitterungsböden, aber auch mit seinen wärmespeichernden Felsen den Weinbau hier auf einer Fläche von rund 700 Hektar überhaupt erst möglich gemacht hat.

Sehenswürdigkeiten:

Mayschoß. Der altbekannte Weinbauort hat die älteste Winzergenossenschaft Deutschlands. Überragt wird der Ort von den Ruinen der Saffenburg. Sie gilt als älteste Burg des Ahrtales und wurde noch im 30jährigen Krieg erbittert belagert und umkämpft. Sehenswert ist die alte, heute als Restaurant geführte Lochmühle.

Rech. Der Ort bietet mit der alten steinernen Bogenbrücke über die Ahr eines der meist fotografierten Motive des Ahrtales. Ein prächtiges Nepomuk-Standbild ziert die Brücke, die die beiden Ortsteile von Rech miteinander verbindet. Die Brücke ist die älteste des ganzen Ahrtales. Früher war Rech ein vielbesuchter Wallfahrtsort, in dessen Pfarrkirche aus dem 18. Jahrhundert die Heilige Lucia verehrt wurde. Sie ist heute fast vergessen, heute kommen als Wallfahrer die Verehrer des Gottes Bacchus, die angelockt werden von Namen wie „Blume", „Hardtberg" oder „Herrenberg".

Rech an der Ahr

Dernau. Das Dorf ist ein wichtiger Weinbauort und Weinhandelsplatz. Als man 1885 den Keller der Winzergenossenschaft baute, stieß man auf eine ausgedehnte römische Villa, die leider bei den Bauarbeiten völlig zerstört wurde. Im sogenannten Prümer Urbar von 893 wird Dernau bereits als Weinbergslage der Äbte von Prüm erwähnt. In Dernau gibt es zahlreiche Weinkeller, die man besichtigen kann. Sehenswert ist die Ruine des Augustinerinnenklosters Marienthal, auf deren Gelände sich heute eine Weinbaudomäne befindet. Wegen der Besichtigung der Klosterruinen muß man beim Empfang der Domäne nachfragen. Unterhalb von Dernau säumen einige besonders markante Felsen die Ahr, vor allem die „Bunte Kuh".

Aktivitäten:

Wandern auf dem Rotweinwanderweg.

Informationen:
Bäder-, Wein- und Wanderland Rhein, Ahr, Eifel e.V., Markt 11, 53474 Bad Neuenahr-Ahrweiler, Telefon 02641/5015.

Altenahr – Wo der Ahrburgunder zu Hause ist

Im schönsten, engsten und wildesten Teil des Ahrtales liegt der 1000-jährige Weinbauort Altenahr. Die großartige Landschaft, der Weinbau und das malerische Ortsbild von Altenahr haben diesen Ort schon sehr früh zu einem besonders beliebten Fremdenverkehrs- und Ausflugsort gemacht. Um 1100 baute Graf Theoderich von Are die Burg Are über dem Ahrtal. Zu ihren Füßen entwickelte sich dann der Ort Altenahr. 1248 kamen Burg und Ort in den Besitz der Kölner Erzbischöfe; die Grafschaft Are, deren Mittelpunkt Altenahr war, wurde Kurkölnisches Amt, die Burg zeitweise Staatsgefängnis der Kölner Erzbischöfe. Nach neunmonatiger Belagerung eroberten die Franzosen 1690 die Burg Are, Altenahr wurde zerstört. Die alsbald wieder aufgebaute Burg wurde 1714 durch Truppen des Kölner Erzbischofs abermals zerstört, da sich Räuberbanden hier eingenistet hatten.

Ursprünglich hatte Altenahr eine Ummauerung mit drei Stadttoren, von denen das letzte erst durch ein Hochwasser der Ahr 1804 zerstört wurde. Auf der Burg Are wurde Konrad von Are-Hochstaden geboren, der als Erzbischof von Köln mit dem Bau des Kölner Domes begonnen hat. 1834 wurde eine Straße durch das Ahrtal gebaut. Dabei entstand zum ersten Mal in Preußen ein Straßentunnel, der Tunnel von Altenahr.

Sehenswürdigkeiten:

Burg Are. Nur noch Ruinen sind von der einst so bedeutsamen Burg über dem Ahrtal geblieben. Bei der Burgruine Are endet der Rotweinwanderweg, der von Bodendorf durch die Weinberge des Ahrtales bis hier heraufkommt. Der Aufstieg zur Ruine lohnt sich der großartigen Aussicht wegen, die man von hier oben über Altenahr und das Ahrtal hat. An der Stelle des heutigen Aussichtspavillons stand einst der Bergfried, der zeitweise als Gefängnis gedient hat.

Pfarrkirche. Die in der Ortsmitte stehende Pfarrkirche wurde um 1150 von den Grafen von Are gebaut, der gotische Chor entstand 1326. Sehenswert im Inneren sind ein romanischer Taufstein aus dem 12. Jahrhundert, ein gotisches Kruzifix aus dem 14. Jahrhundert und der barocke Hauptaltar von 1717.

Der ***Straßentunnel*** von 1834.

Weinberge in der Umgebung von Altenahr.

Weinkeller der Winzergenossenschaft Mayschoß-Altenahr e.V., Tunnelstr. 17-19 in Altenahr, Telefon 02641/1006.

Reimerzhofen. In diesem Ortsteil von Altenahr ist sehenswert vor allem das alte Vesperbild in der Kapelle aus dem 19. Jahrhundert.
Naturschutzgebiet Langfigtal. In der Ahrschleife von Altenahr inmitten besonders eindrucksvoller Felsbildungen findet sich das Langfigtal, das seit 1980 unter Naturschutz steht. Seit 1927 steht inmitten dieses Gebietes die Jugendherberge Altenahr, die heute wegen der besonderen Umgebung als Naturschutzjugendherberge geführt wird. Sie ist die erste Jugendherberge dieser Art in Deutschland. Im Laufe des Jahres werden hier zahlreiche Veranstaltungen, Kurse und Seminare zum Thema Naturschutz durchgeführt.
Auskünfte hierzu bekommt man unter der Telefonnummer 02641/1880.
Kirchsahr. Das Sahrtal zweigt wenige Kilometer ahraufwärts von Altenahr in Kreuzberg ab. Hier stößt man im kleinen Dorf Kirchsahr auf eines der wertvollsten und schönsten Kunstwerke der Eifel, ein aus 19 Bildern bestehendes Triptychon aus der sogenannten Kölner Schule. Um 1410 ist dieser älteste Passionsaltar der Eifel von einem namentlich nicht bekannten Künstler geschaffen worden. An den Ausmaßen dieses Altares sieht man, daß er nicht für diese kleine Kirche im Sahrtal geschaffen wurde. Ende des 18. Jahrhunderts ließ sich der Pfarrer von Kirchsahr diesen großen Flügelaltar von den Stiftsherren zu Münstereifel schenken. Er hatte mehrfach als Aushilfsgeistlicher in Münstereifel geholfen und war gebeten worden, einen Wunsch zu äußern. Der Altar hatte in der Stiftskirche zu Münstereifel gestanden, galt aber in der Barockzeit nicht mehr als „fein“ und war in einen Schuppen eingelagert worden, wo ihn der Kirchsahrer Pfarrer Johannes Kremer fand.

Aktivitäten:

Wandern auf dem Rotweinwanderweg, Angeln, Paddeln (bei genügend Wasserstand auf der Ahr).

Informationen: Verkehrsverein Altenahr, Im Bahnhof, 53505 Altenahr, Telefon 02641/8448.

Bad Bertrich – Kuren im alten Kurfürstenschloß

Mit des Geschickes Mächten ist bekanntlich kein ew'ger Bund zu flechten. Das mußte vor mehr als 200 Jahren auch Klemens Wenzeslaus, der letzte Kurfürst von Trier, erleben. Für viel Geld, nämlich 11 700 Taler, hatte er sich vom Baumeister Johann Seiz ein luxuriöses Schlößchen in Bertrich am Üßbach bauen lassen. Doch bevor er dazu kam es zu nutzen, mußte der Fürst Hals über Kopf die Flucht ergreifen vor den Truppen der Französischen Revolution.

Aus dem „Kurort Bertrich" in einem Seitental der Mosel gelegen, den Klemens Wenzeslaus durch den Schloßbau aufwerten wollte, wurde inzwischen das Rheinland-Pfälzische Staatsbad Bad Bertrich. Und des Kurfürsten Luxusschlößchen ist heute Mittelpunkt einer Kuranlage, die ihresgleichen in Deutschland sucht. Wie übrigens die Grundlage des Kurbetriebes in Bad Bertrich auch: das kleine Bad im Üßbachtal, das von der Vulkaneifel herunterkommt, hat die einzige warme Glaubersalzquelle Deutschlands. Diese Kostbarkeit ist schon lange bekannt. Nicht von ungefähr heißt der Talkessel, in dem sich Bad Bertrich entwickelte, bis heute „Römerkessel". Bereits vor rund 1900 Jahren verstanden es die Römer als erste, die 32 Grad warme Quelle zu fassen und zu nutzen. Zu ihrer Zeit erlangte Bad Bertrich bereits einen weit über das Moseltal hinaus reichenden Ruf. Als die Römer das Land verlassen mußten, verfielen die Quellfassung und die Thermengebäude. Ihre Überreste wurden 1881 an der Stelle des heutigen Badegebäudes entdeckt.

Fast tausend Jahre lang war Bertrich ein elendes kleines Dorf und völlig unbedeutend, der Wert der noch spärlich fließenden Quellen geriet weitgehend in Vergessenheit. Erst 1481 ließ der als Landesherr zuständige Trierer Erzbischof und Kurfürst Johann von Baden den verfallenden Badekomplex erneuern. Für rund hundert Jahre wurde Bertrich zu einem der bekanntesten Bäder Deutschlands. Anfang des 16. Jahrhunderts gab Sebastian Münster seine „Cosmographia universalis" heraus, in der er das Bertricher Wasser besonders rühmte. In einer seiner Weltbeschreibungen findet sich eine Darstellung einer Bertricher Badeszene.

Durch den 30jährigen Krieg war es dann wieder mit Bertrichs Glanz vorbei, und erst Klemens Wenzeslaus ließ Bertrich abermals aufleben. Er mußte zwar vor den Franzosen fliehen, doch die Besatzung zeigte besonderes Interesse für das Bad und tat viel, um das vom Kürfürsten begonnene Werk des Ausbaues und der Verschönerung von Bertrich fortzusetzen.

Während man früher das warme Glaubersalzwasser vor allem zum Baden nutzte, erkannte man im vorigen Jahrhundert den Wert dieses Wassers für Trinkkuren. Sie sind heute noch besonders geschätzt. Hauptsächlich die Krankheiten des Magens, des Darms, der Leber, der Galle, des Stoffwechsels und Gicht können mit Bertricher Trinkkuren gut behandelt werden. Was natürlich nicht bedeutet, daß man nicht auch nach wie vor das in Deutschland einzigartige Heilwasser zum Baden und Schwimmen in modernen Anlagen nutzen würde. „Man fürchtet, irgendeiner packe dieses Spielzeugbad in eine Schachtel und trage es davon", schrieb der durch seinen „Struwwelpeter" berühmt gewordenen Arzt Dr. Hoffmann 1849 über Bad Bertrich. An der Idylle des kleinen Kurortes, die den schriftstellernden Arzt schon beeindruckte, hat sich eigentlich bis heute nichts geändert. Auch wenn Bad Bertrich keine mittelalterliche Bausubstanz hat, so entzücken die engen Gassen und die alten Häuser. Und es begeistert einen jeden Besucher des Kurortes die Lage im engen Tal am Südrande der Eifel. Diese Südrandlage gibt Bad Bertrich ein gesegnetes, warmes Klima, das hier unten eine Fülle seltener wärmeliebender Pflanzen gedeihen läßt. Steigt man dann auf die Höhe, ist man in der rauhen, wenn auch nicht minder reizvollen Landschaft der erloschenen Vulkane und der Vulkanseen. Reizvolle Gegensätze, wie sie schöner nicht denkbar sind.

Dank einer modernen Umgehungsstraße wird der heutige Kraftfahrzeugverkehr weitgehend aus Bad Bertrich herausgehalten.

Das Kurhaus in Bad Bertrich, ehemals Kurfürstliches Schloß

Sehenswürdigkeiten:

Kurfürstliches Schlößchen. 1770 wurde das Schlößchen vom Baumeister Johann Seiz im Barockstil erbaut. Die Pläne für den Bau hatte jener Andreas Gärtner gefertigt, der vorher bereits in Dresden, Paris und Versailles seine architektonischen Spuren hinterlassen hatte. Als „kleines Kurhaus" seinerzeit erbaut steht es heute noch und ist zweifellos das Glanzstück von Bad Bertrich. Im ersten Stock ist sehenswert der heute als öffentlicher Lesesaal errichtete ehemalige Festsaal mit seiner profilierten Stuckdecke.
Kurpark. Vor dem kurfürstlichen Schlößchen liegt der hübsch gestaltete Kurplatz mit den anschließenden Park- und Gartenanlagen. An ihn schließen sich das kurfürstliche Schlößchen an, das um 1788/89 entstandene Kurhotel und der um 1875 erbaute schöne Kursaal.

Ausflugsziele:

Kenfus. Dieser Ortsteil von Bad Bertrich liegt auf der Höhe an der nach Lutzerath führenden Straße. Wenn auch die alten für dieses Südeifeler Dorf typischen Bauernhäuser heute nicht mehr vorhanden sind – das alte Backhaus des 18. Jahrhunderts wurde 1972 abgerissen –, so hat sich Kenfus in der Anlage noch deutlich erkennbar seinen Charakter als Dorf erhalten.
Springiersbach. Sechs Kilometer Wanderung durch herrlichen Wald oder 14 Kilometer Fahrt mit dem Auto führen von Bad Bertrich aus zu dem südlich im Kondelwald gelegenen Kloster Springiersbach. Romantik und absolute Ruhe, das sind die ersten Eindrücke, die man hier gewinnt. Nur wenige Minuten vom verkehrs- und touristenreichen Moseltal entfernt, liegt die fast 900jährige Abtei in einem stillen, fast verwunschen wirkenden Wiesental. Kloster Springiersbach, im Jahre 1102 durch die Adlige Benigna von Daun gegründet und bis zu seiner Aufhebung im Zuge der Säkularisation 1803 als Augustinerchorherrenstift geführt, ist seit 1922 eine Heimstadt der Karmelitermönche.
Die Geschichte des Klosters zwischen Eifel und Mosel liest sich auf weite Strecken wie ein abenteuerlicher Sittenroman. Schon früh kam Springiersbach in die Abhängigkeit des Adels, der, damaligem Brauch entsprechend, die zweitgeborenen Söhne ins Kloster schickte, sie jedoch mit erheblichen Zuwendungen ausstattete. Das führte rasch zu einer Auflockerung der Klosterzucht. Die Klagen wegen Verletzung des Armutsgelübdes und der Klausurbestimmungen rissen nicht ab. Als im Jahre 1600 der Konvent von Springiersbach gar beschloß, nur noch sol-

Die Klosterkirche in Springiersbach

che Bewerber aufzunehmen, die mindestens vier adlige Vorfahren aufweisen konnten, blieb von der einst sehr asketischen Lebensweise der Augustiner kaum mehr etwas übrig. Die Feste jagten sich, die Mönche trugen Degen und Pistolen, mehr als ein Abt wurde bei Jagdausflügen erschossen.

Klemens Wenzeslaus, der letzte Kurfürst von Trier, zog die Konsequenzen und wandelte das Kloster 1781 in ein adliges Ritterstift um. 1803 wurde es aufgelöst, die Bewohner wurden vertrieben, der Besitz versteigert. Nur die Klosterkirche, rechtzeitig zur Pfarrkirche des Ortes Bengel bestimmt, entging der Zerstörung. 1922 erwarb der Karmel die Anlagen, Karmelitermönche zogen in Springiersbach ein und machten das alte, geschichtsträchtige Kloster inzwischen zum Mittelpunkt ihres Ordenslebens in Deutschland.

Der hohe Turm der Klosterkirche ist das Wahrzeichen einer der schönsten und eindrucksvollsten Kirchen des Spätbarock in der Eifel. Sie wurde 1769 bis 1772 nach dem Vorbild der Kirche St. Johann und der Ludwigskirche in Saarbrücken gebaut, bei einem möglicherweise aus politischen Gründen vorsätzlich gelegten Brand 1940 weitgehend zerstört. Bis 1946 war sie sorgsam nach alten Plänen und Bildern wieder aufgebaut.

Im Kircheninnern fesseln sofort die drei großen Deckengemälde, die die Heilige Dreifaltigkeit, die Himmelfahrt Mariens und den Ordenspatron St. Augustinus in aller Farben- und Formenpracht zeigen. Der Bernkasteler Maler Franziskus Freund schuf die Bilder 1773, nach dem Wiederaufbau der Kirche wurden sie vom Darmstädter Kunstmaler Hermann Välte restauriert anhand von Fotos und Farbresten.

Burg Arras. Über dem Zusammenfluß von Alf und Üßbach erhebt sich die Burg auf einem bereits von den Römern befestigten Berg. Sie gilt als eine der ältesten des Rheinlandes. Vermutlich wurde sie um 935 von Pfalzgraf Hermann auf der Grenze zwischen den alten römischen Provinzen Belgien und Obergermanien errichtet. Anlaß dafür sollen die damals drohenden Ungarneinfälle gewesen sein. Nach 1285 wurde die Burg wieder aufgebaut. Heute ist sie Burghotel und privates Museum. Für Historiker gilt die Burg Arras als ein besonders aufschlußreicher Wehrbau, an dem verschiedene Stile und Epochen zwischen dem 12. und 16. Jahrhundert verfolgt werden können.

Falkenley. Die zwischen Bertrich und Kenfus rechts der Straße gelegene Kuppe gilt als besonders aussichtsreich. Viele Vulkane des sogenannten Westeifeler Vulkanzuges sind von hier aus zu sehen, insgesamt 55.

Immerather Maar. Über Lutzerath und Immerath kommt man zu diesem abgelegensten, in Wiesen und Wäldern versteckten Maar (16 Kilometer von Bertrich). Vor hundert Jahren hatte man diesen kleinen Vulkansee bereits trockengelegt, heute enthält er wieder Wasser und gilt bei Anglern wegen seines guten Fischbesatzes als Geheimtip. Er hat eine Wasserfläche von 290 Metern im Durchmesser, ist allerdings nur drei Meter tief.

Museen:

Schulmuseum Immerath. Das Schul- und Backhaus in Immerath war eines der ersten Schulgebäude im Kreise Daun. Es wurde um die Zeit von 1760 bis 1770 errichtet und bis 1910 noch als Schule genutzt. Es diente trotz der räumlichen Enge auch noch als Lehrerwohnung. Im Erdgeschoß ist ein doppelter Gemeindebackofen vorhanden, der heute noch gelegentlich zum Brotbacken dient. Die Klassenraumeinrichtung in historischer Ausstattung wurde aus verschiedenen Schulen der Südeifel zusammengestellt. Sie ermöglicht einen Einblick in die Schulverhältnisse früherer Zeiten.
Öffnungszeiten: April bis Oktober, donnerstags von 14 bis 17 Uhr, Gruppen nach Vereinbarung jederzeit. Schulklassen können vom begleitenden Lehrer anhand der kompletten Ausstattung unterrichtet werden. Nähere Informationen unter der Telefonnummer 06573/1497.

Aktivitäten:

Baden im Thermalhallen- oder Freibad, Wandern, Gartenschach. Die Seniorenakademie Bad Bertrich führt zahlreiche speziell auf Senioren abgestimmte Veranstaltungen, Vorträge, praktische Kurse und Seminare durch.

Spezialitäten:

Bertricher Makronen.

Informationen: Verkehrsamt, 56846 Bad Bertrich, Telefon 02647/1293 und 1294.

Bad Neuenahr-Ahrweiler – Die große Welt in der Eifel

Was Baden-Baden für den Rand des Schwarzwaldes ist, das ist Bad Neuenahr-Ahrweiler für die Eifel: der Treffpunkt der großen Welt. Das heißt, eigentlich ist Bad Neuenahr-Ahrweiler schon etwas anders. Denn wenn auch die bis 1969 selbständigen Städte Bad Neuenahr und Ahrweiler heute eine Doppelstadt bilden, haben sie doch beide ihre ureigene, ganz unverwechselbare Identität erhalten. Da ist und bleibt Bad Neuenahr der moderne, noble Kurort, überschaubar zwar, der Landschaft von Eifel und Ahrtal in den Dimensionen angepaßt, aber doch unverkennbar international. Mit gepflegten Kuranlagen und attraktivem Kurhaus nebst Kurmittelanlagen, modernen Hotels, einem der bekanntesten Mineralbrunnen der Eifel und natürlich der internationalen Spielbank.

Demgegenüber hat sich die einstige selbständige Kreisstadt Ahrweiler ebenso unverkennbar ihr Gesicht erhalten. Es ist geprägt von der mittelalterlichen Stadtmauer, von schönen alten Fachwerkhäusern und natürlich vom Weinhandel. Ahrweiler ist der bedeutendste Weinhandelsort an der Ahr.

Zu dem 1969 bei der kommunalen Neugliederung in Rheinland-Pfalz neu geschaffenen Gemeindeverband von Bad Neuenahr und Ahrweiler gehört als dritter im Bunde Walporzheim. Ein idyllischer kleiner Ort ahraufwärts von Ahrweiler gelegen, der seit jeher zu den beliebtesten Weinorten an der Ahr gehört. Funde beweisen, daß das Gebiet der Doppelstadt bereits zu keltischer und römischer Zeit besiedelt war. 1980 stieß man bei Straßenbauarbeiten am Silberberg in Ahrweiler auf gut erhaltene Überreste einer römischen Villa. 893 wurde Ahrweiler erstmals urkundlich als Arwilre erwähnt und zwar als Besitzung der Abtei Prüm. 1248 wurden dem Ort die Stadtrechte verliehen.

Neuenahr ist hervorgegangen aus einer Ansiedlung bei der Burg Newenare aus dem 13. Jahrhundert. Erst 1951 wurde Neuenahr, das bereits seit 1858 Heilbad und Kurort von Weltruf war, zur Stadt erhoben. 1852 wurde die Apolinarisquelle erbohrt. Als „Queen of the table waters" gehen die mit Apolinaris-Mineralwasser gefüllten Flaschen heute um die ganze Welt. Grundlage des Kurbetriebes in Bad Neuenahr sind die Heilquellen. Sie haben den Weltruf des Bades begründet. 1861 erbohrte man den großen Sprudel. Er hat eine Tiefe von 90 Metern. Der Willibrordussprudel stammt aus dem Jahre 1906, er hat eine Tiefe von 377 Metern. Die dritte Quelle ist die Walburgistherme, die aus einer Tie-

Der Weiße Turm in Ahrweiler

fe von 359 Metern kommt. Die drei Bad Neuenahrer Heilquellen zeichnen sich einmal dadurch aus, daß sie eine natürliche Wärme von 34 bis 41 Grad Celsius haben. Man kann sie also ohne besondere künstliche Aufwärmung oder Abkühlung für die verschiedensten Heilzwecke nutzbar machen. Zum anderen sind alle drei Quellen Natrium-Magnesium-Hydrogenkarbonat-Säuerlinge, die auch als besonders gut für Trinkkuren geeignet gelten. Und schließlich liegt die in den Quellen vorhandene natürliche Kohlensäure in gebundener, dissoziierter Form vor.

Die Indikationen, derentwegen man seit jeher nach Bad Neuenahr zur Kur geht, sind vielfältig. Sie reichen von Diabetis-Melitus, der Zuckerkrankheit, über degenerativ-rheumatische und Stoffwechselerkrankungen bis zu Herz- und Kreislauferkrankungen, chronischen Nierenleiden, Magen-Darm-Erkrankungen und zur Schuppenflechte, der Psoriasis.

Sehenswürdigkeiten:

Sehenswert im Stadtteil Bad Neuenahr ist vor allem der ***Kurbereich*** mit Kurpark und Kurhaus. Die ***Spielbank Bad Neuenahr-Ahrweiler*** befindet sich im Kurhaus und ist ganzjährig täglich ab 14 Uhr geöffnet, mit Ausnahme von Karfreitag, Allerheiligen bis 20 Uhr, Volkstrauertag, Buß- und Bettag, Totensonntag sowie Heilig Abend und 1. Weihnachtstag. Hineingelassen in die Hallen des Glücks wird nur, wer mindestens 18 Jahre (Personalausweis mitbringen) und korrekt gekleidet ist, das heißt Jackett und Krawatte sind unabdingbar. Wer sich nicht auskennt in der Welt des großen Spiels kann jeden Freitag ab 19.30 Uhr eine Einführung in Roulette mitmachen. Ansonsten gibt es noch das American Roulette, Bakkara und Black Jack.
Informationen unter Telefonnummer 02641/2241.
Ahrthermen. Sie sind eine der schönsten und eindrucksvollsten Badelandschaften Europas. Höchst aufwendig ist die Bädertechnik, die mit 5000 Kubikmetern Luft und 1000 Kubikmetern Wasser der aus 359 Metern Tiefe kommenden Walburgisquelle dafür sorgt, daß immer sprudelnde Bewegung in den insgesamt zehn unterschiedlichen Badebecken vorherrscht. Die Ahrthermen liegen gleich neben dem Kurhaus in der Felix-Rütten-Str. 3, sie sind geöffnet täglich von 9 bis 23 Uhr. Telefon 02641/801-200.
Mittelalterliche Stadtmauer. Im Stadtteil Ahrweiler ist vor allem die mittelalterliche Stadtmauer sehenswert. Mit ihren Toren, Türmen sowie dem Wallgraben und Wehrgang ist sie noch gut erhalten. Erbaut wurde sie zwischen 1255 und 1450. Sie ist 1600 Meter lang, sechs bis

Pfarrkirche St. Laurentius in Bad Neuenahr-Ahrweiler

acht Meter hoch und bis zu anderthalb Meter stark. Das Ahrtor ist das größte Stadttor. Es hat einen fünfgeschossigen Turm, der von zwei dreigeschossigen Türmen flankiert wird.

In das Obertor, einem anderen der vier Stadttore, eingemauert sieht man noch drei steinerne Kanonenkugeln, zur Erinnerung an die Belagerung der Stadt durch die burgundischen Truppen des Herzogs Karls des Kühnen im Jahre 1476.

Ursulinenkloster auf dem Kalvarienberg. Hier war ursprünglich die Richtstätte von Ahrweiler, der Galgen stand hier. Er wurde 1440 entfernt, als man eine Kapelle baute, an deren Stelle 1630 ein Franziskanerkloster trat. Nachdem die Mönche von den Franzosen vertrieben worden waren, zogen 1838 Ursulinerinnen in das leerstehende Kloster, das sie jedoch 1897 abreißen und durch einen monumentalen Neubau ersetzen ließen. Im Inneren der Klosterkirche sind einige wertvolle Holzfiguren, eine Kreuzigungsgruppe und Wappenscheiben in den Fenstern zu sehen. Wegen einer Besichtigung muß man an der Klosterpforte nachfragen.

Weißer Turm. In diesem markanten und charakteristischen Wohnturm aus dem 13. Jahrhundert ist heute das Museum der Stadt Bad Neuenahr-Ahrweiler eingerichtet. Es enthält Exponate zu den Themenbereichen mittelalterliches Ahrweiler, Stuckaltar des Heiligen Hermann-Josef, Kur- und Badestadt Neuenahr im 19. Jahrhundert, Tourismus im Ahrtal. Besonders wertvolle Stücke sind eine Pieta aus der Eifel, 16. Jahrhundert, und ein Vortragekreuz aus dem Rhein-Maas-Raum des frühen 13. Jahrhunderts. Das Museum ist geöffnet täglich außer montags von 10 bis 17 Uhr, donnerstags von 13 bis 20 Uhr und sonntags von 10 bis 13 Uhr. Telefon 02641/315126.

Pfarrkirche St. Laurentius. Sie ist die älteste gotische dreischiffige Hallenkirche im linksrheinischen Raum. 1269 wurde mit dem Bau begonnen. Anfang des 20. Jahrhunderts entdeckte man bei Renovierungsarbeiten Wandfresken aus dem 14. Jahrhundert.

Weinkeller des Ahrweiler Winzervereins, Walporzheimer Str. 19, Telefon 02641/343. Man kann sowohl Wein verkosten wie auch kaufen, kann die Gewölbe mit ihren zum Teil sehenswerten alten Fässern besichtigen und schließlich ein kleines Weinbaumuseum anschauen. Geöffnet montags bis freitags von 8 bis 12 und von 13 bis 17 Uhr, samstags und sonntags von 10 bis 12 und 13 bis 17 Uhr. Januar bis März geschlossen.

Römervilla am Silberberg. Hier wurde 1980 bei Straßenbauarbeiten ein überdurchschnittlich gut erhaltenes römisches Herrenhaus gefunden und konserviert. Der besonders gute Erhaltungszustand erlaubt es, bautechnische Details zu studieren, die man sonst bei römischen Bauten nördlich der Alpen noch nie gefunden hatte. Wissenschaftler vergleichen die Qualität dieses Fundes mit Funden aus dem Mittelmeerraum, vor allem mit denjenigen von Pompeji und Herculaneum.
Geöffnet dienstags bis sonntags von 10 bis 17 Uhr. November bis März geschlossen. Telefon 02641/5311 oder 31516.

Brogsitters Weinhaus St. Peter. Im Ortsteil Walporzheim stößt man auf dieses Haus. Der Ruf seiner Küche ist fast legendär, doch schon des

Gebäudes wegen sollte man es nicht versäumen, hierher zu kommen und sich alles anzuschauen. 1713 als Kelterhaus des Weingutes St. Peter erbaut, steht der Komplex seit langem unter Denkmalschutz. Das Weingut St. Peter, eines der berühmtesten des Ahrtales, war von 1246 bis 1805 im Besitz der Kölner Domherren. Diese Herren wußten bekanntlich schon immer, wo es den besten Wein gibt.

Veranstaltungen:

Nacht der 1000 Rosen im Kurpark Bad Neuenahr im Juni; Ahrweiler Weinwochen Anfang September; Weinfest Walporzheim Ende August.

Aktivitäten:

Wandern auf dem Rotweinwanderweg, Angeln, Rundflüge mit Motorseglern, Motor- und Segelflugzeugen. Auskunft: Telefon 02641/26443 oder 1504. Sommerrodelbahn Altenahr, täglich 10 bis 19 Uhr.
Golfspielen. Einen 18-Loch-Platz gibt es im Stadtteil Neuenahr in landschaftlich schöner Hügellage mit herrlichem Panoramablick. Auskünfte Golfclub Bad Neuenahr-Ahrweiler, Remagener Weg, 53474 Bad Neuenahr-Ahrweiler, Telefon 0241/2325.

Ausflugsziele:

Der Rotweinwanderweg. Die Gesamtlänge des Rotweinwanderweges von Bad Bodendorf unterhalb von Bad Neuenahr-Ahrweiler bis Altenahr beträgt rund 35 Kilometer. Rückfahrmöglichkeiten sind mit der Ahrtalbahn gegeben.
Bad Münstereifel, mittelalterliches Städtchen in der Nordeifel mit über 300 denkmalgeschützten Häusern.
Radioteleskop Effelsberg, das größte Radioteleskop der Welt, etwa 30 Minuten Fahrzeit.
Burg Landskron bei Bad Neuenahr, 45 Minuten Fußweg von Heimersheim, schönster Aussichtspunkt des unteren Ahrtales.

Spezialitäten:

Rotwein von der Ahr, der sogenannte Ahrburgunder.

**Informationen: Kur- und Verkehrsverein Bad Neuenahr-Ahrweiler e.V., Hauptstr. 60 oder Marktplatz 1,
53474 Bad Neuenahr-Ahrweiler, Telefon 02641/2278.**

Bitburg – Durch Bier berühmt

Auf der Hochfläche, die die Wasserscheide zwischen Nims und Kyll bildet, entwickelte sich seit 2000 Jahren die Stadt Bitburg. 30 Kilometer nördlich von Trier hatten die Römer hier oben bereits einen Rastplatz für ihre Truppen an der Heerstraße, die vom Rhonetal herüber kam, über Lyon–Metz nach Trier führte und weiter nach Köln und an den Niederrhein ging. Im 4. Jahrhundert ließ Kaiser Konstantin den Rastplatz in ein befestigtes Kastell ausbauen, dessen Mauerreste teilweise heute noch in der von den Kelten Beda genannten Stadt Bitburg zu sehen sind. Diese Mauern waren 3,80 Meter breit und durch Rundtürme gesichert, die zwischen 9,60 Meter und 10,20 Meter stark waren. 14 solcher Befestigungstürme soll das Kastell gehabt haben, außerdem zwei Tore.

Die weitere Geschichte von Bitburg verlief sehr wechselhaft. In fränkischer Zeit war Bitburg ein königliches Hofgut Bedaburg, Bydeburg und Bitburg, dann Hauptort eines weitläufigen Gaues, des Beda- oder Bydgaues. Im 10. Jahrhundert waren die Karolinger Herren über die Stadt, im 13. Jahrhundert kam sie an das Erzstift Trier. Dann folgten als Herren Luxemburg, Manderscheid, Virneburg und wieder Luxemburg. Zwischendurch, 1262, wurden dem Ort die Stadtrechte verliehen.

Als Luxemburger Besitz kam Bitburg nacheinander an Burgund, an Spanien, Österreich, 1795 an Frankreich, 1850 schließlich an Preußen. Ende des Zweiten Weltkrieges wurde Bitburg noch im Januar 1945 erheblich zerstört, so daß nicht mehr viel an alter Bausubstanz in der Stadt vorhanden ist. Bitburgs Bedeutung für die Südeifel liegt vor allem in seiner Funktion als Verwaltungs- und Behördenstadt sowie seit der Römerzeit in der verkehrsmäßig wichtigen Lage. Vor allem aber ist Bitburg eines der wichtigsten Wirtschaftszentren der Südeifel, nicht zuletzt dank der international bekannten Brauerei.

Sehenswürdigkeiten:

Reste der ***römischen Stadtmauer*** auf einer Länge von 40 Metern, fast vier Meter hoch.

Liebfrauenkirche. Wahrscheinlich an der Stelle eines römischen Heiligtums entstand seit 1420 die im gotischen Stil gebaute Liebfrauenkirche. Sie wurde mehrfach erweitert und vergrößert, zuletzt im 19. Jahrhundert. 1922 bezog man die bestehende gotische Kirche als Quer-

haus in einen großen Neubau ein. Aus der gotischen Zeit sind im Inneren noch sehenswerte Bauplastiken erhalten. Man sollte sich den barocken ehemaligen Hochaltar der Kirche anschauen, der jetzt im nördlichen Seitenschiff steht. Interessant ist auch der erhalten gebliebene Rest des 1945 zerstörten Renaissance-Altars in der Kriegergedächtnisstätte unter dem Turm. Auf dem Vesperbild des Mittelstücks ist eine Stadtansicht von Bitburg aus dem Jahre 1608 dargestellt.
Kreisheimatmuseum. Hier gibt eine umfangreiche vorgeschichtliche Abteilung, die von der Alt- bis zur Jungsteinzeit reicht, Funde aus der Römerzeit, vor allem aus dem Kastell Beda.
Haus Beda. Als Kulturzentrum der Südeifel wurde das Kulturhaus Beda aus Mitteln der privaten Dr.-Hans-Simon-Stiftung gebaut. Es dient der Veranstaltung von Konzerten, Ausstellungen, Vorträgen und Kursen. Außerdem enthält es die rund 28 000 Bände umfassende städtische Bücherei sowie eine umfangreiche Fossiliensammlung. Für den Eifelfreund interessant sind vor allem die mehr als 80 Bilder des Eifelmalers Fritz von Wille, die im Hause aufgehängt sind. Fritz von Wille war der bekannteste Maler der sogenannten Düsseldorfer Schule.
Bitburger Brauerei. Mit einem Ausstoß von mehr als drei Millionen Hektolitern ist Bitburger Pils eine der größten Biermarken Deutschlands, und seine Braustätte, die Bitburger Brauerei eine der bedeutensten Brauereien Deutschlands. Bitburger Pils, bekanntlich oft einfach „Bit“ abgekürzt, wird in mehr als 25 Länder der Erde exportiert und hat den Namen der Eifel in aller Welt ebenso bekannt gemacht wie etwa der Nürburgring. Eine Besichtigung der Brauerei sollte man sich nicht entgehen lassen. In einem eigens errichteten Kommunikationszentrum informiert eine Multi-Media-Show über die Südeifel, über die Bitburger Brauerei und ihr berühmtes Erzeugnis. Bei einem ausführlichen Rundgang kann man das neue Sudhaus, die Gär- und Lagerkeller sowie die Faß- und Flaschenabfüllanlage besichtigen.
Eine Besichtigung der Brauerei ist möglich montags bis donnerstags nach vorheriger Terminabsprache unter der Telefonnummer 06561/14497.

Ausflugsziele:

Burg Rittersdorf. Drei Kilometer nördlich von Bitburg im Nimstal an der alten Landstraße nach Prüm liegt die 1263 erbaute Burg, die im 15. Jahrhundert wesentlich umgebaut wurde. Sie wird in der damals entstandenen baulichen Form heute als Restaurant betrieben. Geöffnet ist das Burgrestaurant täglich außer montags von 11 bis 24 Uhr. Telefon 06561/2433.

Tropicpark Fliessem. An der A 60 nahe Bitburg findet man den in der Eifel einzigartigen Park mit einer Krokodil- und Schlangenfarm, die 16 Arten Riesenschlangen, zehn Arten Giftschlangen, zehn Arten Krokodile, Echsen, Warane, Nattern und Schildkröten zeigt. Mit 400 Tieren ist der Park eine der größten Sammlungen lebender Reptilien in Europa. Außer den Reptilien zeigt der Tropicpark in einem Insektarium und Tropicarium Vogelspinnen, Skorpione und Schmetterlinge. Es gibt eine Vogelwiese mit Volieren sowie für Kinder einen Streichelzoo, die Möglichkeit auf Ponys zu reiten und einen Spielplatz.

Geöffnet ganzjährig. Vom 1. März bis 31. Oktober von 9 bis 20 Uhr, vom 1. November bis 28. Februar von 10 bis 17 Uhr. Telefon 06569/837.

Römische Villa Otrang. Sechs Kilometer nördlich von Bitburg liegt beim Dorf Otrang eine der interessantesten römischen Ausgrabungsstätten der Südeifel. Das römerzeitliche Landgut besteht aus einer ummauerten Fläche, die ein regelmäßiges Rechteck von 379 Metern Länge und 132 Metern Breite bildet. Mit fast quadratischer Grundfläche ist durch Mauerzüge und Geländeterrassierungen das Herrenhaus im Ostteil abgetrennt. Der größere westliche Teil, der Wirtschaftshof, wird aus einer freien Hoffläche und neun kleineren Gebäuden gebildet, die an die Umgrenzungsmauer im Süden und Westen direkt angebaut sind oder – an der Nordseite – etwas vor dieser Mauer stehen. Zu dem Gutsbesitz, der wahrscheinlich die ganze Talmulde bis hin zur Kyll und der Römerstraße umfaßte, gehört außerdem ein ummauerter Tempelbezirk im südlichen Hanggelände und ein nicht genauer bekanntes Gräberfeld, das vielleicht in der Nähe der Römerstraße gelegen war.

Eifelpark Gondorf. Zehn Kilometer östlich von Bitburg an der nach Wittlich führenden Bundesstraße 10 findet man den zur Deutschen Wildstraße gehörenden Eifelpark Gondorf. Näheres siehe im Kapitel „Sag dem Wildschwein Guten Tag“.

Stausee Bitburg. 12 Kilometer nordwestlich von Bitburg wurde beim Ort Biersdorf im Prümtal der 35 Hektar große Stausee gebaut, um den herum ein großes Ferienzentrum entstanden ist. Hier sind vielfältige Wassersportmöglichkeiten gegeben.

Wolfsfeld. Zehn Kilometer südlich von Bitburg an der nach Echternach/Luxemburg führenden Bundesstraße 257 lohnt das Dörfchen Wolfsfeld einen Besuch wegen seiner alten St. Hubertuskirche. Mit diesem malerisch zwischen Gehöften und alten Bäumen gelegenen Gotteshaus hat die Eifel einen kunsthistorisch besonders bedeutsamen zweischiffigen Hallenbau der Eifeler Spätgotik. Erst 1961 entdeckte man in dieser Kirche ein um 1500 entstandenes Fresko, das Szenen aus der Hubertuslegende zeigt.

Veranstaltungen:

Alljährlich am zweiten Wochenende im Juli gibt es in Bitburg das europäische Grenzlandtreffen.

Spezialitäten:

Bitburger Bier, in verschiedenen Sorten gebraut.

Aktivitäten:

Das Angebot in Bitburg ist recht groß. Es reicht vom Wandern in den Tälern der Umgebung über Eiskunstlauf in der Eissporthalle, Tennis in Halle und auf Plätzen, über Kegeln und Tanzen, Sportschießen und Ferienfahrschule bis hin zu Abenteuerurlaub und Überlebenstraining.

Informationen: Verkehrsbüro Bitburger Land, Bedastr. 11, 54634 Bitburg, Telefon 06561/8934 und 8935.

Daun – Herz der Vulkaneifel

Die Kreisstadt Daun an der oberen, hier noch recht schmalen Lieser ist mit ihren rund 8000 Einwohnern nicht nur die größte Stadt der Vulkaneifel, sie liegt im Zentrum dieses Kernstückes der Eifel überhaupt und kann durchaus als ihr Herz bezeichnet werden. Wichtige Verkehrsverbindungen laufen oder besser liefen hier von allen Seiten in Daun zusammen, denn geblieben ist nur noch der Straßenverkehr. Für den Wanderer in der Eifel ist die Stadt bedeutsam, da hier vier Hauptwanderwege des Eifelvereins zusammentreffen.

Nicht nur wirtschaftlich und verwaltungsmäßig ist Daun Mittelpunkt der Vulkaneifel, auch touristisch dürfte Daun der wichtigste Ort der Vulkaneifel, vielleicht sogar der Südeifel sein. Schließlich hat sich Daun einen immer bedeutungsvolleren Namen als Kurort gemacht. In der Nähe liegt mit dem Buchenloch in der Mutterley bei Gerolstein eine der ältesten prähistorischen Siedlungsstätten der Eifel. Andererseits sind in der Dauner Gegend noch vor 7000 und 8000 Jahren vulkanische Kräfte gewaltig tätig gewesen. Man kann also annehmen, daß die ersten Menschen, die im Großraum Daun gelebt haben, noch die letzten spektakulären Akte des vulkanischen Werdens der Eifel hautnah miterlebt haben.

Der Name Daun gilt als keltischer Herkunft und soll soviel wie befestigter Wohnplatz bedeuten. Er geht auf ein Wort Dunum zurück, das in abgewandelter Form in vielen deutschen, französischen und englischen Siedlungsnamen steckt und letztlich sogar Kern des englischen Wortes town = Stadt ist.

Im Jahre 731 wurde Daun erstmals erwähnt. Ein gewisser Sigumbert hatte sich unter Karl Martell in verschiedenen Kriegen gegen die Sachsen so verdient gemacht, daß ihm jenseits der Mosel ein Landstrich geschenkt wurde. Dort baute er 731 ein Schloß, das er Dunne nannte. Dieses Datum war für die Stadt Daun Anlaß, 1981 ihr 1250jähriges Jubiläum zu feiern.

Aus dem Schloß des Sigumbert von 731, das man sich sicherlich eher als schlichte Burg vorstellen muß, entwickelte sich eine Befestigung, die dem mächtigen Dynastengeschlecht derer von Daun von Kaiser und Reich zu Lehen gegeben wurde. 1407 erlischt das Dynastengeschlecht, der Name Daun geht aber auf ein Burgmannengeschlecht über, das von Kaiser Ferdinand III. in den Reichsgrafenstand erhoben wird. Zwei Männer, Vater und Sohn aus diesem Geschlecht, wurden weithin berühmt. Graf Wierich von Daun wurde im spanischen Erbfolgekrieg Vizekönig von Neapel. Sein Sohn, Leopold von Daun, wurde als Feldmarschall Maria Theresias der berühmte militärische Gegenspieler Friedrichs des Großen. Im Siege von Kolin schlug er 1757 den Preußenkönig. Der prachtvolle Säulenbau der Gloriette im Schloßpark von Schönbrunn in Wien ist diesem Sieg des aus der Eifel stammenden Feldherren gewidmet. Und im Zentrum der österreichischen Hauptstadt steht am Rande des Hofburgviertels heute noch das prunkvolle spätbarocke Palais Daun-Kinsky. So gibt es in Wien sogar noch einen Namenshinweis auf den Feldherrn Leopold von Daun.

Seit 1904 ist das Dauner Haus im Mannesstamm erloschen. An der Stelle der längst zerstörten Burg, von der nur noch kümmerlicher Reste erhalten sind, wird das Amtshaus heute als Schloßhotel geführt. Die Stadt selber wurde immer wieder zum Teil völlig zerstört. Letzte große Zerstörungen trug sie im Zweiten Weltkrieg davon.

Sehenswürdigkeiten:

Burg Daun. Nur Reste blieben von der einstigen Burg der Grafen von Daun, das Außentor mit Wächterhaus, die Ringmauer mit Basteitürchen. Von hier oben hat man einen schönen Ausblick über die Stadt.

Landratsamt. Im Inneren des Landratsamtes sind einige Gemälde des Eifelmalers Fritz von Wille zu sehen.
Bacchusfigur in der Leopoldstraße. Die gußeiserne Figur, die auf einem ebensolchen Weinfaß sitzt, stammt vermutlich aus dem ehemaligen Jünkerather Schloß, wo sie als Kanonenofen gedient haben könnte. Die Figur steht auf einem römischen Steinquader aus dem ehemaligen Jünkerather Kastell.
St.-Nikolaus-Kirche. Die Kirche ist ein Neubau an der Stelle der 1945 durch Bomben zerstörten romanischen Pfeilerbasilika. Im Rest der noch erhaltenen Krypta aus der Zeit der Frühgotik kann man noch romanische Formen erkennen. Bemerkenswert ist das als gegabelter Baum gestaltete Kreuz über dem Hochaltar der Kirche, es stammt aus dem Ende des 17. Jahrhunderts.
Dauner Heimatmuseum. Im neuen Kurzentrum kann man das Dauner Heimatmuseum besuchen. Vulkanische Olivinbomben und schöne Mineralien sind hier zu sehen, Funde aus der Römerzeit, Eifeler Hausrat und Gebrauchsgegenstände sowie alte Heimatliteratur gibt es. Geöffnet dienstags und donnerstags von 15 bis 17 Uhr, im Mai und Oktober außerdem sonntags von 10 bis 12 Uhr. Telefon 06596/523.
Kurpark. 1982 wurde der Dauner Kurpark für rund 1,5 Millionen Mark geschaffen. Neben vielen schönen Möglichkeiten zu Spaziergängen bietet er einen offenen Trinkbrunnen, aus dem das bekannte Heilwasser der Dunarisquelle getrunken werden kann. Wie andere Mineralquellen der Vulkaneifel wird auch das Dauner Wasser in Flaschen abgefüllt und weithin versandt. Ein besonderer Anziehungspunkt im Kurpark ist ein 15 Tonnen schwerer Basaltfelsen, der mit 16 Reliefs künstlerisch gestaltet wurde.
Hirsch- und Saupark Daun, siehe Kapitel „Sag dem Wildschwein Guten Tag".
Gemündener Maar. Das etwa 1,5 Kilometer südlich von Daun gelegene 7,2 Hektar große Gemündener Maar ist Mittelpunkt eines Wassersportzentrums mit Freischwimmbad, Liegewiesen, Bootsverleih und einem Feriendorf.
Totenmaar oder Weinfelder Maar. Dieser Vulkansee ist wohl der bekannteste und eindrucksvollste der Eifel. Das 16,8 Hektar große Maar liegt 2,5 Kilometer südöstlich von Daun an der nach Manderscheid führenden Höhenstraße. 51 Meter tief ist das Wasser, das so klar ist, daß man bis auf den aus schwarzen, vulkanischen Aschen bestehenden Untergrund sehen kann. Dieser schwarze Untergrund gibt dem See etwas Düsteres, der Name Totenmaar könnte daher kommen. Eine alte Eifeler Sage berichtet, wie dieses Totenmaar entstanden ist. Einst,

so heißt es, stand an dieser Stelle eine Burg, deren Bewohner hartherzig und hochfahrend waren. Als eines Tages ein Bettler an das Burgtor klopfte und um ein Stück Brot bat, ließ die Burgherrin die Hunde los und hetzte sie auf den Bettler. Da wuchs der Bettler zu gewaltiger Größe und verfluchte die Burg und die Menschen, die in ihr lebten. Alsbald kam es zu einem fürchterlichen Unwetter mit Donner und Blitz, die Erde tat sich auf, sie verschlang die Burg mit den Menschen, Wasser füllte die Stelle, an der bis dahin eine prachtvolle Burg gestanden hatte.
Wahrscheinlich kommt der Name Totenmaar von dem Friedhof, der an seinem Rande liegt. Mit der Friedhofskapelle, der einstigen Pfarrkirche des Dorfes Weinfelden, ist dieser Friedhof das einzige, das vom Dorf Weinfelden übrig blieb, nachdem es im 18. Jahrhundert an der Pest zugrunde gegangen war. Die wenigen Überlebenden verließen ihr Dorf und siedelten sich in der Nähe in Schalkenmehren an. Bis heute begraben die Schalkenmehrener ihre Toten auf dem alten Weinfelder Friedhof am Totenmaar, das eben nach dem Dorf Weinfelden auch Weinfelder Maar genannt wird.
Das Weinfelder Maar liegt am Fuße des Mäuseberges, über den hinweg ein schöner Wanderweg zum Gemündener Maar an der anderen Seite des Berges führt. Von der Höhe des Berges, vor allem vom Dronketurm aus, hat man eine wundervolle Aussicht über die Vulkeneifel. Es sieht überall aus, als hätten gigantische Maulwürfe ihre Haufen aufgeworfen. Der zehn Meter hohe Dronketurm wurde zur Erinnerung an den Gründer des Eifelvereins Dr. A. Dronke errichtet, der 1898 starb. Besonders schön ist das Totenmaar im späten Frühjahr zur Zeit der Ginsterblüte (Eifelgold).
Schalkenmehrener Maar. Das dritte der drei Dauner Maare liegt nur durch einen natürlichen Damm, über den die Straße verläuft, vom Totenmaar getrennt, allerdings erheblich tiefer. Mit 21,6 Hektar Wasserfläche ist es das größte der drei Dauner Maare. Ursprünglich war das 21 Meter tiefe Maar ein Doppelmaar. Der verlandete östliche Teil des Vulkansees ist heute Sumpfgebiet. Das Schalkenmehrener Maar ist ein Wassersportzentrum. Man kann hier angeln, schwimmen, rudern, segeln und surfen.
Im Dorf Schalkenmehren am Ufer des Maares ist das Heimwebereimuseum interessant. Dieses Museum erinnert an die Heimwebereigenossenschaft Schalkenmehren, die 1920 von der Lehrerin Anna Droste-Lehnert geschaffen wurde, um angesichts der damals herrschenden bitteren Not die alte Tradition der Heimweberei wieder aufleben zu lassen und durch sie der Dorfbevölkerung zu einer Einnahmequelle zu verhel-

Im Hirsch- und Saupark Daun

fen. Geöffnet Juni bis September samstags 15 bis 17 Uhr und sonntags 10 bis 11 Uhr und 15 bis 17 Uhr. Telefon 06592/4085.

Flugplatz Daun. Auf dem Flugplatz Daun-Senheld nahe dem Totenmaar kann man Rundflüge über die Vulkaneifel starten, man kann Motor- und Segelfliegerausbildung absolvieren und sich in der Kunst des Fallschirmspringens üben. Auskünfte gibt der Flugsportverein des Kreises Daun e.V., Telefon 06592/2976 oder 2755.

Wallenborn. 14 Kilometer südwestlich von Daun findet man im Dörfchen Wallenborn den „Drubbel". So nennt der Volksmund die Kohlensäurequelle, die in ihrer Art einmalig in Europa ist. Das Wasser dieser Quelle ruht 35 Minuten, dann wallt und brodelt es 20 Minuten lang auf. Gleich neben der Quelle gibt es eine gewaltige Lavabombe zu sehen.

Neroth. Zehn Kilometer westlich von Daun auf Gerolstein zu kommt man in das kleine Dorf Neroth, das früher wegen seiner in Heimarbeit hergestellten Geräte des täglichen Bedarfs, vor allem Mausefallen, Holzlöffel und dergleichen bekannt war. Die Nerother zogen im Sommer mit diesen selbst gefertigten Sachen über Land. An diese Tradition erinnert das Mausefallenmuseum in Neroth. Es ist geöffnet von April bis Oktober mittwochs, freitags und samstags von 14 bis 16 Uhr, von November bis März mittwochs und samstags von 14 bis 16 Uhr. Telefon 06591/7230.

Aktivitäten:

Flugsport und Fallschirmspringen vom Flugplatz Daun-Senheld aus. Wandern, besonders reizvoll die zweitätige Wanderung auf dem Lieserpfad über Manderscheid nach Wittlich. Wassersport auf den Maaren. Wintersport am Mäuseberg (alpin), Langlauf am Ernstberg zwischen Waldkönigen und Hinterweiler.

Informationen: Kur- und Verkehrsamt, Leopoldstraße, 54550 Daun, Telefon 06592/71477.

Ferschweiler Plateau – Auf den Spuren von Kelten und Römern

Es sind schon merkwürdige Namen, die da auf den Wegweisern am Rande der Wanderwege stehen: Teufelsschlucht und Drudenstein, Kuhtreppe, Opferaltar, Tanzkyll oder Schweigestelle. Sie alle leiten zu markanten Punkten hin, meist bizarr gestalteten Felsen und Schluchten in einer der merkwürdigsten Landschaften der Südeifel, dem Ferschweiler Plateau.

Als im Jahre 1958 der Naturpark Südeifel geschaffen wurde hier im äußersten Südwesten der Eifel entlang der deutsch-luxemburgischen Grenze, da ging es bei den Schutzmaßnahmen vor allem um das Kernstück, die Hochfläche, die sich wie ein Schiffsbug nach Süden zwischen die Täler von Sauer und Prüm schiebt. Eine acht Kilometer lange und vier Kilometer breite Naturfestung ist dieses Plateau, das an drei Seiten durch die steil in die Täler von Sauer und Prüm abfallenden Felsen geschützt ist. Auf der vierten Seite sichern riesige vorgeschichtliche Wälle das Plateau. Romantische Täler, riesige Felsklüfte und tiefe Schluchten bieten auf diesem nach dem Hauptort Ferschweiler benannten Plateau eine Fülle von reizvollen Wanderzielen.

Geologisch, prähistorisch, historisch, kulturgeschichtlich ebenso wie botanisch gehört das Ferschweiler Plateau zu den größten Sehenswürdigkeiten der gesamten Südeifel. Ja, in der Kombination aller Faktoren ist es vielleicht die größte überhaupt.

Wann das Ferschweiler Plateau erstmals als Zufluchtsort von Menschen benutzt wurde und wann die Festungswälle entstanden sind, weiß man ungefähr. Vor rund 3000 Jahren, also in der sogenannten Urnenfelder Zeit oder jüngeren Bronzezeit, ist es gewesen. Wer aber die Menschen waren, die hier oben Zuflucht suchten und vor wem sie flüchteten, wo sie sonst lebten, weiß man nicht. Lange Zeit hat man geglaubt, der keltische Volksstamm der Treverer, dem die nahe liegende Stadt Trier (Augusta Treverorum) ihren Namen verdankt, hätte hier oben eine Festung angelegt gehabt, lange bevor die Römer kamen. Die Theorie ist seit langem widerlegt, das Rätsel des Ferschweiler Plateaus nach wie vor ungelöst. Das Alter der Funde an Grabbeigaben vor allem, die man gemacht hat, weisen die Menschen des Ferschweiler Plateaus in eine Zeit vor den Treverern. Die Menge der Funde, die Größe der Wallanlagen, haben Vermutungen aufkommen lassen, daß das Ferschweiler Plateau nicht nur eine sporadisch in Gefahrenzeiten aufgesuchte Zufluchtsstätte, sondern eine dauerhaft bewohnte Siedlung war. Dann war sie allerdings für damalige Verhältnisse riesengroß. Und das wiederum ließe Rückschlüsse auf die Bevölkerungsdichte zumindest dieses Teils der Südeifel zu. Sie müßte demnach erheblich größer gewesen sein, als man gemeinhin annimmt.

Lediglich bei jenem Teil der Wallanlage, der heute noch im Volksmund Niederburg genannt wird, schließen die Historiker einen Zusammenhang mit den Treverern nicht aus. Dieser keltische Volksstamm könnte hier, so mutmaßt man, eine ältere Befestigungsanlage genutzt haben, um sich nach dem mißlungenen Aufstand gegen die Römer im Jahre 71 nach Christus zurückzuziehen.

So eindrucksvoll das Alter der Befestigungsanlagen und der Siedlungsfunde der sogenannten Urnenfeldzeit mit etwa 3000 Jahren auch sein mag, die Spuren auf dem Ferschweiler Plateau gehen noch viel, viel weiter zurück. Vor allem die sogenannten Menhire, die man hier oben sehen kann, weisen nach, daß bereits in der Jungsteinzeit im 3. und 2. Jahrtausend v. Chr., also vor fast 5000 Jahren hier oben Menschen gelebt haben. Acht Menhire sind auf dem Plateau bekannt. Solche Menhire oder auch Monolithe sind große Steine, die von Menschen errichtet wurden und während der Jungsteinzeit dem Totenkult oder der Götterverehrung dienten. Die drei besterhaltenen und eindrucksvollsten Menhire hier oben sind der Drudenstein, auch Heidenaltar genannt, am Rande der Niederburg. Ein anderer ist der Langenstein zwischen Schankweiler und Holsthum, der dritte das Fraubillenkreuz, der mit 3,5 Metern höchste der Menhire.

Wie die Türme und Bastionen einer von Menschenhand erbauten Festung ragen allenthalben am Rande des Ferschweiler Plateaus bizarr geformte Felstürme auf. Die geologische Formation wird gebildet durch die dick geformten hellgelben oder grauen Sandsteine, die auch über einen großen Teil Luxemburgs verbreitet sind und deshalb in der Fachwelt den Namen „Luxemburger Sandstein" erhalten haben. Erdgeschichtlich gehört er zum unteren Lias. Der Sandstein besteht aus fein- bis grobkörnigen Quarzkörnern, die durch Kalk gebunden sind, und wird zum Teil von Mergelschichten überlagert. Er hat eine Mächtigkeit von 30 bis 100 Metern und steht auf einer lehmigen Kalkschicht mit reichem Wasserhorizont. Durch das Niederschlagswasser wird das kalkige Bindemittel in dem porösen Sandstein herausgespült. Hierdurch entstehen Einschnitte, die immer größer werden und auf diese Weise gewaltige Felsbrocken vom Massiv abtrennen. Die rutschen schließlich auf der lehmigen Unterlage ab, stürzen ins Tal oder stützen sich gegenseitig ab und bilden so die Klüfte, die man hier Schlüffe oder Schlöffe nennt und die man auf den Wanderungen im Bereich des Ferschweiler Plateaus bewundert. Einige der auf diese Weise abgerutschten Felsblöcke nahmen ihren Weg den Hang hinunter bis ins Flußbett der Prüm zwischen Irrel und Prümzurlay. Dort bilden sie die berühmten Irreler Wasserfälle der Prüm. Die berühmteste Schlucht, die im Bereich des Ferschweiler Plateaus auf diese Weise gebildet worden ist, ist die sogenannte Teufelsschlucht.

Bollendorf. Obschon Irrel der Verwaltungsmittelpunkt dieser Landschaft ist, dürfte das an der Sauer gelegene Bollendorf sicherlich der bedeutendste und attraktivste Fremdenverkehrsort im Bereich des Ferschweiler Plateaus sein. Als Villa Bollana wurde Bollendorf bereits im Jahre 716 urkundlich erwähnt und zwar als Besitz der nahen Abtei Echternach. Während des ganzen Mittelalters bestand bis in die Neuzeit eine enge Verbindung zwischen Bollendorf und dem heute zu Luxemburg auf dem anderen Ufer der Sauer gelegenen Echternach. Der Echternacher Abt Peter Richard baute 1619 die auf einem Felsen über Bollendorf gelegene schlichte Burg zu einem Barockschloß um, das von späteren Echternacher Äbten mehrfach erweitert und umgebaut wurde. Es beherbergt heute ein Schloßhotel.

Zahlreiche Funde aus der Römerzeit belegen, wie bedeutsam dieser Teil des Sauertales, nicht weit von Trier entfernt, für die Herren aus dem sonnigen Süden als Siedlungsgebiet gewesen ist, und sei es auch nur für Sommerresidenzen. Durch seine Lage im Naturpark Südeifel, der wiederum Teil des deutsch-luxemburgischen Naturparks ist, wurde

Bollendorf mit dem Ferschweiler Plateau zu einer der ersten Adressen des Fremdenverkehrs in der Südeifel.

Ausflugsziele:

Weilerbach. Drei Kilometer sauerabwärts nahe der Einmündung des Weilerbaches liegt im Wald Schloß Weilerbach, eines der schönsten Schlösser der Südeifel. 1777 bis 1780 baute hier der Tiroler Architekt Paul Mungenast für die Äbte von Echternach eine Sommerresidenz. Es wurde ein Bau, der die ganze Pracht und Fülle süddeutscher Barockbaukunst in das Waldtal der Südeifel brachte. Nur der Bauherr, der letzte Abt von Echternach, Emmanuel Limpach, hat das Schloß nutzen können. Wie berichtet wird, ist angesichts der Nutzungsart der Begriff Lustschloß durchaus angebracht. Führte doch vom Schlafzimmer des Abtes eine Treppe direkt in den Weinkeller! Rauschende Feste mit geistlichen und weltlichen Besuchern sind überliefert, durchaus auch Feste mit Damen! 1794 hoben französische Revolutionstruppen die Abtei auf, die große Zerstörung für das Rokokowunder am Weilerbach kam aber erst Ende des Zweiten Weltkrieges, als das militärisch wirklich uninteressante Schloß das Ziel intensiven Artilleriebeschusses wurde. Inzwischen ist Schloß Weilerbach wieder aufgebaut, es wird privat genutzt und kann deshalb nicht im Inneren besichtigt werden. Trotzdem lohnt der Weg bis an das Schloß, damit man sich angesichts der heute wieder prunkvollen Fassaden des Rokokoschlosses an die rauschenden Feste erinnern kann, die hier von den Echternacher Äbten gefeiert wurden.

Römische Villa. 1907 wurden bei Ackerarbeiten die Mauerreste einer 24 x 26 Meter großen römischen Villa gefunden.

Dianadenkmal. Etwa 500 Meter oberhalb des Weilerbacher Schlosses steht der mit Figurenfragmenten und einer Inschrift versehene Weihestein für dic römische Wald- und Jagdgöttin Diana.

Prümzurlay. Die Pfarrkirche von Prümzurlay ist die älteste heute noch ihrem ursprünglichen Zweck dienende Kirche in diesem Teil der Südeifel. Anfang des 14. Jahrhunderts wurde hier eine Kapelle gebaut, die im 16. und im 20. Jahrhundert erweitert wurde.

Irreler Wasserfälle. Die Wasserfälle der Prüm am Rande des Ferschweiler Plateaus sind zwar keine Wasserfälle im üblichen Sinn, man könnte sie eher als eine Kette von Stromschnellen bezeichnen. Immerhin bieten sie von einer überdachten Holzbrücke überspannt das großartigste Naturschauspiel dieser Art im ganzen Lande Rheinland-

Pfalz und sind bei Wildwasserfahrern als sportliche Herausforderung bei genügend Wasserstand sehr beliebt.

Prümer Burg. Gleich unterhalb der Prümer Wasserfälle liegen im Wald verborgen die Ruinen der Prümer Burg. Sie ist sehr alt und soll von einem Gefolgsmann Karls des Großen, Matfried, erbaut worden sein. Urkundlich erwähnt wurde sie jedoch erstmals 1337. Erhalten blieb der Bergfried sowie ein Teil der Pallasmauern.

Informationen:

Verkehrsverein Bollendorf, 54669 Bollendorf,
Telefon 06526/230;

Touristinformation Irrel, 54666 Irrel, Telefon 06525/500;

Verkehrsverein Ferschweiler, 54668 Ferschweiler,
Telefon 06523/389 oder 220.

Gerolstein – Dolomiten und Mineralwasser

Im Land der erloschenen Vulkane, der Südeifel, nimmt Gerolstein mit seiner Umgebung einen besonderen Platz ein. Vor etwa 380 Millionen Jahren war das Gerolsteiner Land von einem warmen Meer bedeckt, in dem Korallen lebten. Sie versteinerten im Laufe der Zeit und bildeten die Grundlage für die das Gerolsteiner Gebiet so besonders prägenden Dolomitfelsen. Diese wiederum sind einerseits – da aus Kalk bestehend – Heimatboden für eine besonders reiche Pflanzenwelt, zum anderen bieten sich die schroffen, glatten Dolomitwände als hervorragende Kletterfelsen für Alpinisten an. Andererseits haben sich im Gerolsteiner Gebiet geradezu unzählige Versteinerungen aus der Devonzeit erhalten.

Wirtschaftlich wird Gerolstein bis heute durch Folgen und Folgeerscheinungen des Vulkanismus geprägt, sprudeln doch hier einige der bekanntesten Mineralquellen der Südeifel. Schließlich gehört Gerolstein mit seiner vorgeschichtlichen Höhlensiedlung, dem Buchenloch in der Munterley, zu den bedeutendsten prähistorischen Orten der Südeifel.

Doch auch später, als Menschen längst Besitz von der Eifel ergriffen hatten, spielte Gerolstein, oder besser gesagt die Siedlung, die sich zu Füßen des Gerhardsteines entwickelte, eine besondere Rolle. Gerhardstein, so heißt nämlich die Burg, die um 1115 die Herren von Blankenheim-Manderscheid hoch über der hier vorbeifließenden Kyll gebaut hatten. Aus Gerhardstein entwickelte sich der Name Gerolstein.

Doch zuvor waren die Römer hier. Sie kannten und schätzten bereits Wohlgeschmack und Heilkraft der Gerolsteiner Quellen. Münzen und Weihegaben, die man bei und in den Quellen gefunden hat, beweisen es. Aus der späten Römerzeit, der sogenannten römisch-fränkischen Epoche, blieb in Gerolstein ein in der Eifel einzigartiges Mosaik erhalten, das man in der Villa Sarabodis gefunden hat. Daß die Römer hier bereits auf keltische Siedlungen gestoßen sind, beweisen die noch gut erhaltenen Ringwälle einer keltischen Fliehburg auf der Dietzenley sowie die Funde, die man beim sogenannten Juddekirchhof auf der Hustley gefunden hat. Auch hierbei handelte es sich um eine keltisch-römische Kultstätte.

An die Tatsache, daß eine römische Heer- und Handelsstraße bei Gerolstein durch das Kylltal zog, erinnert die Kasselburg. In ihrem Mauerwerk sind noch römische Ziegel zu erkennen, die wohl von einem Wachturm stammen. Er wäre dann der Vorläufer der Burg gewesen.

1336 und dann nochmals 1953 erhielt der Ort Stadtrechte. Seit dem Ausbau des Eisenbahnnetzes in der Eifel wurde Gerolstein zu einem der wichtigsten Eisenbahnknotenpunkte der Eifel. Heute noch ist Gerolstein Schnellzugstation an der Bundesbahnstrecke Köln-Trier-Saarbrücken, der einzigen Schnellzugstrecke, die die Eifel diagonal durchquert, wobei die Linie von Jünkerath an praktisch dem Kylltal folgt.

Im Zweiten Weltkrieg wurde Gerolstein zu fast 80% zerstört. Ansehnlich wieder aufgebaut ist das Städtchen zwischen Dolomitfelsen und Mineralbrunnen heute einer der attraktivsten und wichtigsten Fremdenverkehrsorte der Südeifel, der dank seiner außerordentlich reichen Ausstattung mit Sehenswürdigkeiten der Natur, der Landschaft, aber auch geschichtlicher Art besonders viel besucht wird. Seit Jahren kann sich Gerolstein außerdem Luftkurort nennen.

Sehenswürdigkeiten:

Durch kriegerische Zerstörungen und mehrere Stadtbrände ist das mittelalterliche Gerolstein unwiederbringlich dahin. Das einzig wirklich bedeutende und sehenswerte und über die Eifel hinaus bekannte Gebäude Gerolsteins ist die ***evangelische Erlöserkirche,*** die 1911 bis 1913 erbaut wurde und zwar vom gleichen Architekten Schwechten aus Berlin, der auch die berühmte Kaiser-Wilhelm-Gedächtniskirche baute. Daß in einem Eifelort in einer rein katholischen Gegend eine so monumentale evangelische Kirche gebaut werden konnte, hatte viele Gründe. Der evangelische Kirchenbauverein suchte seinerzeit als 100. Bauwerk ein geeignetes Objekt. Der der Eifel besonders verbundene Frei-

herr von Mirbach, Vorsitzender dieses Vereins und Oberhofmeister der Kaiserin Auguste Victoria, konnte Kaiser Wilhelm II., der sich als Schirmherr der evangelischen Kirche des Reiches verstand, dazu bewegen, für die kleine evangelische Diasporagemeinde Gerolstein, zu der auch noch Jünkerath gehörte, eine sehenswerte Kirche erstellen zu lassen. Die Kirche ist das monumentalste Bauwerk des sogenannten Historismus in der ganzen Eifel. Am 15. Oktober 1913 fand in Anwesenheit Wilhelms II. der feierliche Eröffnungsgottesdienst statt. Die Kirche ist übrigens das letzte Bauwerk, das in Deutschland in diesem Historismusstil gebaut wurde.
Tatsächlich ist die Kirche in einem wilden Stilgemisch entstanden. Griechische und römische Elemente sind ebenso vertreten wie Hinweise auf preußisch-deutsches Kaisertum. Die gewaltige Kuppel ist ganz mit Goldmosaiken bedeckt, die Wände sind mit Marmor verkleidet, das Gewölbe mit blauen Mosaiken. Von Beginn an schieden sich die Geister an dieser Kirche, die einen fanden und finden sie schön, die anderen lehnen sie als Ausbund von Kitsch ab. Tatsache ist jedenfalls, daß diese Kirche in ihrer Art einmalig in der Eifel und als solche deshalb unbedingt sehenswert ist.
In die Kirche übertragen wurde jenes Mosaik aus der römischen Villa Sarabodis, das man mit den Ruinen dieses römischen Landhauses aus dem ersten nachchristlichen Jahrhundert 1907 bei Beginn der Bauarbeiten für die Kirche fand. Die Kirche ist nicht frei zugänglich, sondern kann nur im Rahmen geführter Besuche besichtigt werden, die auch die Ruinen der ***Villa Sarabodis*** und das ihnen gewidmete Museum erfassen (siehe unten).
Die Bewohner der römischen Villa müssen sehr wohlhabend gewesen sein. Das in den Ruinen gefundene Mosaik, bleierne Abflußrohre des Bades und Reste von Glasfenstern, die man fand, sprechen eine deutliche Sprache. Rätselhaft für die Forscher ist bis heute ein Gräberfund im Ruinengelände. 27 Gräber mit den Überresten besonders großer junger Männer hat man hier gefunden. Eins dieser Gräber ist in das Museum der Villa Sarabodis übertragen worden, wo man auch (außer dem Mosaik) die sonstigen Funde aus den Ruinen der wohl im vierten Jahrhundert in den Wirren der Völkerwanderungszeit zerstörten Villa zusammen getragen hat. Außerdem kann man hier andere Funde aus der Kelten- und Römerzeit in Gerolstein sehen.
Erlöserkirche, Villa Sarabodis und Museum sind im Rahmen von Führungen zugänglich von Mai bis September dienstags um 15, 16 und 17 Uhr, mittwochs und samstags 9.30, 10.30 und 11.30 Uhr. Von Okto-

Mürlenbach mit Bertradaburg

ber bis April gibt es Führungen mittwochs und samstags um 10 und um 11 Uhr. Sonderführungen für Gruppen nach Vereinbarung.
Informationen unter Telefon 06591/7901.

Kreisheimatmuseum. Im alten Pfarrhaus, das bereits 1545 gebaut wurde und heute wohl das schönste alte Gebäude von Gerolstein ist, befindet sich das Kreisheimatmuseum. Es zeigt eine umfangreiche Sammlung von Eifeler Hausrat und Möbeln sowie zahlreiche schöne Takenplatten. Takenplatten nannte man die gußeisernen Platten, die mit der Schmuckseite zur Stube in der Wand über dem Herdfeuer eingelassen die Wärme vom Küchenfeuer in die daneben liegende Wohnstube verstrahlen ließ. Alte Takenplatten sind seit langem ein begehrtes Sammelobjekt.

Das Kreisheimatmuseum ist geöffnet dienstags von 16 bis 18 Uhr, mittwochs, donnerstags und freitags von 10.30 bis 12.30 Uhr und sonntags von 14 bis 16 Uhr. Nähere Informationen unter Telefon 06591/1382 oder 3200.

Naturkundliches Museum. Eingerichtet im alten Rathaus von 1710 zeigt dieses Museum umfangreiche Mineralien- und Fossiliensammlungen. Es ist geöffnet von April bis November von 10 bis 12.30 Uhr und von 14 bis 17 Uhr. Von Dezember bis März von 10 bis 12.30 Uhr und von 14 bis 16 Uhr. Informationen unter Telefon 06591/5235.

Löwenburg. Erhalten sind Reste, vor allem die 11 Meter hohe Schildmauer, sowie Reste von Wohngebäuden der von Gerhard von Blankenheim im 12. Jahrhundert gebauten ersten Burg, der Keimzelle von Gerolstein.

Buchenloch in der Munterley. Neben der Kakushöhle im Kartstein bei Eiserfey in der Nordeifel ist das Buchenloch die bedeutendste prähistorische Wohnstätte in der ganzen Eifel. Hier haben vor rund 30 000 Jahren bereits Menschen gelebt, wenn auch als Jäger wohl nur hin und wieder. Es waren Menschen der Mousterienrasse, zu der auch der berühmte Neandertaler gehörte. Anhand der Knochenfunde in der Höhle hat man festgestellt, daß diese ersten „Gerolsteiner" Rentiere, Mammut und Bären gejagt haben.

Papenkaule. Nordöstlich der Stadt liegt der bilderbuchhaft erhaltene Krater, der bei den jüngsten Vulkanausbrüchen in der Südeifel entstanden ist, also vor weniger als 10 000 Jahren. Das bedeutet, daß in Gerolstein bereits Menschen lebten, als dieser Vulkan ausbrach.

Dietzenley. Auf dem mit 617 Metern höchsten Vulkan des Gerolsteiner Landes, der Dietzenley, wurde zu Beginn der Bronzezeit vor rund 4000 Jahren ein mächtiger Ringwall angelegt, der möglicherweise bis in die römische Zeit als Flucht- und Schutzanlage gedient hat. Die Dietzenley, geprägt durch prachtvolle, senkrecht stehende Basaltfelsen, ist von der Straße Gerolstein–Büsch zu erreichen und bietet eine prachtvolle Aussicht.

Judenkirchhof. Die auch Juddekirchhof genannte Anlage auf der Hustley wurde 124 n. Chr. von einem Römer zu Ehren der Göttin Dea Caiva errichtet und bestand ursprünglich aus zwei sogenannten Umgangstempeln. Die Hustley liegt etwa 400 Meter östlich der Papenkaule.

Fossilienfundstätten. Aus den Ablagerungen des Devonmeeres stammen die Fossilien, die Gerolstein als Fundort weltberühmt gemacht haben. Das Verkehrsamt nennt Stellen, an denen man mit einiger Aussicht auf Erfolg graben und suchen kann und veranstaltet regelmäßig geführte Exkursionen zum Fossiliensuchen.

Mineralbrunnen. Mit mehr als 200 Millionen Flaschen Mineralwasser, die in den verschiedenen Brunnenanlagen von Gerolstein jährlich abgefüllt und von hier aus in alle Welt versandt werden, ist Gerolstein der wichtigste Mineralbrunnenort Deutschlands. Den größten und bekanntesten, den Gerolsteiner Brunnen, kann man besichtigen, und zwar grundsätzlich mittwochs um 15 Uhr, sonst jederzeit nach Vereinbarung. Informationen unter Telefonnummer 06591/140.

Geopark. Im Frühjahr 1994 wird die erste von vier Schleifen des Gerolsteiner Geoparks fertiggestellt und der Öffentlichkeit übergeben. Bei einer rund vierstündigen Wanderung vom Rathaus in Gerolstein über die Munterley und Kasselburg zurück zum Rathaus werden mit Informationstafeln 17 geologische Aufschlüsse vorgestellt.

Ausflugsziele:

Kasselburg. Oberhalb des Dorfes Pelm bei Gerolstein liegt eine der ältesten und eindrucksvollsten Burgen der Südeifel, die aus romanischer Zeit stammende Kasselburg. Im 15. Jahrhundert wurde sie durch das Erzstift Trier weitgehend ausgebaut, im 18. Jahrhundert aber zerstört. Nachdem die Eisenbahnstrecke Köln–Trier durch das Kylltal gebaut worden war, wendete die Rheinische Eisenbahngesellschaft 1000 Taler für den Wiederaufbau der Burg auf, um „den Reisenden etwas zu bieten". Der preußische Staat stiftete abermals 1000 Taler. Wahrzeichen der teilweise wieder aufgebauten Burg ist der 37 Meter hohe mehrstöckige Turm, ein in der deutschen Burgenlandschaft einzigartiger Wohnturm des Mittelalters.

Greifvogelvorführung in der Kasselburg

Die teilweise wieder aufgebaute Burg ist heute eine Station der Deutschen Wildstraße (siehe Kapitel „Sag dem Wildschwein Guten Tag"). Es befindet sich eine Greifvogelwarte hier, ein Gehege mit Tarpanen (rückgezüchtete Wildpferde) sowie das größte im Gehege lebende Wolfsrudel Europas. Von besonderer Bedeutung bei der Greifvogelwarte ist das „Hospital", in dem jährlich rund 60 verletzte Greifvögel gesund gepflegt werden.

Öffnungszeiten des Adler- und Wolfsparks Kasselburg ganzjährig täglich von 9 bis

18 Uhr, von Oktober bis März von 10 Uhr bis Dunkelheit. Täglich um 15 Uhr findet die Wolfsfütterung statt, um 15.30 Uhr ist Hauptflugvorführung mit Adlern und Falken.

Burg Lissingen. Südlich von Gerolstein liegt im Kylltal die aus dem 13. Jahrhundert stammende Wasserburg, die 1559 in eine Ober- und Unterburg geteilt wurde. Schön ist das Renaissance-Portal, das 1624 an der Oberburg angebracht wurde.

Mürlenbach. Knapp zehn Kilometer südlich von Gerolstein kommt man im Kylltal nach Mürlenbach, einem typischen Südeifler Ort mit schönen weißgetünchten Bruchsteinhäusern, deren Fenster und Türrahmen mit roten Sandstein abgesetzt sind. Mittelpunkt des Ortes ist die sogenannte Bertradaburg, die 1331 erstmals erwähnt wurde. Der Eifeler Überlieferung nach soll Bertrada, eine Urgroßmutter Karls des Großen, die Burg haben bauen lassen. Bertrada von Mürlenbach gilt auch als Stifterin der Benediktinerabtei Prüm. Neben einigen anderen Orten wie Jupille bei Lüttich wird auch die Bertradaburg als Geburtsstätte Karls des Großen angesehen.

Die ehemals sehr große Burganlage ist heute geteilter Besitz: die machtvolle doppeltürmige Torburg, von ähnlicher burgenkundlicher Bedeutung wie die Kasselburg mit der anschließenden hohen nördlichen Wehrmauer gehört dem Land Rheinland-Pfalz, alle angrenzenden Mauern, zum Teil bewohnbaren Burggebäude und die vorgelagerten Ruinen der Bastionen aus dem 16. Jahrhundert sind Privateigentum. Die Erzbischöfe von Trier versuchten immer wieder` die strategisch wichtige Burg unter ihren Einfluß zu bringen. 1576 konnten sie Mürlenbach endgültig erwerben. Die schon im 17. Jahrhundert verfallene Anlage wurde 1804 als Ruine an Private verkauft, unter anderem an eine Brauerei, die den ehemaligen Palas um 1875 zu einem Brauhaus ausbaute. Das östliche Drittel mit dem Turmpaar erwarb 1889 der Staat.

Veranstaltungen:

Gerolsteiner Sprudelfest am 1. Sonntag im September. Geologische Wochenenden im Gerolsteiner Land zu wechselnden Terminen. Erlebniswandern auf den Spuren der Ritter. Eine Drei-Tage-Rundwanderung von Gerolstein zu verschiedenen Burgen und Burgruinen des Gerolsteiner Landes.

Informationen: Verkehrsamt Gerolsteiner Land, Postfach 1120, 54561 Gerolstein, Telefon 06591/1381.

Lavafelsen auf dem Mosenberg

Rathaus in Mayen

Kurhaus von Bad Neuenahr-Ahrweiler

Basaltsäulen im Mayener Lavafeld

Gillenfeld – Die nassen Augen der Eifel

Halbwegs zwischen Daun und Bad Bertrich, nahe der Eifelautobahn Koblenz–Trier liegt im Mittelpunkt einer hochinteressanten Maarlandschaft Gillenfeld. Der Ort hat sich ungeachtet des seit langem hier blühenden Fremdenverkehrs seine dörfliche Atmosphäre erhalten.

Im Mittelalter gehörte Gillenfeld zum Gau Maifeld. Es muß alt sein, denn bereits 1016 schenkte Kaiser Heinrich den Ort Gillenfeld dem St.-Florian-Stift in Koblenz. Die Koblenzer wiederum belehnten die Herren von Kerpen mit Gillenfeld.

Sehenswürdigkeiten:

Die Hauptsehenswürdigkeiten sind gleichzeitig die wichtigsten Ausflugsziele der Umgebung, die ***Maare von Gillenfeld,*** die wie nasse Augen im Bergland schimmern. Das schönste und bekannteste von ihnen ist das kreisrunde ***Pulvermaar.*** Inmitten eines dichten Buchenwaldes liegt das 36 Hektar große Maar, das mit einer Wassertiefe von 75 Metern als tiefster Bergsee Deutschlands außerhalb der Alpen gilt.

Auf dem Grunde des Maares gibt es tückische Strudel, die schon manchem Taucher zum tödlichen Verhängnis wurden. Aus diesem Grunde ist das einst so beliebte Tauchen im Pulvermaar heute strengen Vorschriften unterworfen. Am Ufer gibt es – leider – Campingplätze, die der schönen Landschaft durchaus nicht angepaßt sind. Oberhalb des Maares liegt der Römerberg mit interessanten vulkanischen Schlackenbildungen.

Das zweite bekannte Maar bei Gillenfeld ist das ***Holzmaar,*** eine idyllische kleine Wasserfläche, die bei einer Fläche von 6,2 Hektar eine Wassertiefe von 21 Metern hat. Das sehr fischreiche Holzmaar ist Mittelpunkt eines Naturschutzgebietes, zu dem auch das jenseits der Straße gelegene ***Dürre Maar*** gehört. Hierbei handelt es sich um ein Trockenmaar, das heißt, der frühere See ist verlandet. In dem so entstandenen Moor gibt es eine sehr empfindliche Vegetation, so daß das Dürre Maar nicht betreten oder gar durchwandert werden darf.

Ganz in der Nähe stößt man bei genauem Suchen auf die ***Hütsche,*** ebenfalls heute ein Trockenmaar. Mit einem Durchmesser von nur 70 Metern war der heute vermoorte Vulkansee der kleinste der Eifel. Auch er ist durch die Gasexplosion eines entsprechend kleinen Vulkanes entstanden.

Strohn. Das kleine Dorf im Alfbachtal, knapp drei Kilometer südlich von Gillenfeld, ist bekannt durch das ***Strohner Märchen.*** Das hat nichts mit den Brüdern Grimm zu tun, sondern ist ein kleines Maar, wiederum ein Trockenmaar. Auch hier kann man im einstigen Verlandungsgebiet seltene Pflanzen finden. Es wird hier wie auch an anderen Stellen aus hoffentlich verständlichen Gründen darauf verzichtet, im einzelnen aufzuzählen, welche blühenden Kostbarkeiten zu finden sind. Der interessierte und fachlich bewanderte Botaniker wird sich schon zurechtfinden oder die richtigen Ansprechpartner finden. Das üppige Moor, das sich an der Stelle des einstigen Kratersees entwickelt hat, läßt noch genau die Umgrenzung des ehemaligen Vulkansees erkennen.
Alfbachtal. Das von Gillenfeld zur Mosel ziehende Alfbachtal ist ein besonders schönes Wandertal, vor allem unterhalb von Strohn. Es lohnt sich von Strohn aus über Trautzberg nach Heinzerath zu wandern, wo eine schöne alte Wallfahrtskirche mit Schnitzaltar, Pieta und Außenkanzel an ein untergegangenes Dorf erinnert. Alljährlich am 24. August (Bartholomäus) wird hier ein großes Fest gefeiert.

Aktivitäten:

Wandern, Wassersport auf dem Pulvermaar.

Informationen: Verkehrsbüro, 54558 Gillenfeld, Telefon 06573/720.

Hillesheim – Mittelalter im Vulkanland

Gleich weit entfernt von allen Städten am Eifelrand, nämlich Aachen, Bonn, Köln, Koblenz, Luxemburg und Trier, liegt Hillesheim wirklich im Herzen der Eifel. Der Ort gehört zu den ältesten der Eifel, sein Name leitet sich von Hildis = Anführer einer fränkischen Kriegerschaar ab. Bereits 633 wird Hillesheim erstmals erwähnt. Im 13. Jahrhundert bekam der Ort seine heute teilweise noch erhaltene Stadtmauer. Im Mittelalter galt Hillesheim als eine der größten Siedlungen der Eifel. Ursprünglich war es Besitz der Herzöge von Limburg, kam später an die Luxemburger, Jülicher und die Erzbischöfe von Trier. Von 1354 bis zur Französischen Revolution war Hillesheim ein kurtrierisches Amt.

Seit dem frühen Mittelalter war Hillesheim bedeutsam als Handelsort mit wichtigen Märkten, was sich in Form der Viehmärkte bis heute erhalten hat. So ist es besonders interessant zu wissen, daß man bei Hillesheim ein sogenanntes Wagengrab aus der frühen Latenezeit gefunden hat. Zu den Grabbeigaben gehörte eine bronzene Weinkanne etruskischer Herkunft, ein Beweis für die weitreichenden Handelsbeziehungen des Eifelortes schon zu sehr früher Zeit.

Im Augustiner-Chorherrenkloster, das bereits um die Mitte des 13. Jahrhunderts in Hillesheim gegründet wurde, betrieben die Patres eine Lateinschule, intensiv seit 1707. Sie galt neben Trier und Koblenz als die wichtigste Bildungsstätte ihrer Art im Eifelgebiet. In den 70er und 80er Jahren dieses Jahrhunderts wurde in Hillesheim eine Altstadtsanierung durchgeführt, die europaweit Aufmerksamkeit erregte und den kleinen Eifelort heute schon für Architekturfreunde zu einem lohnenden Ziel macht.

Sehenswürdigkeiten:

Stadtmauer. Aus dem 13. Jahrhundert stammt die heute noch weitgehend erhaltene und geschickt restaurierte Stadtmauer, deren begehbarer Wehrgang reizvolle Ausblicke in den Ort wie auf die umliegende Landschaft der Südeifel gestattet. Der Wehrgang hat zum Teil noch seinen ursprünglichen mittelalterlichen Plattenbelag. Über den Wehrgang kann man noch zwei der ursprünglich zwölf Befestigungstürme der Stadtmauer erreichen, den Burgundischen Turm und den Hexenturm, der früher als Gerichts- und Folterstätte diente.

Pfarrkirche St. Martin. Aus den Überresten einer um 1500 gebauten Kirche, die wiederum an die Stelle einer noch aus fränkischer Zeit stammenden St. Martins-Kirche gebaut wurde, steht die 1852 fertiggestellte heutige Pfarrkirche. Im Inneren besticht ein 1602 in Trier entstandener Sakramentsaltar, der ursprünglich in der Abteikirche St. Matthias in Trier gestanden hat. Von besonderem Wert ist auch die von der berühmten Hunsrücker Orgelbauerfamilie Stumm geschaffene Orgel in einem 1772 entstandenen spätbarocken Gehäuse.

Geologisch-mineralogische Sammlung. In dieser Sammlung sind interessante Funde aus der erdgeschichtlich so bewegten, durch den Vulkanismus geprägten Umgebung von Hillesheim zu sehen. Die Sammlung ist in vier Bereiche gegliedert:

1. Fossilien aus dem Mitteldevon und der Trias;
2. Vulkanische Gesteine und Mineralien aus Tertiär und Quartär;
3. Mineralien aus Deutschland;
4. Mineralien aus verschiedenen Ländern.

Geöffnet: Juli bis Oktober dienstags und donnerstags von 14 bis 16 Uhr, samstags von 10 bis 12 Uhr.
Geopfad Hillesheim. Diese Anlage wurde ausgezeichnet als hervorragendes Beispiel für intelligenten Tourismus im paneuropäischen Wettbewerb 1990/91 in Straßburg. Näheres siehe im Kapitel „Tausend Schritte in die Erdgeschichte".

Ausflugsziele:

Knapp zwei Kilometer nordöstlich von Hillesheim liegt der kleine Ort ***Berndorf.*** Sein Schmuckstück und kunsthistorische Kostbarkeit ist die aus den Jahren 1513/15 stammende Wehrkirche auf dem Kirmesberg. Im Inneren der heute als Kriegergedächtniskapelle dienenden Kirche gibt es ein schönes Netzgewölbe im Schiff, alte Malereien in den Zwickeln und eine spätgotische Sakramentsnische im rechteckigen Chor. Die Kirche ist normalerweise verschlossen, den Schlüssel bekommt man dann im Haus gegenüber der neuen Kirche im Berndorf.
Kerpen. Der Name des kleinen, fünf Kilometer nordöstlich von Hillesheim gelegenen Dorfes ist untrennbar verbunden mit dem Namen des bekanntesten Eifelmalers, des zur sogenannten Düsseldorfer Schule gehörenden Malers Fritz von Wille. Er kaufte 1911 die Burg Kerpen, gestaltete sie um und ließ ein Atelier im Inneren einrichten. Diese Burg, deren Name Kerpen auf das lateinische Wort Carpinius = Hainbuche zurückgehen soll, wurde im 12. Jahrhundert erbaut. Im 14. und 15. Jahrhundert wurde sie umgebaut und erweitert und kam in den Besitz der Herren von Aremberg. Spätestens seit 1780 war sie Ruine und wurde erst 1896/97 teilweise wieder aufgebaut. Seit 1968 ist die Burg des Eifelmalers ein Landschulheim und nur noch im Bereich des Burgberings allgemein zugänglich.
Bekannt ist der Ort Kerpen, der durch eine gelungene Dorferneuerung von sich reden machte, wegen seiner Steinbrüche. Der hier gewonnene rötliche, sogenannte Kerpener Marmor wurde zum Beispiel zur Verkleidung des Bonner Hauptbahnhofes verwendet.
Mirbach. Wer Sinn für Kuriosa hat, wird das kleine Mirbach, acht Kilometer nördlich von Hillesheim, vielleicht als merkwürdigsten Ort der Südeifel empfinden. Hat doch der gleiche in Berlin lebende Freiherr von Mirbach, dem bereits Gerolstein den Pompbau der Erlöserkirche verdankt, in Erinnerung an seine aus dem Eifelort stammenden Vorfahren dieses Dörfchen gleich zweifach bedacht. Erklärtermaßen als Denkmal für sein Geschlecht begann er 1902 die Erlöserkapelle von Mirbach zu bauen, die auf die gleiche im Grunde unsägliche Weise ein Sammel-

Pfarrkirche St. Martin in Hillesheim

surium der verschiedensten Baustile, -elemente und -materialien ist wie die Erlöserkirche in Gerolstein, wobei der ahnenbewußte Freiherr besonderen Wert auf möglichst große Vielfalt goldglänzender Mosaiken legte.
Doch die Erlöserkapelle war dem baufreudigen Freiherrn, der als Kind zusammen mit seinem Vater einmal das Dorf seiner Ahnen besucht hatte, nicht genug. Einige alte Mauerreste in Mirbach deklarierte er kurzerhand als Ruinen der Stammburg derer von Mirbach, obschon es eine solche nie gegeben hat. Er ließ von anderen, echten Burgen Trümmer heranschaffen und eine künstliche Ruine in Mirbach aufbauen. Sie ist heute neben der Erlöserkapelle die zweite kuriose Sehenswürdigkeit des Dorfes.
Niederehe. Im Mittelalter hatte das Dorf ein bedeutendes Kloster, zunächst Nonnen-, dann Mönchskloster der Prämonstratenser. Als überragende Sehenswürdigkeit muß man hier die um 1200 entstandene einstige Klosterkirche ansehen, die seit 1803 Pfarrkirche ist und 1961/66 restauriert wurde. Seither zeigt sie sich wieder in ihrer alten Pracht.

Veranstaltungen:

Jeden ersten und dritten Donnerstag im Monat findet in Hillesheim der Viehmarkt statt, der als größter und bedeutendster seiner Art im Rheinland gilt. Den besten Eindruck von diesem Markt hat man am frühen Morgen, wenn man den ganzen Auftrieb der Tiere erleben kann. Das bedeutet, daß man möglichst um fünf Uhr in der Frühe bereits anwesend sein sollte.
Geologische Exkursionen durch die Hillesheimer Kalkmulde unter fachkundiger Führung. Sie werden ganzjährig veranstaltet.
Gästewanderungen auf dem Geopfad unter fachkundiger Leitung in den Sommermonaten.
Sport: 18-Loch-Golfplatz in Berndorf. Nach Aussage von Fachleuten gehört er zu den schönsten und interessantesten Plätzen in Deutschland.

Informationen: Verkehrsverein Urlaubsregion Hillesheim/Vulkaneifel, Rathaus, 54576 Hillesheim, Telefon 06593/80116.

Himmerod – Wo einst St. Bernhard rodete

Das Salmtal in der westlichen Vulkaneifel gehört sicherlich zu den landschaftlich schönsten Tälern der Südeifel. Sein Höhepunkt, seine größte Sehenswürdigkeit ist das zwischen Schwarzenborn und Großlittgen gelegene Zisterzienserkloster Himmerod.

Im ersten Augenblick sieht alles so aus, als ob aus einem Bilderbuch mittelalterlicher Beschaulichkeit ein Bild ausgeschnitten und in die Landschaft gestellt worden sei: in einem weiten Wiesental inmitten dichter Wälder steht ein großer Klosterkomplex mit Torhaus und großem Innenhof, Kirche, Klausurgebäuden, Wirtschaftsgebäuden, Gasthaus, Fischteichen und vielem anderen. Das barocke Torgebäude und das prächtige Westwerk der Kirche lassen unwillkürlich an Süddeutschland denken, doch wir sind in der Südeifel, beim Kloster Himmerod im Salmtal.

Himmerod, das ist der Name, der von Anfang an bis heute unter den deutschen Klöstern einen besonderen Klang hatte und hat. Das mag damit zusammenhängen, daß der Himmeroder Überlieferung nach kein geringerer als der Heilige Bernhard von Clairvaux, der große Ordensreformator und Kreuzzugsprediger höchstpersönlich im Jahre 1135 im damals noch wilden, öden und unzugänglichen Salmtal die Abtei gegründet und selber beim Roden des Urwaldes Hand mitangelegt haben soll.

Möglich wäre das durchaus, ist doch bekannt, daß Bernhard und der damalige Bischof Albero von Trier persönlich befreundet waren. Durchaus denkbar, daß „Vater Bernhard", wie man ihn nannte, auf Bitten seines Freundes selber in die Eifel kam und das Kloster gründete, das wie alle Zisterzienserklöster der Mutter Gottes geweiht wurde. Vielleicht hat Bernhard aber auch nur auf Bitten des bischöflichen Freundes einige Mönche des soeben entstandenen Ziesterzienserordens aus Burgund in die Eifel entsandt.

Fest steht jedenfalls, daß diese Abtei Himmerod alsbald zu einer der bedeutendsten Zisterzienserabteien in Deutschland wurde. Von hier wurden andere bekannt gewordene Abteien gegründet und betreut, so unter anderem 1192 die Zisterzienserabtei Heisterbach im Siebengebirge. Sie ist heute längst vergangen, nur die Chorapsis ist noch erhalten. Und die Geschichte vom Mönch von Heisterbach, für den tausend Jahre waren wie ein Tag.

Bis 1739 hatte Himmerod seine romanische Klosterkirche, die nach dem Vorbild der Mutterkirche in Citeaux gebaut worden war. Dann ließ

Abt Leopold Camp durch den Baumeister Christian Kretschmar, der bereits die Abtei Mettlach an der Saar gebaut hatte, eine neue barocke Kirche errichten. Doch hat diese Kirche, zu der die Pläne der berühmte Balthasar Neumann gefertigt haben soll, nicht lange existiert. Am 26. Juli 1802 mußten die letzten Himmeroder Mönche nach der Säkularisierung durch die französische Regierung Himmerod verlassen. Himmerod wurde auf Abbruch versteigert, Kirche und Klostergebäude erlitten das gleiche Schicksal wie so viele Klosterkirchen damals, sie wurden abgebrochen, als billiger Steinbruch benutzt. Mit den Steinen sind verschiedene Dorfkirchen in der Umgebung gebaut worden, das Inventar wurde weithin verstreut. Es kam nach Trier in den Dom und nach St. Paulin, in die Kathedrale nach Metz, in zahlreiche Eifelkirchen. Nur die prachtvolle barocke Westseite der Kirche überdauerte die Zerstörung.

Als 1919 deutsche Zisterziensermönche aus dem bosnischen Kloster Maria Stern nicht mehr in ihr Heimatkloster zurückdurften, weil Bosnien inzwischen zum neugegründeten Königreich Jugoslawien gehörte, kamen diese Mönche in die Eifel und kauften für 500 000 Mark die Ruinen und den Grundbesitz von Himmerod. Sie machten sich alsbald an die Arbeit des Wiederaufbaues. Am 15. Oktober 1960 war es schließlich soweit: das große Werk war vollendet, Himmerod wieder erstanden, die neue Kirche, die unter Einbeziehung der barocken Westfassade gebaut worden war, wurde in Anwesenheit des Bundespräsidenten geweiht.

Seitdem ist Himmerod wieder das, was es vor Jahrhunderten schon gewesen war: ein wichtiges geistiges und geistliches Zentrum, dessen Ausstrahlung weit über Eifel- und Moselraum hinausgeht und Jahr für Jahr Tausende Besucher anlockt, die die ehrwürdige Abtei besuchen und besichtigen. Das heißt, besuchen und besichtigen kann man natürlich wie bei allen Klöstern nur das Torgebäude, den weitläufigen Innenhof und die Abteikirche. Männer dürfen darüber hinaus auch den Kreuzgang besichtigen. Es ist ein Besuch in einer stillen, in sich geschlossenen Welt. Ein Besuch an einer Stätte, die für die Geschichte des Zisterzienserordens in Deutschland eine herausragende Rolle gespielt hat. Denn ungeachtet des selbst für mittelalterliche Orden ungemein harten und entbehrungsreichen Lebens der Zisterziensermönche erfreute sich die Eifelabtei im Mittelalter eines großen Zulaufes hoher Adliger und Ritter, die in die Klostergemeinschaft aufgenommen werden wollten. Und Bischöfe von Trier ebenso wie die führenden Adelsgeschlechter der Eifel, die Grafen von Manderscheid etwa oder Daun hatten ihre Grabstätten in der Klosterkirche.

Abtei Himmerod

Äußerlich fällt an der Kirche das Fehlen eines Turmes auf, nur ein kleiner Dachreiter krönt das Dach. Das entspricht zisterziensischer Bautradition. Der Turm war ebenso verpönt wie Schmuck oder Bilder im Inneren der Kirche, mit Ausnahme eines Madonnenbildes. Das Innere der Kirche ist gewaltig, eindrucksvoll durch seine Weite, seine Helligkeit und seine Einfachheit, ganz so wie es den Idealen der Zisterzienser entspricht. Allerdings wurde die Regel der völligen Schmucklosigkeit der Zisterzienserkirchen in der Barockzeit mehr und mehr durchbrochen. In der heutigen Himmeroder Kirche, die in ihren Ausmaßen exakt der Barockkirche Kretschmars entspricht, findet sich zum Beispiel das reich verzierte barocke Chorgestühl, das nach der Säkularisierung in die Kathedrale nach Metz gekommen war, 1960 von den Franzosen aber an Himmerod zurückgegeben wurde.

Informationen: Kurverwaltung, 54531 Manderscheid, Telefon 06572/8949 oder 8930 oder 8339.

Kelberg – Vulkane zwischen zwei Kurfürsten

Zu den ältesten Vulkanen der Südeifel gehört der 675 Meter hohe Hochkelberg. Zu seinen Füßen liegt inmitten weiter Laub- und Nadelwälder der Luftkurort Kelberg, Mittelpunkt einer weitläufigen Verbandsgemeinde, die aus 33 Ortsgemeinden besteht. In diesen 33 Ortsgemeinden spiegelt sich Kelbergs politische Vergangenheit so, wie sie komprimiert auch im Wappen der Verbandsgemeinde sichtbar wird. Die Orte, die heute zu dieser Verbandsgemeinde Kelberg gehören, unterstanden jahrhundertelang teils den Kurfürsten von Köln, teils denen von Trier, einige auch den Grafen von Virneburg. Auch geographisch liegt Kelberg auf der Grenze, auf der Wasserscheide zwischen Mosel und Ahr nämlich. Hier entspringen die Lieser, die Üß und die Elz, die sämtlich zur Mosel fließen, während der ebenfalls aus den Wäldern von Kelberg kommende Trierbach sich zur Ahr wendet. Erstmals erwähnt wird Kelberg im Jahre 1195. Im 13. und 14. Jahrhundert gab es auch ein Rittergeschlecht derer von Kelberg, das jedoch Ende des 14. Jahrhunderts ausgestorben ist.

Kelberg, Mittelpunkt der Verbandsgemeinde, ist mit seinen etwa 1400 Einwohnern heute ein beliebter Fremdenverkehrsort in der Hohen Eifel, zwischen der Hohen Acht und der eigentlichen Vulkaneifel. Seine zentrale Lage inmitten reizvoller Waldgebiete mit herrlichen Wandermöglichkeiten und zahlreichen gut erreichbaren Ausflugszielen machen Kelberg zu einem seit langem viel besuchten Fremdenverkehrsort.

Sehenswürdigkeiten:

Alte Pfarrkirche. Im Ort Kelberg selber ist sicherlich die wichtigste Sehenswürdigkeit die noch aus dem Übergang von der Romanik zur Gotik stammende Pfarrkirche St. Vinzentius und Nikolaus. Romanisch ist noch der Westturm. Die Kirche selber wurde im Laufe der Jahrhunderte immer wieder verändert, zuletzt 1972. Doch die ursprünglich gotische Anlage ist noch zu erkennen, vor allem gilt das aus dem 15. Jahrhundert stammende Holzkreuz im Innern, der sogenannte Kelberger Christus, als eine kunsthistorische Kostbarkeit.
Altes Pfarrhaus. Es ist ein herrschaftliches Bruchsteinhaus mit aufgesetztem Fachwerkgeschoß von 1808.
Hochkelberggipfel. Die Kuppe des Hausberges von Kelberg ist bei einer schönen Wanderung zu erreichen. Hier oben kann man noch die Reste einer römischen Ringwallanlage sehen. Der Sendemast auf dem Gipfel dient der Bundesbahn als Relaisstation für ihren UKW-Betrieb. Es lohnt sich, das Aussichtspodest des Mastes zu besteigen; sofern gutes Wetter ist, hat man eine sehr schöne Fernsicht.
Beilstein. Etwa vier Kilometer östlich von Kelberg an der nach Mayen führenden Bundesstraße 410 sollte man dem Beilstein einen Besuch abstatten. Während sonst in der Vulkaneifel Basaltsäulen aufrecht stehend zu finden sind, hat die Natur sich hier die Kapriole geleistet, sehr schön ausgeprägte Basaltsäulen fast waagerecht liegend entstehen zu lassen.
Teufelsstein. Am südlichen Ortsrand von Kelberg findet man jene freiliegende Lavabombe, die der Volksmund seit jeher Teufelsstein nennt. Sie ist ein prächtiges Zeugnis vulkanischer Tätigkeit von 180 Zentimetern im Durchmesser.
Wallfahrtskirche Schwarzenberg. Am Ortsausgang von Kelberg, gleich hinter der Ampel auf der Bundesstraße 410 stößt man auf die Wallfahrtskapelle, die nach manchmal geäußerter Ansicht auf eine heidnische, vorchristliche Anlage zurückgehen soll. Beweisen läßt sich das nicht. Der heutige Bau stammt von 1719 und birgt in seinem Inneren Figuren der in der Eifel recht volkstümlichen Heiligen Barbara, Brigitte, Hubertus und Wendelin.
Mosbrucher Weiher. 3,5 Kilometer südlich von Kelberg stellt der Mosbrucher Weiher ein schönes Zeugnis des Vulkanismus dar, auch

wenn das heute nicht mehr sofort erkennbar ist. Es handelt sich um ein sogenanntes Trockenmaar, das zeitweise als Torfstich genutzt wurde.
Privatsternwarte Höchstberg. Samstags und sonntags kann man die private Sternwarte besichtigen. Auskunft: Telefon 02657/448.
Museum, Landwirtschaftliches Privatmuseum, Dorfstr. 7, 56769 Mannebach. Geöffnet mittwochs und samstags nachmittags nach Vereinbarung. Telefon 02657/1397.

Aktivitäten:

Drachenfliegen. Drachenflugschule Mühl, Zum Moor 5, 56767 Mosbruch, Telefon 02692/8288.

Informationen: Verkehrsamt Dauner Str. 22, 53539 Kelberg, Telefon 02692/87218 oder 8720.

Koblenz – Militärstadt seit der Römer Zeiten

Castellum apud confluentes, Lager am Zusammenfluß, nannten die Römer die Befestigung, die sie zwischen 14 und 9 v. Chr. am Zusammenfluß von Rhein und Mosel anlegten. Aus confluentes wurde bald confluentia, daraus Koblenz (eine Parallele dazu bietet die Schweizer Stadt Koblenz am Zusammenfluß von Rhein und Aare). Der Name jener Stadt war geboren, die heute die größte und wichtigste Stadt am Eifelrand ist. Für weite Teile der Südeifel ist sie als Sitz des Regierungspräsidenten des Regierungsbezirks Koblenz wichtige Verwaltungsstadt, für einen großen Teil der südöstlichen Eifel wichtige Behörden-, Schul- und Einkaufsstadt und ein bedeutendes kulturelles Zentrum. So ist das Rheinmuseum in Koblenz das älteste Flußmuseum der Welt.

Im 5. Jahrhundert mußten die Römer die für die Sicherung ihrer Militärstraßen so bedeutsame Befestigung aufgeben, als die Franken das Land in Besitz nahmen und Confluentia eine fränkische Königspfalz wurde. Doch durch die rund 2000 Jahre ihrer Existenz ist die Stadt Koblenz immer eine Stadt der Militärs und der militärischen Bedeutung geblieben. Unübersehbar bis heute kommt das in der die Stadt auf dem rechten Rheinufer überragenden Festung Ehrenbreitstein zum Ausdruck, ebenso wie in der Tatsache, daß Koblenz seit den Zeiten Preußens bis heute eine wichtige militärische Garnison war und ist.

Zum anderen war und ist Koblenz' Bedeutung natürlich nicht nur auf militärischem und strategischem Gebiet zu suchen. Dank der Lage an der Mündung der Mosel und nahe bei der Mündung der Lahn in den Rhein auf der anderen Seite kam Koblenz schon immer eine besondere Bedeutung als Verkehrszentrum ebenso wie als Handelsstadt zu. Daran hat sich bis heute nichts geändert.

1018 gelangte Koblenz in den Besitz der Erzbischöfe und späteren Kurfürsten von Trier, die bis 1794 Herren über Koblenz blieben und auch häufig hier residierten. Dank der Interventionen des Fürsten Metternich, der aus Koblenz stammte, kam die Stadt nach dem Wiener Kongreß an Preußen und wurde Hauptstadt der preußischen Rheinprovinz. Im Zweiten Weltkrieg wurde Koblenz erheblich zerstört, viel alte Bausubstanz ist nicht übrig geblieben.

Sehenswürdigkeiten:

Deutsches Eck. Am Zusammenfluß von Rhein und Mosel liegt die Deutsches Eck genannte Landspitze, die ihren Namen bereits 1216 von den Deutschordensrittern bekam, die hier einen Ordensbezirk ins Leben riefen. 1945 wurde das Reiterstandbild Kaiser Wilhelms I. auf dem 1897 errichteten Denkmal zerstört. 1993 kam eine Nachbildung dieses Reiterstandbildes wieder an die alte Stelle.

Deutsch-Herrenhaus mit Blumenhof. Von den weiträumigen Bauten des deutschen Ritterordens ist nur noch das ehemalige Verwaltungsgebäude erhalten.

St.-Kastor-Kirche. In diesem romanischen Gotteshaus, das 836 schon geweiht wurde und einst die Lieblingskirche der Karolinger war, wurde 843 der Vertrag von Verdun und damit die Erteilung des ersten Deutschen Reiches vorbereitet.

Deutscher Kaiser. Es handelt sich um einen Wohnturm aus dem Beginn des 16. Jahrhunderts, der mit einem Zinnenkranz gekrönt ist. Er ist das einzige Gebäude, das in diesem Altstadtbereich die Kriegszerstörungen überstanden hat.

Altes Kaufhaus und Schöffenhaus. Das spätgotische Kaufhaus von 1419 bildet zusammen mit dem Schöffenhaus von 1530 eine der schönsten Baugruppen der Altstadt.

Liebfrauenkirche. Um 1180 wurde mit dem Bau dieser romanischen Kirche begonnen. Mitte des 13. Jahrhunderts war das Bauwerk vollendet. Der gotische Chor wurde Anfang des 15. Jahrhunderts errichtet, die barocken Zwiebeltürme im Jahre 1693. Die Kirche steht über einer Römerhalle und früheren Kirchenbauten, die hier in fränkischer und karolingischer Zeit gestanden haben.

Balduinbrücke. Ursprünglich waren es 14 Bögen, heute sind es noch 11, mit denen diese Brücke die Mosel überspannt. Nach 1337 hat Erzbischof Balduin die Brücke bauen lassen.
Kurfürstliches Schloß. Das rein klassizistische Gebäude, das der Kurfürst Klemens Wenzeslaus zwischen 1777 und 1786 hat bauen lassen, ist das letzte Residenzschloß, das vor der Französischen Revolution am Mittelrhein errichtet worden ist.
Ehrenbreitstein. Auf dem rechten Rheinufer wird Koblenz überragt von der gewaltigen Anlage der Festung Ehrenbreitstein. Die Lage war für eine Festung prädestiniert. Bereits Ende des 10. Jahrhunderts wurde eine erste Befestigungsanlage hier oben errichtet, die seit dem Jahre 1020 im Besitz der Trierer Erzbischöfe war. Durch die Jahrhunderte hindurch wurde diese Festung dann immer stärker ausgebaut, wobei man im 15. und 16. Jahrhundert Wert auch darauf legte, daß die Anlage als Residenz nutzbar und wohnlich wurde. Lange Zeit hindurch galt die Festung Ehrenbreitstein als uneinnehmbar. Mehrfach haben französische Truppen, so 1688, 1794 und 1799 erfolglos wochenlang den Ehrenbreitstein belagert. Erst 1799 konnte man die Festung erobern, weil es gelang, die Besatzung auszuhungern. Die Franzosen wollten sich dann aber auf kein weiteres Risiko mehr einlassen und sprengten die Anlagen unter Anwendung von 30 000 Pfund Pulver in die Luft.
Nach dem Wiener Kongreß wurde das Gebiet preußisch. Sofort ließ König Friedrich Wilhelm III. im Jahre 1815 die Festung wieder aufbauen. Dabei erhielt sie ihr heutiges klassizistisches Gesicht. Fachleute sagen, daß die Festung Ehrenbreitstein nur noch von Gibraltar übertroffen wurde. Bis ins späte 19. Jahrhundert wurde an der Festung weiter gebaut und umgebaut. Auch auf dem gegenüberliegenden linksrheinischen Ufer errichtete man Befestigungsanlagen, die mit dem Ehrenbreitstein korrespondierten. Das veranlaßte Moltke zu der Aussage, Koblenz sei die schönste preußische Garnison.

Museen:

Landesmuseum Koblenz, staatliche Sammlung technischer Altertümer, auf dem Ehrenbreitstein. Geöffnet vom 21. März bis 1. November täglich von 9 bis 17 Uhr. Telefon 0261/71715.
Rheinmuseum im Landesmuseum, auf dem Ehrenbreitstein. Öffnungszeiten und Telefon wie vor.
Mittelrheinmuseum am Florinsmarkt. Geöffnet dienstags von 10 bis 13 Uhr und von 14.30 bis 20 Uhr, mittwochs bis samstags von 10 bis

13 Uhr und von 14.30 bis 17 Uhr, sonntags von 10 bis 13 Uhr, montags geschlossen. Telefonnummer 0261/129578.

Veranstaltungen:

Rhein in Flammen mit Schiffskorso und Abschlußfeuerwerk über dem Ehrenbreitstein am ersten Samstag im August.
Koblenzer Weinfest Ende September.

Informationen: Verkehrsamt am Hauptbahnhof, 56068 Koblenz, Telefon 0261/31304 und 1293803.

Kyllburg – Aus Angst eine Burg gebaut

Wo das Kylltal zwischen Gerolstein und der Mosel am schönsten ist, stößt man in der sogenannten Kyllburger Waldeifel auf den kleinen Kneipp- und Luftkurort Kyllburg. Berge und Wälder, der windungsreiche Fluß, Gärten und Wiesen rahmen diesen Ort ein wie ein kostbares Bild.

Im Jahre 800, als Karl der Große in Rom zum Kaiser gekrönt wurde, wird Kyllburg erstmals in einer Urkunde als fränkische Siedlung erwähnt, als Castrum Kyliberg, doch die eigentliche Geburtsstunde für Kyllburg schlug 1239, als der Trierer Erzbischof Theoderich von Wied eine mächtige Burg bauen und sein Nachfolger Arnold II. 1256 den bei der Burg wachsenden Ort mit einer Mauer nebst Türmen und Toren umgeben ließ. Der Grund für den Bau von Burg und Befestigungen ist bekannt: Die Trierer Erzbischöfe hatten Angst vor den Herren der nahegelegenen Burg, dem heutigen Schloß Malberg. Diese Malberger waren nämlich Lehensmänner der Luxemburger, der großen Konkurrenz der Trierer. Wohl auch um den Malberger und Luxemburgern zu imponieren, ließ Triers Erzbischof Heinrich II. eine große Stiftskirche bauen, die 1350 vollendet war. Von der Burg, die einst die Malberger und Luxemburger einschüchtern sollte, ist nur noch der heute als Aussichtsturm ausgebaute Bergfried erhalten geblieben. 30 Meter hoch ragt er auf. Die Stiftskirche jedoch mit ihrem Kreuzgang und dem Kapitelhaus steht noch immer. Und nach einer Renovierung im Jahre 1959 muß man diesen Komplex als eine der ganz großen gotischen Kostbarkeiten nicht nur der Südeifel, sondern des ganzen Rheinlandes bezeichnen.

Auf den Erzbischof Arnold II. geht das sogenannte Hochgerichtsschöffenweißtum von Kyllburg zurück, das zu den interessantesten Rechtsquellen des Mittelalters in der Südeifel gehört. Es befaßt sich neben Fragen der Gerichtsverfahren mit allen Problemen des bürgerlichen Lebens. Interessant ist dabei eine Regelung, nach der die Bäcker verpflichtet waren, nach den Burgherren zuerst die Wirte und erst dann die meist adligen Burgleute und die einheimischen Bürger zu beliefern. So wurde sichergestellt, daß Fremde, die damals vor allem als Pilger in großer Zahl nach Kyllburg kamen, immer etwas zu essen bekamen.

Bereits 1256 hatte der befestigte Ort Stadtrecht erhalten, die ihm durch die Schlußakte des Wiener Kongresses, der Kyllburg an Preußen kommen ließ, genommen wurde. Das hat die Kyllburger bis in unsere Zeit gewurmt, und sie haben nicht locker gelassen, bis ihnen am 16. September 1956, also genau 700 Jahre danach die Stadtrechte abermals verliehen wurden.

Sehenswürdigkeiten:

Burg. Von der einstigen kurtrierischen Burg ist nur noch der 30 Meter hohe Bergfried erhalten. Es lohnt ihn zu besteigen, da er als Aussichtsturm hergerichtet ist und eine schöne Aussicht über Stadt, Tal und umliegende Wälder bietet.
Stiftskirche. Der Komplex der aus rötlichem Sandstein erbauten Stiftskirche mit dem Kapitelhaus und dem Kreuzgang ist eines der kostbarsten Bauensembles der Gotik im ganzen Rheinland. Besonders wertvoll sind die drei Glasfenster aus dem Jahre 1534, die in verschiedenen Szenen das Leben und Leiden Christi darstellen. Sie gelten als Meisterwerke der flandrisch-kölnischen Frührenaissance und gehören heute zu den wichtigsten Kunstwerken, die es in der Südeifel überhaupt zu sehen gibt.
Naturpark Hahn. Kyllburg ist eingebettet in Wälder und Wiesen des Kylltales. Besonders schön ist jene Parkanlage im Stadtgebiet, die sich bis vor die Stadt zieht und seit alters her als Naturpark Hahn bezeichnet wird.

Ausflugsziele:

St. Thomas. Vier Kilometer kyllaufwärts von Kyllburg gründete 1180/85 der Ritter Ludwig von Deudesfeld die adlige Frauenabtei St. Thomas, die von Zisterzienserinnen übernommen wurde. 1222 wurde die im spätromanischen Stil erbaute Klosterkirche fertiggestellt, die

Kyllburg

heute zu den schönsten Nonnenkirchen des Rheinlandes gezählt wird. Das einstige Kloster dient heute als Priesterbildungsstätte der Diözese Trier und als Landvolkshochschule. Die Kirche kann jedoch besichtigt werden, den Schlüssel dazu bekommt man bei der Klosterpforte.
Die Drangsalierung der Zisterzienserinnen von St. Thomas durch die Malberger soll übrigens der Anlaß für den Bau der erzbischöflichen Burg von Kyllburg gewesen sein.
Malberg. Wenige Kilometer kyllabwärts von Kyllburg liegt in einer Flußschleife die heute zum Schloß ausgebaute einstige Burg Malberg. Bereits im 11. Jahrhundert standen auf dem von der Kyll umflossenen Bergsporn zwei Burgen, die zwei verfeindeten, weil einmal Trier und einmal Luxemburg zuneigenden Parteien gehörten. 1681 kamen die beiden Komplexe an die Familie Veyder. Ihr Sproß Johann Werner war ab 1703 Weihbischof von Köln. Er ließ den Burgenkomplex recht luxuriös umbauen und in die Form bringen, die er heute noch hat. Es war vor allem der italienische Architekt Mateo Alberti, der hier seine Handschrift hinterlassen hat, aber auch der aus Sachsen stammende Baumeister Christian Kretschmar, der auch an anderer Stelle in der Eifel bis heute sichtbar gewirkt hat, bei der Klosterkirche Himmerod nämlich.

Schloß Malberg gehört heute noch der Familie Veyder und wird als Gästehaus geführt. Das bedeutet, daß die Anlagen des Gartens und der zur Kyll abfallenden Terrassen nicht öffentlich zugänglich sind. Man muß sich also schon als Gast in Schloß Malberg einquartieren, um vor allem die kostbaren Außenanlagen genießen zu können.
Seinsfeld. Ein wenig nördlich von Kyllburg versteckt sich in einer Senke beim gleichnamigen Dorf die Wasserburg Seinsfeld. Sie gehört zu den wenigen gut erhaltenen Wasserburgen der Südeifel. Ende des 17. Jahrhunderts bekam die im Kern wesentlich ältere Burganlage ihr heutiges Gesicht. Auch wenn die Burg nicht zu besichtigen ist, gehört doch schon ein Blick auf die in einem kreisrunden Wassergraben auf einer Insel gelegene Burg zu den besonderen Erlebnissen in der Kyllburger Gegend.

Aktivitäten:

Kneippsche Kuranwendungen, Wandern, Boccia.

Informationen: Kurverwaltung, Hochstraße 19, 54655 Kyllburg, Telefon 0653/5938.

Manderscheid – Die Perle der Eifel

Zwischen den tief eingeschnittenen Tälern von Lieser und Kleiner Kyll auf einem Bergrücken gelegen gehört Manderscheid zu den ältesten und bekanntesten Fremdenverkehrsorten der Eifel. Als „Perle der Eifel“ immer wieder gerühmt hat der Ort, der heute als heilklimatischer und Kneippkurort auch Heilungssuchende anzieht, in seiner unmittelbaren Umgebung eigentlich alles, was einen Ort in der Südeifel zum herausragenden Fremdenverkehrsort machen kann. Landschaftlich ist es die Lage Manderscheids, in dessen unmittelbarer Nähe zahlreiche vulkanische Bildungen, Vulkane, Krater und Vulkanseen zu bewundern sind. Dazu kommt das einzigartige Bild der beiden Manderscheider Burgen im Liesertal unterhalb des Ortes, die ein in ganz Deutschland einmaliges Bild bieten. Das besonders günstige Klima hat Manderscheids Ruf als Kurort längst etabliert, die sensationellen Funde im Eckfelder Maar den Ruf des Ortes weltweit erneut gefestigt.

Funde beweisen, daß das Manderscheider Gebiet bereits vor mehr als 4000 Jahren besiedelt gewesen sein muß. Die Römer haben ihre Spuren hinterlassen, dann begann die eigentliche Geschichte Manderscheids mit der ersten Erwähnung der Oberburg 973. Seit Mitte des 12. Jahrhunderts gehörte der Ort zum Erzbistum Trier. Als Hauptort eines kurtrierischen Amtes hatte Manderscheid eine Stadtbefestigung mit Mauern, Graben und drei Toren. Getrennt von der Geschichte des Städtchens auf dem Berg verlief die Geschichte der Manderscheider Burgen unten im Liesertal. Die Oberburg war immer im Besitz der Erzbischöfe von Trier. Die Niederburg jedoch, die erstmals 1133 erwähnt wird, war Besitz der Herren von Manderscheid, die sich mehr und mehr den Luxemburgern zuwandten, den großen Konkurrenten der Trierer Erzbischöfe. 1460 wurden die Herren von Manderscheid vom Kaiser in den Grafenstand erhoben. Damit begann der Aufschwung eines der jahrhundertelang mächtigsten Adelsgeschlechter der Südeifel. Die Franzosen haben beide Burgen auf Abbruch versteigert. Die Ruine der Oberburg ist heute im Besitz der Gemeinde Manderscheid, die Niederburg gehört dem Eifelverein.

Lange Zeit waren die Manderscheider Tuchweber nicht zuletzt dadurch begünstigt, daß der Kurfürst von Trier als Landesherr ihnen Abgabenfreiheit gewährte. Das förderte natürlich Zuzug und Ansiedlung tüchtige Handwerker von auswärts. 1718 wurde der Ort durch eine Brandkatastrophe weitgehend zerstört, als sich ein Großteil der Bevölkerung zu einer Wallfahrt auswärts befand.

Sehenswürdigkeiten:

Die „Perle der Eifel" hat ein schmuckes, attraktives und gepflegtes Ortsbild, doch fehlen architektonische oder kunsthistorische Höhepunkte. Das mag unter anderem eine Folge der genannten Brandkatastrophe von 1718 sein. Dafür kann Manderscheid jedoch mit einer Fülle von Sehenswürdigkeiten in seiner unmittelbaren Umgebung wie auch im weiteren Bereich aufwarten, der heute allgemein unter dem Namen „Manderscheider Vulkaneifel" zusammengefaßt wird und sich mit der Verbandsgemeinde Manderscheid deckt.

Manderscheider Burgen. Den schönsten Blick auf die Burgen im Liesertal hat man vom Kaisertempelchen am Ortsrand von Manderscheid. Der Weg dorthin ist ausgeschildert. Von hier aus kommt man über einen Felssteig ins Tal hinab zur Oberburg, der älteren und kleineren der beiden Ruinen. Besonders eindrucksvoll ist hier der Koloß des romanischen Bergfrieds. Der fünf Geschosse hohe Turm ist seit dem Umbau der Burg 1166 bis heute fast unverändert geblieben. Bemerkenswert ist ein 80 Meter tiefer Brunnen, der bis auf die Talsohle zur Lieser reicht.

Ist die Burg Eltz das Idealbild der wohlerhaltenen deutschen Burg schlechthin, so könnte man sagen, die Ruine von Niedermanderscheid sei das Idealbild der einerseits gewaltigen, eindrucksvollen, andererseits aber ebenso romantischen Burgruine. Steht man unten im Tal auf der Straße, so wirkt die gewaltige Ruine wie ein riesiger Sperriegel, den ein Gigant vor das Liesertal gebaut hat. Überragt wird die insgesamt gut erhaltene Ruine von einem 18 Meter hohen Bergfried, von dem aus die Felsen fast senkrecht ins Liesertal abstürzen. Man sollte sich für die Besichtigung der beiden Burgen, vor allem der weitläufigen Niederburg genügend Zeit lassen. Wenn das Tor zur Niederburg geschlossen ist, muß man sich wegen des Eintritts an die gegenüberliegende Weberei des kleinen Ortes Niedermanderscheid wenden.

Ausflugsziele:

Mosenberg. Von Manderscheid kann man nach Westen über das Tal der Kleinen Kyll hinweg die markante Gestalt des Mosenbergs sehen. Er gilt als der Lehrvulkan Deutschlands schlechthin. Als letzter der Eifelvulkane ist er noch vor weit weniger als 10 000 Jahren tätig gewesen. In einem seiner Krater befindet sich der einzige Bergkratersee Deutschlands, der Windsborn oder Wanzenboden, eine kleine Wasserfläche, die leider stark von Verlandung betroffen ist. Ringsum stehen noch die ausgebrannten Kraterwände.
Unterhalb des Mosenberges liegt nahe der Straße das als Vulkansee nicht mehr erkennbare Hinkelsmaar, eine heute leider völlig verlandete Wasserfläche, die nur noch als Sumpfwiese erscheint.
Meerfelder Maar. Fährt man vom Mosenberg zum bereits sichtbaren Dorf Bettenfeld und dort rechts ab, senkt sich die Straße alsbald in den typischen und als solchen auch vom Laien erkennbaren Krater von Meerfeld hinab. Auf dem Grunde des gewaltigen Kraters liegen das Meerfelder Maar, der größte Vulkansee in der westlichen Vulkaneifel und das Dorf Meerfeld. Man hat festgestellt, daß das Meerfelder Maar etwa 11 500 Jahre alt ist. Ursprünglich hat es den ganzen riesigen Kessel ausgefüllt, doch wurde der Abfluß des Meerbaches so vergrößert, daß man den Wasserspiegel senken und Platz für das Dorf und landwirtschaftlich nutzbares Gelände gewinnen konnte.
Eckfelder Maar, siehe Kapitel „Das Urpferd im Sediment".
Eifeler Glockengießerei. Im kleinen Dorf Brockscheid, an der Höhenstraße von Manderscheid nach Daun kann man in der Eifeler Glokkengießerei beobachten, wie eine Glocke entsteht. Hat man Glück (man kann einen solchen Termin telefonisch erfragen), erlebt man den

Burgen in Manderscheid

Höhepunkt, das eigentliche Glockengießen. Dabei geht es heute noch genauso zu, wie es bereits Schiller in seinem berühmten Lied von der Glocke beschrieben hat. Vier bis fünf Mal im Jahr wird hier eine große Kirchenglocke gegossen.
Die Glockengießerei kann man montags bis samstags um 10, 11, 12, 14, 15 und 16 Uhr besichtigen. Gruppen sollten sich vorher anmelden. Nähere Auskünfte: Eifeler Glockengießerei, Hans August Mark, 54552 Brockscheid, Telefon 06573/255.
Horngraben. Der auch Wolfsschlucht genannte Horngraben ist ein romantisch enges Tal, das vom Mosenberg zur Kleinen Kyll hinabführt. Durch den Horngraben ergoß sich einst ein Lavastrom aus dem Mosenbergvulkan. Die erstarrte Lava bildete dabei jene schönen sechskantigen Säulen, die heute die besondere Attraktion im Horngraben sind.
Eisenschmitt. Im Salmtal, 13 Kilometer südwestlich von Manderscheid entfernt, liegt das Dorf Eisenschmitt. Jahrhundertelang war es ein Zentrum der Eisenhüttenproduktion. Die darauf bezogene Geschichte von Eisenschmitt ist recht eindrucksvoll auf dem in drei Bildebenen gestalteten Brunnen von Eisenschmitt zu sehen.
Meisburg. Wenige Kilometer oberhalb von Eisenschmitt findet man in Meisburg die letzte noch von Wasserkraft betriebene Holzsägemühle des Rheinlandes, die man besichtigen kann.

Museum:

Heimatmuseum Manderscheid. Es werden Eifeler Bauernküchen, landwirtschaftliche Geräte, Urkunden, archäologische Funde, Münzen und dergleichen gezeigt, die für die Geschichte und Entwicklung von Manderscheid und seiner Umgebung typisch sind.
Geöffnet Mai bis Oktober täglich außer montags und freitags von 15 bis 17 Uhr. Von November bis April sonntags und mittwochs von 15 bis 17 Uhr. Telefonnummer 06572/8949 und 4980.

Aktivitäten:

Wandern auf dem Lieserpfad aufwärts nach Daun oder abwärts nach Wittlich. Wandern auf der Georoute Vulkaneifel um Manderscheid. Nach endgültiger Fertigstellung wird die 1993 eröffnete Georoute Manderscheid eine Länge von insgesamt 143 Kilometern haben. In mehreren Teilabschnitten und Verbindungswegen werden Erdneuzeit, Erdmittelalter und Erdaltertum anhand von Schautafeln an besonders mar-

kanten Stellen vorgestellt. Es werden auch kostenlose geführte Wanderungen über den Geopfad angeboten.
Drachenfliegen kann man lernen in der Drachenflugschule Meerfeld.

Veranstaltungen:

Kurkonzerte, großes Burgenfest Ende August.

Informationen: Kurverwaltung, 54531 Manderscheid, Telefon 06572/8949 oder 8939.

Maria Laach – Der Teufel schreibt die Sünden auf

Knapp zwei Stunden dauert die Wanderung auf dem Uferrandweg um den Laacher See. Aber nur an einer Stelle gibt der Wald den Blick ungehindert frei über den größten Vulkansee der Eifel und auf St. Benedikts schönstes Heiligtum in Deutschland, die Benediktinerabtei Maria Laach.

Der Anfang all dessen, was der Wanderer bei solcher Tour auf dem Uferweg oder über die bewaldeten Vulkanhöhen erblickt, war durchaus nicht idyllisch. Im Gegenteil: die Geschichte des Laacher Sees begann mit einer Katastrophe, einer der größten vulkanischen Katastrophen, die es in der Südeifel überhaupt gegeben hat. Vor etwa 11 000 Jahren, zu einer Zeit, da hier am Rande des klimatisch angenehmen Rheintales bereits Menschen gelebt haben, hat sie sich abgespielt. Aus der Art der vulkanischen Ablagerungen, die das Neuwieder Becken zwischen Koblenz und Andernach meterhoch bedecken, konnten die Wissenschaftler Rückschlüsse auf den Verlauf der Katastrophe von damals ziehen. Was durch die vulkanischen Kräfte herausgeschleudert wurde, war nämlich anders als bei den anderen Eifelvulkanen dieser Zeit, nicht mehr überwiegend oder sogar nur Gas. Es waren Bimsstoffe, die mit ungeheurer Wucht aus mehreren Schloten herauskamen. Das leichte, poröse Bimsgestein wurde zum Teil zu Staub zerrieben und noch hunderte Kilometer durch die Luft transportiert. Man hat Staubablagerungen, die von diesem Ausbruch der Laacher Vulkane stammen, auf der Insel Rügen im Norden ebenso wie bei Grenoble im Süden gefunden. Was damals Verderben und Vernichtung über die Südosteifel und das Rheintal brachte, wurde Jahrtausende später zum Segen. Die meterstarken Bimsablagerungen wurden die Grundlage für die blühende Baustoffindustrie des Neuwieder Beckens. So manches Haus landauf und landab in Deutschland ist mit jenen Stoffen gebaut worden, die damals die Landschaft weithin veränderten.

Durch den Hohlraum, der sich durch diese gewaltige Eruption bildete, brach der Boden des Laacher Beckens ein und füllte sich mit Wasser. Der Laacher See entstand. Irgendwann um die Jahrtausendwende bauten sich die Pfalzgrafen von Lothringen am Ufer dieses Sees eine Burg. Ein wirrer Haufen schwärzlichen Lavagesteins von Moos und Flechten grünlich überwachsen im dichten Wald erinnert an dem heute im Volksmund noch immer „Laacher Burg" genannten Vulkanfelsen an diese einstige Pfalzgrafenburg. Sie ist vergangen, zerfallen, erloschen, wie das Geschlecht derer, die sie gebaut hat.

Doch das, was einer von ihnen, der Pfalzgraf Heinrich II. anno 1093 nur zwei Kilometer von seiner Burg entfernt gründete, ist heute mehr noch als der große See, Attraktion, Magnet für Unzählige, die nach Maria Laach zur fast tausendjährigen Abtei St. Maria ad Lacum (= am See) kommen. Mochte die Eifel bis in unser Jahrhundert hinein den Ruf eines Rheinischen Sibiriens haben, in das nicht einmal ein fremder Spatz flog, ohne seine eigenen Körner als Verpflegung mitzunehmen, so galt dieses Verdikt nie für das Gebiet des Laacher Sees und seine Abtei. Die günstige Lage zum Rheintal hin, das milde Klima spielten sicher eine Rolle dabei, daß schon im vorigen Jahrhundert die Besucher zahlreich hierher kamen. Einer der prominentesten war sicherlich der Geheimrat Goethe, der 1815 zusammen mit dem Freiherrn von Stein Maria Laach besuchte. Vor allem war es wohl die Harmonie von Natur und Menschenwerk, die den Ruf Maria Laachs und des Sees als erstrangiges Ziel schon damals ausmachten. Dabei ist der See, wie er sich heute bietet, auch das Werk von Menschenhand. Das Wasser, so wie die Natur es das vulkanische Becken hat füllen lassen, reichte einst bis fast an die Mauern des Klosters, brachte bei Sturm und Hochwasser, das bis heute aus unbekannten Quellen gespeist wird, die Mönche immer wieder in Bedrängnis. So ließ schon Abt Fulbert im 12. Jahrhundert einen 750 Meter langen Stollen graben und einen Teil des Sees ableiten. Mitte des vorigen Jahrhunderts wurde der See abermals abgesenkt und der Wasserspiegel auf sein heutiges Niveau gebracht. Damals gab es allerdings keine Mönche in Maria Laach. Napoleon hatte die Abtei aufgelöst, sie war nacheinander in französischen und preußischen Staatsbesitz gekommen, wurde Privateigentum einer Familie Delius. Von 1862 bis 1873 lebten Jesuiten in Maria Laach, doch unter dem Einfluß des damals herrschenden Kulturkampfes mußten sie die Abtei wieder verlassen. Erst 90 Jahre nach der Auflösung des einst vom Pfalzgrafen gestifteten Klosters, am 25. November 1892, zogen wieder Benediktiner in Maria Laach ein.

Maria Laach: Löwenbrunnen im Paradies

Pfalzgraf Heinrich II. war ein Gefolgsmann des Salierkaisers Heinrichs IV. Als solcher erlebte er mit, wie der Dom zu Speyer eingewölbt, wie mit dem Bau des Mainzer Doms begonnen wurde. Verständlich also, daß die Abteikirche, die als eine der schönsten romanischen Kirchen Deutschlands gerühmt wird, Elemente der Dome von Speyer und Mainz enthält.

Zum schönsten der Abteikirche gehört das romanische Bogenportal, an dem ein kleiner, steinerner Teufel kauert, der fein säuberlich die Sünden der Eintretenden aufschreibt. Dann betritt man die kreuzgangartige Vorhalle und steht dem berühmten Laacher Paradies gegenüber. Es ist ein kleiner, lichtdurchfluteter, nach oben offener Garten, in dem die vier aus Löwenmäulern kommenden Wasserstrahlen an die Wasser des Paradieses erinnern sollen, die in vier Himmelsrichtungen fließen. Was einst das Innere der Abteikirche schmückte, ist verschwunden. Das Hochgrab des Stifters mit einem Modell der Kirche gleich neben dem Eingang blieb als einziges erhalten, ebenso der in einer Kirche fast einzigartige steinerne Hochbaldachin, der seit dem Ende des 13. Jahrhunderts den Altar überwölbt.

Neben dem Erlebnis der Kirche – die übrigen Teile der Abtei wie die mehr als 140 000 Titel umfassende Bibliothek sind nur in Ausnahmefällen erreichbar – steht das Erlebnis der Landschaft, vor allem die Wanderung um den See, der weitgehend Naturschutzgebiet ist. Allerdings geht der Schutz nicht so weit, daß er den häßlichen, die Atmosphäre des Sees zerstörenden Campingplatz verhindern könnte. Die Zugeständnisse an den Touristenstrom, der nach Maria Laach und an den See kommt, scheinen unumgänglich. Bootsverleihe, Surfschule und Selbstbedienungsrestaurant passen nicht zu einem Naturschutzgebiet, in dem sonst jeder Schritt vom Weg ab verboten ist. Ob die vielen, zum Teil seltenen Wasservögel, die in den mitunter an exotische Mangrovenwälder erinnernden Uferpartien leben, durch die Vielzahl von Booten und Surfern im Sommer wirklich nicht gestört werden, gehört zu den Geheimnissen des Sees.

Gottesdienste in der Abteikirche Maria Laach:

Sonntags und feiertags 5.30 Uhr Morgenhore, 7.15 Uhr Heilige Messe, 9 Uhr Konventamt, 11 Uhr Heilige Messe mit Predigt, 14.30 Uhr Tageshore, 17.30 Uhr Vesper, 19.45 Uhr Komplet.
Montag bis Samstag 5.30 Uhr Morgenhore, 7.30 Uhr Konventamt, 11.45 Uhr Tageshore, 17.30 Uhr Vesper, 19.45 Uhr Komplet.
Samstag zusätzlich um 18.15 Uhr Vorabendmesse mit Predigt.
Beichtgelegenheit besteht von 7 bis 11.30 Uhr und von 14.45 Uhr bis 18.30 Uhr, ausgenommen während der Gottesdienste.

Informationen:
Im Infocenter gibt es umfassende Informationen über die Geschichte des Klosters und des klösterlichen Lebens in Form einer Film- und Dia-Schau. Auskünfte hierüber unter Telefon 02652/59350.
Im übrigen erhält man allgemeine Auskünfte über Maria Laach bei der Klosterverwaltung unter der Telefonnummer 02652/590.
Für Wanderer und Geologieinteressierte gibt es spezielle Wandervorschläge sowie weitere Auskünfte beim Fremdenverkehrsverband Brohltal, Telefon 02636/97400.

Mayen – Die Stadt der Heiligen Genoveva

Es ist noch nicht allzu lange her, da wies man es in Mayen als geradezu beleidigend zurück, etwas mit der Eifel zu tun zu haben. Die Eifel, sagte man in Mayen, sei da weit hinten, da, wo am Horizont die Nürburg und die Hohe Acht sichtbar würden. Nein, mit der Eifel habe man Gott sei Dank nichts zu tun.

Heute ist die Stadt an der Nette zu Füßen des markanten Vulkans Hochsimmer stolz darauf, sich wenigstens als Tor zur Eifel bezeichnen zu können. Und als Mittelpunkt der Osteifel fühlt man sich nicht nur bei den Fremdenverkehrsleuten, für die das Mayener Land gleichbedeutend mit Osteifel ist. Die Stadt ist tatsächlich wirtschaftlicher, kultureller und zum großen Teil auch verwaltungsmäßiger Mittelpunkt der südöstlichen Eifel, des Maifeldes, das man früher Mayengau nannte, und der sogenannten Pellenz.

Funde, die man unter vulkanischen Ablagerungen gemacht hat, beweisen, daß im Raum der Stadt Mayen bereits Menschen gelebt haben, als die Vulkane um Mayen und das Gebiet des Laacher Sees noch tätig waren und die Siedlungen verschütteten und zerstörten. Wahrscheinlich haben schon vor Jahrtausenden die Menschen erkannt, welch wichtiger Rohstoff der harte Basalt war, und haben keine Mühe und Gefahr gescheut, diesen Rohstoff zu bergen und zu bearbeiten. Bis heute ist Mayen das eigentliche Zentrum der Gewinnung und Verarbeitung der vulkanischen Steine der Eifel. Basalt und Tuff, Lava und Trass wurden und werden in Mayen gewonnen und verarbeitet. Das war schon immer so, nicht nur in vorgeschichtlicher Zeit. Die Römer haben den Tuff des Mayener Vulkangebietes gewonnen und für ihre Befestigungsanlagen gebraucht. Im Mittelalter wurden aus Mayener Lava Mühlsteine gewonnen und bis nach Schottland und Rußland geschafft.

Noch immer gehören die ausgebeuteten Basaltfelder zu den eindrucksvollsten Sehenswürdigkeiten der Stadt und ihrer Umgebung.

Der Name Mayen, der keltischen Ursprungs ist und so viel wie Feld oder Ebene bedeutet, wird urkundlich zum ersten Mal 847 als Megina genannt. Seit etwa 1000 gehörte Mayen zum Erzbistum Trier. An dieser Abhängigkeit hat sich bis 1794 nichts geändert. 1280 begannen die Trierer Erzbischöfe mit dem Bau einer Burg auf der mächtigen devonischen Felskuppe in der Mitte der heutigen Stadt. Sie sollte die Trierer Interessen gegenüber den Kölner Erzbischöfen sichern, deren Gebiet nicht weit entfernt lag. 1291 wurden die Stadtrechte verliehen, 1689 wurde die Stadt weitgehend durch die Franzosen zerstört, das gleiche Schicksal erlitt sie im Winter 1944/45 bei Bombenangriffen. Zu 86% war Mayen damals zerstört. Die Wunden sind geheilt, die Stadt bietet sich heute dem Besucher wieder als attraktiver Mittelpunkt einer ebenso attraktiven Umgebung an.

Sehenswürdigkeiten:

Die Genovevaburg. Mitten in der Stadt erhebt sich die seit 1280 entstandene, mehrfach zerstörte und wieder aufgebaute Burg der Trierer Erzbischöfe als eines der Wahrzeichen von Mayen. Seit alters her wird sie als Genovevaburg in Zusammenhang mit der Genovevalegende gebracht. Die ältesten Nachrichten von dieser Legende gehen bis ins 15. Jahrhundert zurück. Danach soll Genoveva, die Gattin des Pfalzgrafen Siegfried, mit diesem auf der Burg in Mayen gelebt haben. Als der Pfalzgraf zu einem Kriegszug abwesend war, versuchte sein Hofmeister Golo Genoveva für sich zu gewinnen. Das gelang ihm nicht. So verleumdete er sie nach der Rückkehr des Pfalzgrafen und beschuldigte sie, mit dem Koch die Ehe gebrochen und ein Kind von ihm zu haben. Das Kind war jedoch der Sohn des Pfalzgrafen. Siegfried, über die angebliche Treulosigkeit seiner Gemahlin außer sich, befahl Golo, Frau und Kind in den Wald zu bringen und beide zu töten. Dem Mitleid eines Dieners verdankten Genoveva und ihr Sohn jedoch die Möglichkeit zu entkommen und in einer Höhle Zuflucht zu finden. Jahre später fand Siegfried die Frau mit dem Knaben und erkannte sie. Da erst erfuhr er die Wahrheit. Golo wurde zum Tode verurteilt und von vier Ochsen zerrissen.
In der Burg befindet sich heute das Eifeler Landschaftsmuseum nebst der umfangreichen Bibliothek des Eifelvereins.
Altes Rathaus. Das alte Rathaus von Mayen gehört zu den schönsten Rathäusern der Eifel. 1717 wurde es aus Basaltsteinen erbaut und steht

Die Löwenburg in Monreal

heute am Rande des neugestalteten und autofreien Marktplatzes der Genovevaburg gegenüber.

Stadtbefestigung. Im 13. Jahrhundert wurde Mayen durch eine aus Basaltsteinen erbaute Mauer mit Türmen und Toren gesichert. Auf weite Strecken ist diese Stadtmauer mit ihren Befestigungsanlagen noch erhalten oder nach der Kriegszerstörung wieder aufgebaut worden. Die eindrucksvollen Stadttore sind das aus dem 15. Jahrhundert stammende Obertor am Habsburgerring und das prächtige Brückentor aus dem 14. Jahrhundert. Es wurde 1599 durch Hochwasser zerstört und mit einem sechseckigen Treppengiebel wieder aufgebaut. Mühlenturm und Vogelsturm, zwei weitere Stadttore, überstanden den Zweiten Weltkrieg ohne Schaden.

Pfarrkirche St. Klemens. Mit ihrem gedrehten Turm ist die Kirche neben der Genovevaburg das Wahrzeichen von Mayen. Der Überlieferung nach soll hier bereits um 600 eine erste kleine Kirche gestanden haben, die um 800 und um 1000 umgebaut wurde. 1150 entstand eine dreischiffige romanische Pfeilerbasilika. Die Klemenskirche wird erstmals 1296 erwähnt. Ende des 14. Jahrhunderts baute man sie zur gotischen Hallenkirche, einer der ersten des Rheinlandes, um. Damals gehörte die Kirche zum Augustinerstift. Der schiefe, gedrehte Turm ist die Folge eines Konstruktionsfehlers. Er wurde aber so sehr zum Wahrzeichen von Mayen, daß man ihn beim Wiederaufbau 1953 wiederum schief und gedreht erstehen ließ.

Mayener Grubenfeld. An der nach Ettringen führenden Straße dehnt sich das Gebiet des einstigen Basalttagebaus als riesiger, eindrucksvoller Steinbruch aus, an dessen Rande über einigen der typischen sechskantigen Basaltsäulen noch Kräne an die Mühe erinnern, die es bereitete, die gewaltigen, tonnenschweren Steinblöcke aus der Tiefe heraufzuholen.

Lapidea. In einem Teil des alten Grubenfeldes treffen sich alljährlich Bildhauer aus verschiedenen Nationen und schaffen hier großformatige Gebilde aus Stein. Diese monumentalen Skulpturen aus Basaltlavagestein sind imposante Zeugnisse dafür, daß der Mayener Basalt auch heute noch ein wichtiger Rohstoff ist.

Geisbüschhof. Vier Kilometer vom Zentrum Mayens entfernt an der nach Monreal führenden Straße liegt als ältestes heute noch erhaltene Haus Mayens, der Geisbüschhof, der 1322 bereits urkundlich als Castrum erwähnt wird. Aus dieser Zeit stammt das jetzt verfallene, außerhalb der heutigen Hofanlage stehende, steinerne Haus. Der heutige Geisbüschhof stammt in seinen ältesten Teilen wohl aus dem Jahre 1500.

Schloß Bürresheim

Ausflugsziele:

Monreal. Die Herzen von Fachwerkfreunden schlagen höher, wenn der Name Monreal fällt. Kein Wunder, das kleine, zur Verbandsgemeinde Mayen-Land gehörende Städtchen an der Elz, ist einer der zauberhaftesten Orte der ganzen Südeifel. Mit seinen wunderschönen alten Fachwerkhäusern, den den Ort überragenden beiden Burgruinen und der steinernen, von einer Nepomukfigur und Löwenskulpturen gezierten Johannisbrücke über die Elz, könnte das Städtchen Kulisse für jeden schnulzigen Heimatfilm sein.
1299 wird erstmals die Löwenburg erwähnt. Sie dürfte am Beginn der Geschichte Monreals gestanden haben. Bis 1545 gehörte Monreal den Herren von Virneburg, dann fiel es an Trier. 1642 erhielt der kleine Ort Marktrechte und entwickelte sich zu einem wichtigen Tuchmacherort. Das brachte den Wohlstand, den man heute noch an den Fachwerkhäusern ablesen kann. Sie haben in der gesamten Eifel ein Gegenstück allenfalls in Monschau.

Die unmittelbar an der Elz gelegene Pfarrkirche aus dem 15. Jahrhundert hat mit der Heiligkreuzkapelle ein Juwel gotischer Baukunst.
Nähere Informationen gibt die Verbandsgemeindeverwaltung Mayen-Land, 56727 Mayen, Telefon 02651/50090.
Schloß Bürresheim. An der zur Hohen Acht hinaufführenden Straße liegt im Nettetal Schloß Bürresheim als schönstes und besterhaltenes Schloß der Südeifel. Das Schloß, ursprünglich eine Burg, oder besser gesagt zwei Burgen, die dicht nebeneinander standen, gehört zu den wenigen Anlagen dieser Art des Rheinlandes, die nie gewaltsam zerstört wurden. Dies hat natürlich dazu geführt, daß sich die in vielen Generationen zusammengetragene Inneneinrichtung bis heute erhalten hat und damit Schloß Bürresheim zu einem einzigartigen Denkmal rheinischer Bau- und Kulturgeschichte macht.
Auf einem Felsen über dem Zusammenfluß von Nette und Nitz entstanden die erstmals 1157 erwähnten Burgen. Man muß es als Treppenwitz der Geschichte bezeichnen, daß eine Zeit lang gerade die beiden Mächte je eine der beiden unmittelbar nebeneinander liegenden Burgen besaßen, die jahrhundertelang in der Südeifel um die Vorherrschaft gekämpft und sich bekriegt haben, die Erzbischöfe von Köln und von Trier. Später kamen die Burgen in den Besitz der Familie Breitbach, die durch Umbauten aus den beiden Burgkernen das heutige Schloß entstehen ließen. 1793 wurde der aus Bürresheim stammende Emmerich Joseph von Breitbach Kurfürst und Erzbischof von Mainz und damit Kanzler des Reiches, somit war ein Eifeler der mächtigste Mann nach dem Kaiser. Seit 1938 ist die Burg in Staatsbesitz, zunächst des Provinzialverbandes der Preußischen Rheinprovinz, seit 1946 des Landes Rheinland-Pfalz als dessen Nachfolger.
Die Burg ist geöffnet täglich außer montags von 9 bis 17 Uhr. Im Dezember ist sie geschlossen. Nähere Informationen unter Telefonnummer 02651/76440.
Virneburg. 15 Kilometer westlich von Mayen an der Bundesstraße 258 erreicht man den kleinen Ort Virneburg. Die Ruine der gleichnamigen Burg überragt den Ort an der Nitz. Zwar ist die Ruine immer noch eindrucksvoll, doch läßt sie kaum etwas ahnen von der Macht, die einst von den Virneburger Grafen ausging. Sie gehörten zeitweise zu den bedeutendsten Territorialherren der Südeifel. Mitte des 16. Jahrhunderts starb das Geschlecht aus. Die Burg, die bereits 1663 als baufällig erwähnt wurde, fiel den Zerstörungen durch französische Truppen zum Opfer.
Bassenheim. Fährt man von Mayen aus auf der Bundesstraße 258 in Richtung Koblenz, kommt man nach 18 Kilometern nach Bassenheim

mit einem im Jahre 1614 ausgebauten Schloß. Von höchster kunsthistorischer Bedeutung ist jedoch in der katholischen Pfarrkirche der sogenannte Bassenheimer Reiter. Er gilt als eine der bedeutendsten Schöpfungen der deutschen Plastik des Mittelalters. Um 1250 dürfte das Werk entstanden sein, das Ähnlichkeiten mit dem berühmten Bamberger Reiter hat und als ein Werk des sogenannten Naumburger Meisters angesehen wird. Dargestellt ist hier der Heilige Martin. Möglicherweise wurde der Bassenheimer Reiter ursprünglich für den Dom zu Mainz geschaffen.

Museen:

Eifeler Landschaftsmuseum. In der Genovevaburg im Zentrum von Mayen befindet sich das vom Eifelverein ins Leben gerufene Eifeler Landschaftsmuseum, das einen umfassenden Überblick über die erdgeschichtliche Entwicklung vor allem der Osteifel gibt, die Entwicklung der Basaltindustrie im Mayener Raum. In den kulturgeschichtlichen Abteilungen wird von der Urgeschichte über Römer- und Frankenzeit bis ins Mittelalter ein detailliertes Bild der Eifel gezeigt. Zehn Eifeler Wohn- und Handwerkstuben aus dem 18. und 19. Jahrhundert, eine volkskundliche Abteilung und eine Darstellung Kunst des Eifelraumes runden die Ausstellung ab.
Geöffnet ist das Museum dienstags bis freitags von 10 bis 12.30 Uhr und von 14 bis 17 Uhr. Samstags, sonntags und feiertags von 11 bis 17 Uhr. Telefon 02651/88262 und 88289.

Veranstaltungen:

Burgfestspiele Mayen in der Genovevaburg Anfang Juni bis Mitte August.

Informationen:
Städtisches Verkehrsamt, Altes Rathaus, 56727 Mayen,
Telefon 02651/88260-1 und
Verbandsgemeindeverwaltung Mayen-Land, 56727 Mayen,
Telefon 02651/80090.

Mendig – Das Wunder von St. Cyriakus

Ein Blick zurück könnte glauben machen, die Mendiger müßten früher schreckliche Alkoholiker gewesen sein. Immerhin gab es in der Gemeinde, die heute knapp 8000 Einwohner hat, um 1900 bei wesentlich weniger Einwohnern einmal 28 Brauereien. Nicht weil die Mendiger so großen Durst gehabt hätten, sondern weil man in Mendig vor Erfindung der technischen Kühlgeräte – Basaltkeller hatte, die besten Kühlhäuser der Natur. Sie haben Mendig berühmt gemacht und riefen die Brauereien geradezu hierher in die Pellenz, wie seit alters her das Gebiet im Südosten der Eifel genannt wird. Übrigens gibt es heute nur noch eine einzige Brauerei in Mendig.

Seit sich 1969 die Städte Niedermendig und Obermendig zusammengeschlossen haben, gibt es die Stadtgemeinde Mendig, den Mittelpunkt einer Landschaft, in der bereits die Römer Basalt abgebaut haben, in der im Mittelalter schon Mühlsteine gewonnen wurden, die man in viele Länder Europas exportierte. Im Gegensatz zu anderen Gebieten der Südeifel wurde in Mendig der Basalt nicht über Tage, sondern unterirdisch abgebaut, so daß die weltweit einmaligen Basalthöhlen, die Basaltkeller, entstanden. Übrigens war Mendig nicht nur eine Stadt der Bierbrauer, auch alkoholfrei hatte und hat man etwas zu bieten. Im Stadtgebiet gehört die Reginarisquelle zu den bekanntesten Mineralbrunnen der Eifel, deren Wasser in Flaschen abgefüllt weithin verschickt wird.

Die Fremdenverkehrswerbung von Mendig will zwar glauben machen, der Ort läge am Laacher See, tatsächlich ist der größte Vulkansee der Eifel jedoch vier Kilometer vom Ortszentrum entfernt. Dafür hat man aber in der Stadt selber einige einzigartige Sehenswürdigkeiten und in der Nähe mehrere recht lohnende Ausflugsziele.

Sehenswürdigkeiten:

Pfarrkirche St. Cyriakus. Die im Stadtteil Niedermendig gelegene Kirche des Heiligen Cyriakus war ursprünglich nur eine kleine romanische Pfeilerbasilika, die im 12. Jahrhundert gebaut wurde. Jahrhundertelang ahnte niemand etwas von dem in ihr verborgenen Schatz. Erst als man 1887 daran ging, an die zu klein gewordene Kirche einen neuen, größeren Kirchenraum anzubauen, kam das „Wunder von St. Cyriakus" zum Vorschein. Hunderte von Jahren durch Farbe verdeckt zeigte sich bei der Neugestaltung des alten Kirchenraumes eine so um-

fangreiche und kostbare Freskenausmalung, daß die Fachleute dafür bis heute nur ein Urteil haben: einmalig in der ganzen Eifel. Entstanden sind diese Malereien um 1300 und zum Teil noch früher.
Fränkisches Tor. Im Stadtteil Obermendig blieb das aus dem 16. Jahrhundert stammende Fränkische Tor als Rest der mittelalterlichen Stadtbefestigung erhalten.
Pfarrkirche St. Genoveva. In der aus dem 13. und 14. Jahrhundert stammenden Kirche, die der in der Südosteifel einst stark verehrten Heiligen Genoveva (siehe Kapitel Mayen) geweiht ist, befindet sich im nördlichen Querschiff das Genovevakreuz aus Basaltlava aus dem Jahre 1462. In einer Nische dieses Kreuzes werden die Reliquien der Heiligen aufbewahrt.
Basaltkeller. Die aus der Zeit des Basaltabbaues stammenden Basaltkeller gehen bis zu einer Tiefe von 30 Metern hinunter. Unten herrscht eine Temperatur zwischen 1 und 7 Grad ganzjährig. Die heute noch in Mendig arbeitende Vulkanbrauerei rühmt sich hier im vulkanischen Felsgestein, die tiefsten Gär- und Lagerkeller der Welt zu besitzen, . Man kann diese Keller besichtigen. Das wird zu einem Exkurs durch die Geschichte der Basaltindustrie und der Altniedermendiger Brauereien.
Auskunft: Vulkanbrauhaus Christoph Daum, Laacher-See-Str. 2, 56739 Mendig, Telefon 02652/3909.
Kakteeenzucht. Wer sich für die eigenwillige Welt der Kakteen interessiert, kann in Niedermendig einen Spezialbetrieb besichtigen, wo man sich die für die Kakteenzucht günstigen Eigenschaften des vulkanischen Bodens nutzbar macht.
Auskunft: Kriechelkakteen, Heinrich-Heine-Str., 56739 Mendig, Telefon 02652/2261.

Ausflugsziele:

Thür. Das kleine Dorf, zwei Kilometer südlich von Mendig, war einmal Sitz des Pellenzgerichtes. Vielleicht erklärt das die Tatsache, daß das sogenannte Golokreuz, das an die Hinrichtung des bösen Golo aus der Genovevalegende (siehe Kapitel Mayen) erinnert, bereits im 15. Jahrhundert am Straßenrand bei Thür errichtet wurde. Es ist sicherlich eines der ältesten Wegekreuze der Eifel. Sehr sehenswert ist die Frauenkirche, die bereits aus dem 8. Jahrhundert stammen soll. Hier ist ein sehr altes Grabmal zu sehen, das als Grab von Genoveva und ihrem Ehemanne Siegfried bezeichnet wird. Von 1667 stammt der aus Sandstein gearbeitete Altar, auf dem die Genovevalegende figürlich dargestellt ist.

Burg Wernerseck. In Sichtweite der Autobahn A 61 Köln–Koblenz liegt bei Plaidt am Unterlauf der Nette eine der jüngsten Burgen der Eifel, die 1404 begonnene Burg Wernerseck. Die Trierer Erzbischöfe benutzten sie als Grenzfeste gegen ihre Kölner Kollegen und Konkurrenten. Wernerseck ist heute eine weitläufige Ruine, deren Mauern zum Teil noch in einer Höhe von zehn Metern erhalten sind und von einem mächtigen Bergfried überragt werden. Die Ruine kann besichtigt, der Turm bestiegen werden.
Bell. Als Heimat der Backofenbauer bezeichnet man in der Südosteifel das kleine Bell. Tatsächlich hat die Kunst des Backofenbaues hier eine solche Tradition, daß es in Bell die einzige Zunft der Backofenbauer in Deutschland gibt. Sehenswert sind verschiedene Schaubacköfen im Dorf. Besuchen sollte man auch den nahen 563 Meter hohen Hochstein mit der Genovevahöhle. In ihr soll die legendäre Heilige sich mit ihrem Kind verborgen gehalten haben.

Museen:

Naturkundemuseum St. Winfried. Zwischen Mendig und Maria Laach liegt das private Naturkundemuseum mit seinen umfangreichen Exponaten der Tierwelt aus aller Welt ebenso wie von Steinen und Mineralien aus dem Gebiet des Laacher Sees. Geöffnet von März bis Oktober täglich 9.30 bis 18 Uhr, von November bis Februar 9.30 bis 17 Uhr. Auskunft: Naturkundemuseum St. Winfried, 56653 Maria Laach, Telefon 02652/4785.
Deutsches Vulkanmuseum Mendig. Bei diesem Museum handelt es sich um eine etwas eigenwillige Einrichtung, die zum Teil aus einem öffentlichen, für jedermann zugänglichen Museum besteht, darüber hinaus Führungen in aufgeschlossene Vulkane im Laacher-See-Gebiet anbietet sowie Besichtigungen stillgelegter Stollen in den unterirdischen Basaltbergbaugebieten von Mendig. Das Museum ist nur nach Voranmeldung zu besichtigen. Anschrift: Deutsches Vulkanmuseum, Brauerstr. 10, 56743 Mendig, Telefon 02652/3482 oder 0261/1080.

Aktivitäten:

Wandern, Wassersport auf dem Laacher See und dem Riedener Waldsee.

Informationen: Fremdenverkehrsamt der Verbandsgemeindeverwaltung Mendig, Heidenstockstr. 12,
56743 Mendig, Telefon 02652/58214.

Münstermaifeld – Wo Nikolaus Cusanus predigte

Zwar ist Polch verwaltungsmäßiger Mittelpunkt des Maifeldes, doch das alte Städtchen Münstermaifeld ist mit Sicherheit geeigneter, als touristischer Mittelpunkt dieser eigenartigen Landschaft in der Südostecke der Eifel angesehen zu werden. Gehört doch Münstermaifeld einerseits zu den ältesten und historisch bedeutsamsten Orten hier. Andererseits ist das turmartige, wehrhafte Westwerk der alten Stiftskirche von Münstermaifeld das Wahrzeichen der Landschaft schlechthin, über eine Entfernung von 40 Kilometern selbst aus dem Hunsrück noch auszumachen.

Münstermaifeld ist Mittelpunkt – wenn auch nicht geographischer, so doch historischer und kultureller – einer Landschaft, die bereits zur jüngeren Steinzeit besiedelt gewesen sein muß. Nimmt man doch heute an, daß das Maifeld, ganz grob gesehen das Dreieck zwischen Mosel, Elz und Nette, als eines der wenigen Gebiete der ganzen Eifel schon immer waldlos gewesen sein muß. Es hat seit jeher den besten Ackerboden der Eifel. So nahmen die Römer das Maifeld aus der verwaltungsmäßigen Zweiteilung der Eifel heraus und schlugen es zur Provinz Obergermanien mit dem Zentrum Mainz.

Orts- und Flurnamen deuten darauf hin, daß Kelten in der Umgebung von Münstermaifeld bereits gesiedelt haben. Nach ihnen kamen die Römer, die hier bereits zur Zeit der Feldzüge Caesars ein Kastell besessen haben sollen. Geschichtlich nachgewiesen ist dagegen der Bau eines römischen Waffenlagers in der Zeit des Kaisers Augustus. Dieses Waffenlager soll nach einigen Historikern der Geburtsort des römischen Kaisers Caligula gewesen sein, der allerdings nachgewiesenermaßen seine Jugend in einem römischen Heerlager auf dem Maifeld namens Ambiativum verbracht hat.

Um 633 soll an der Stelle des römischen Heerlagers Ambiativum eine erste Kirche gebaut worden sein, die dem Heiligen Martin geweiht war und Reliquien dieses damals hochverehrten Heiligen besessen haben soll. Um diese Zeit wurde der Ort Mittelpunkt des Mayengaues. Er war so bedeutend, daß Karl der Große angeblich hier bereits Gautage abgehalten hat. Eine Genossenschaft von Geistlichen bewahrte die Reliquien des Heiligen Martin auf, ebenso wie die seit dem 10. Jahrhundert hinzugekommenen Reliquien des Heiligen Severus. Mit dem 10. Jahrhundert begannen große Wallfahrerzüge auf das Maifeld. Die Gaben der Wallfahrer gestatteten dann im 12. Jahrhundert der Kirche, die seit dem 10. Jahrhundert bereits zum Kollegiatsstift erhoben worden war, den Bau des gewaltigen Westwerkes, das heute noch den Besucher beeindruckt. Seit Mitte des 13. Jahrhunderts kamen die imposanten spätromanischen und frühgotischen Teile der Stiftskirche hinzu.

Im Mittelalter wurde das Stift Münstermaifeld so mächtig, daß seine Pröbste immer häufiger die offene Konfrontation mit dem Papst wagten. Der wohl berühmteste Probst, der einmal dem Stift Münstermaifeld vorgestanden und in der eindrucksvollen Kirche gepredigt hat, war jener Mann, der mit bürgerlichem Namen Nikolaus Krebs hieß. Dem Brauch der damaligen Zeit folgend, nannte er sich nach seinem Geburtsort Cues an der Mosel Cusanus. Man hat ihn oft als den letzten Universalgelehrten des Mittelalters bezeichnet. Er wurde später Erzbischof von Trient, Fürstbischof von Brixen und schließlich Kurienkardinal. Von 1435 bis 1445 hat er an der Stiftskirche Münstermaifeld gewirkt.

Sehenswürdigkeiten:

Stiftskirche. Sie ist eine der großen Sehenswürdigkeiten der Südeifel überhaupt. Äußerlich beeindruckt den Besucher vor allem der mächtige Kirchturm des Westwerkes. Zu einer einzigartigen Wehranlage sind hier drei Türme zusammengefaßt und in die Höhe gezogen. Spätestens bei einem Blick in die Höhe bekommt man Gewißheit: Die Zinnen oben verraten deutlich, daß der Turm nicht nur als Kirchturm, sondern auch als Ausguck- und Wachturm gebaut und genutzt wurde, wie oft bei mittelalterlichen Kirchen. Von dort oben hat man ja auch einen einzigartigen Rundblick über die Südeifel und konnte jede feindliche Annäherung schon von weitem beobachten. Im Inneren enthält die Kirche zahlreiche wertvolle Kunstwerke. Das älteste dürfte die sogenannte schöne Madonna aus dem frühen 14. Jahrhundert sein. Aus dem 15. und 16. Jahrhundert stammen die Fresken an den Pfeilern; die Christophorusmalerei jedoch, 8,5 Meter hoch, wurde bereits im 13. Jahrhundert geschaffen.
Großartiger Blickfang in der Kirche ist der Antwerpener „Goldaltar", der von einem unbekannten Meister Anfang des 16. Jahrhunderts in Antwerpen geschaffen und hier in der Stiftskirche auf dem Maifeld aufgestellt wurde. Der reich vergoldete Schnitzaltar, eines der schönsten Werke der Spätgotik dieser Art in der Südeifel, lohnt schon für sich einen Besuch des Städtchens und seiner Kirche.
Kanonikerhäuser in der Stiftsstraße, besonders Hausnummer 34 von 1772 und das Fachwerkhaus am Heiliggeistspital mit einer Madonna aus Tuffstein aus dem Anfang des 15. Jahrhunderts.

Stiftskirche in Münstermaifeld

Pulverturm. Er ist ein Rest der mittelalterlichen Stadtbefestigung an der Westseite der Stadt, 19 Meter hoch. Der Turm kann bestiegen werden, die Aussicht ist lohnend.
Altes Rathaus im Renaissance-Stil, 1575 gebaut.

Ausflugsziele:

Burg Eltz. Von Münstermaifeld fährt man über Wirschem zum (ausgeschilderten) Waldparkplatz oberhalb der Burg. Von dort sind es noch 10 Minuten Fußweg. Als schönste deutsche Burg, als Märchenburg, als steingewordene Burg der Bilderbücher hat man die Burg Eltz immer wieder bezeichnet. Tatsächlich dürfte es keine andere Burg in Deutschland geben, die so sehr den allgemeinen, wenn auch klischeehaften oder idealisierten Vorstellungen einer mittelalterlichen Burg entspräche wie die Burg Eltz. Sie ist vielleicht das berühmteste Bauwerk der Eifel. „Hoch, großartig, fremd, düster" hat der französische Dichter Victor Hugo einmal in sein Tagebuch geschrieben, als er diese „Burg aller Burgen", wie auch schon gesagt wurde, gesehen hatte. Dabei ist Burg Eltz genau genommen keine typische Burg, es fehlen ihr dazu Bergfried und Pallas. Burg Eltz ist genau genommen ein Konglomerat von insgesamt fünf verschiedenen Burgenhäusern, die hier auf engstem Raum entstanden sind. Und weil man auf dem Felsen über dem Elztal keinen Platz hatte, in die Breite zu bauen, entstanden die Häuser immer weiter in die Höhe.

Burg Eltz war eine sogenannte Ganerbenburg, das heißt, die drei Linien, in die sich das Haus Eltz 1268 geteilt hatte, besaßen die Burg gemeinsam in einer Art Erbengemeinschaft, die gleichzeitig eine Wohngemeinschaft war. Jede Linie konnte dabei innerhalb des Burgbereiches ein eigenes Burghaus erbauen, ganz nach Belieben und in eigener Regie, und dieses Haus bewohnen. Für Tore, Brunnen und Wehranlagen, also für all die Einrichtungen, die für die gesamte Burg wichtig waren, waren alle Ganerben gemeinsam verantwortlich.

Das Burgenkonglomerat ist vom 12. Jahrhundert bis etwa 1650 entstanden, so daß man bei einem Rundblick im inneren Burghof praktisch eine Übersicht über die Entwicklung der Burgenbaukunst in fünf Jahrhunderten hat. Dank ihrer Lage war die Burg Eltz praktisch uneinnehmbar. 1331 begann der Trierer Erzbischof Balduin die Belagerung der Burg. Dazu ließ er eigens im gegenüberliegenden Berghang eine Burg bauen, die Burg Trutzeltz. Trotz zweijähriger Belagerung von hier aus konnte er Eltz nicht erobern, er mußte die Eltzer aushungern. Zerstört wurde Eltz nicht. Die Burg Trutzeltz ist indessen nur noch als bescheidene Ruine zu sehen, man kommt an ihr vorbei, wenn man vom Parkplatz oberhalb der Burg den Fußweg hinabgeht nach Eltz.

Auch die Franzosen haben die Burg nicht zerstört, weil ein im Heere Ludwigs XIV. dienender Offizier, Johann Anton von Eltz-Üttingen, die Zerstörung seiner Stammburg verhindern konnte. Was Feinden nicht gelang, erreichte allerdings die Natur: ein Blitzschlag setzte 1920 die Burg in Brand und beschädigte sie erheblich. Mit Ausnahme des Rübenacher Hauses brannten die anderen Burghäuser ganz oder teilweise nieder. In zehnjähriger Arbeit wurde allein mit privaten Mitteln des Besitzers die Burg wieder aufgebaut. Heutiger Besitzer ist inzwischen allein die Hauptlinie derer von und zu Eltz vom goldenen (oder gelben) Löwen.

So weit die Burg nicht von ihren Besitzern privat genutzt wird, kann sie in den Sommermonaten besichtigt werden, allerdings nur im Rahmen von Führungen, die mehrmals täglich stattfinden. Die Burg ist vom 1. April bis 1. November geöffnet, werktags von 9 bis 17 Uhr, und sonntags von 10 bis 17.30 Uhr. Nähere Informationen bekommt man unter

Burg Eltz

tags von 10 bis 17.30 Uhr. Nähere Informationen bekommt man unter der Telefonnummer 02672/1300 oder 2032.

Burg Pyrmont. Von Münstermaifeld über Sevenich erreicht man die Pyrmonter Mühle, von wo aus man über den Wasserfall der Elz den schönsten Blick auf die wiederaufgebaute Burg Pyrmont hat. Dieser Wasserfall ist übrigens der höchste der Südeifel. Im frühen 13. Jahrhundert entstand auf dem Felsen über dem Elzfall eine erste Burg, die später erweitert und 1810 zugunsten der französischen Staatskasse als Steinbruch verkauft wurde. 1963 erwarben zwei Düsseldorfer Architekten die vom Verfall bedrohte Ruine und sicherten sie vor weiterem Verfall. Sie bauten die Burg im Innenbereich wieder auf, wobei nach außen hin der ruinenhafte Charakter der Burganlage erhalten blieb.

Die Burg Pyrmont ist zugänglich und zu besichtigen von April bis Oktober, von mittwochs bis sonntags sowie an Feiertagen von 10 bis 18 Uhr. Nähere Informationen: Telefon 02672/2345.

Schrumpfbachtal. Das von Polch, dem verwaltungsmäßigen Mittelpunkt des Maifeldes zur Mosel hinabführende Schrumpfbachtal gilt als das mühlenreichste Tal der Eifel und ist als solches natürlich besonders reizvoll als Wanderziel.

Aktivitäten:

Radwandern auf der einstigen Bahntrasse zwischen Münstermaifeld und Mayen oder Ochtendung.

Informationen:

Verbandsgemeindeverwaltung Maifeld, Marktplatz 4,
56751 Polch, Telefon 02654/4020.

Fremdenverkehrsverein Maifeld-Elztal, Hauptstr. 22,
56754 Möntenich, Telefon 02672/8684.

Verkehrsverein Münstermaifeld,
56294 Münstermaifeld, Telefon 02605/1396.

Neuerburg – Das blieb vom Eifeler Gibraltar

Die Scharen von Besuchern, die heute alljährlich in das entzückende Städtchen Neuerburg im deutsch-luxemburgischen Naturpark kommen und sich am reizvollen, altertümlich malerischen Stadtbild dieses Luftkurortes ergötzen, ahnen sicherlich kaum etwas davon, daß Neuerburg einmal die größte und stärkste Festung in der Eifel war. Gewiß, die Ruinen, die sich um die Neuerburg hoch über dem Städtchen ausdehnen, sind noch immer imposant, doch nur alte Ansichten vermitteln ein Bild jener für den Artilleriekrieg ausgebauten Festung, die immer wieder als das Gibraltar der Eifel bezeichnet worden ist.

Die ersten Herren von Neuerburg werden Ende des 12. Jahrhunderts erwähnt. 1487 kam Neuerburg an die Grafen von Manderscheid, die den Ort bis zur Französischen Revolution behielten. Zwar war Neuerburg rechtlich immer luxemburgisches Eigentum, doch hielten es die Manderscheider angesichts der Grenzlage ihrer Besitzung für geraten, die Neuerburg so massiv auszubauen, daß sie der modernen Geschütztechnik standhalten konnte. Die Neuerburg war durch Bastionen und gewaltige Mauern so ausgebaut, daß sie lange Zeit für uneinnehmbar galt. Die Franzosen mochten kein Risiko eingehen und sprengten die gewaltigen Anlagen 1692 kurzerhand in die Luft. Der größte Teil der einstigen Festung lag nun als Ruine da und wurde wie üblich in solchen Fällen als Steinbruch genutzt. Lediglich Torbau und Pallas waren so weit erhalten, daß sie zeitweise bewohnt und in diesem Jahrhundert restauriert werden konnten. Seitdem befindet sich eine Jugendherberge in der Neuerburg.

Als luxemburgischer Besitz kam Neuerburg 1797 zu Frankreich, 1815 mit dem östlich der Our gelegenen Teil Luxemburgs an Preußen. Lange Zeit war Neuerburg ein wichtiger Tuchmacherort. Wie das jenseits der Our gelegene Waldgebiet des Großherzogtums Luxemburg heißt auch die Umgebung von Neuerburg heute noch Isleg, was eine andere Form für Ösling ist; damit bezeichnet man bekanntlich den luxemburgischen Anteil an den Ardennen.

Sehenswürdigkeiten:

Schloß Neuerburg. 1930 wurden die heute als Jugendherberge genutzten Teile der einstigen Festung restauriert. Der schönste und interessanteste Raum des Schlosses ist die Burgkapelle. Der Kapellenraum besteht aus drei Jochen von unregelmäßiger Gestalt, die verschieden hoch sind und ein Kreuzgewölbe haben. In den Gewölbeschlußsteinen finden sich die Wappen der verschiedenen Herren von Neuerburg. Von den oberen Stockwerken des alten Pallas hat man eine großartige Aussicht auf die unten liegende Stadt und die umliegenden Bergwälder. Als Jugendherberge ist Schloß Neuerburg nicht beliebig zugänglich, lediglich Gruppen können nach Voranmeldung das Schloß besichtigen.

Das Dorf Dasburg

Beilsturm. Als Rest der ehemaligen Stadtbefestigung, die 16 Türme und Tore hatte, ist auf einem hohen Felsen der Beilsturm erhalten geblieben. Die Stadtbefestigung selber wurde 1818 vollkommen verbraucht, um nach einem verheerenden Stadtbrand die Stadt wieder aufzubauen. Der Bau feuergefährdeter Fachwerkhäuser wurde damals verboten.
Pfarrkirche. 1492 wurde die spätgotische Kirche mit ihrem reichgeschmückten Sterngewölbe gebaut. Sie gilt als größte zweischiffige Hallenkirche der Südeifel, nur wenige Kirchen in Deutschland sind ihr vergleichbar. 1913 wurde die Kirche um ein Joch erweitert. Bereits 1341 hatte hier eine Kirche gestanden, von der noch das Tympanon mit der Kreuzigungsgruppe am Südeingang erhalten ist.

Ausflugsziele:

Burg Falkenstein. Auf einem steilen Bergsporn hoch über dem Grenzfluß Our erheben sich die Ruinen der Burg Falkenstein. Sie war eine von jenen sieben Burgen, die im Mittelalter die Besitzungen der Grafschaft Vianden, damals so groß wie das heutige Großherzogtum Luxemburg, sicherten. Es waren dies neben Falkenstein Vianden, Roth,

Stolzemburg, Dasburg, Ouren und Reuland. Vianden und Stolzemburg gehören heute zu Luxemburg, Ouren und Reuland zu Belgien.
Roth. 1154 wird Roth erstmals erwähnt. 1228 kam Roth in den Besitz des Templerordens, eines der kriegerischen Ritterorden, deren eigentliche Aufgabe die Rückeroberung des Heiligen Landes war. 1311 wurde der Templerorden aufgelöst, Roth kam in den Besitz des Johanniterordens, der später auch Malteserorden genannt wurde. Die Johanniter restaurierten in der zweiten Hälfte des 15. Jahrhunderts die Kirche, die damals das Aussehen bekam, das heute noch die Besucher beeindruckt. Das eigentliche Gebäude der Ordenskommende der Johanniter, das Schloß Roth, wurde von den Ordensrittern um 1600 und im Laufe des 17. Jahrhunderts ausgebaut, befestigt und restauriert. 1733 wurde es wegen Baufälligkeit abgerissen und im barocken Stil wieder aufgebaut. 1794 lösten die Franzosen die Ordenskommende auf, Schloß Roth kam in Privatbesitz, wurde am Ende des Zweiten Weltkrieges erheblich beschädigt, 1958 von den derzeitigen Besitzern erworben und wieder hergerichtet. Heute ist Schloß Roth ein Schloßhotel.
Dasburg. Das kleine Dorf mit der hoch über dem Ourtal aufragenden Burgruine gehört sicherlich zu den entzückendsten Flecken an der deutsch-luxemburgischen Grenze. Sehenswert ist neben der Burgruine die 1683 erbaute Pestkapelle. Den schönsten Blick auf Dasburg hat man von der luxemburgischen Seite des Ourtales, und zwar von den letzten Kehren der von Clervaux herunterkommenden Straße.

Aktivitäten:

Wandern, Wasserwandern (bei genügend Wasserstand) auf der Our.

Informationen:

Fremdenverkehrsverein Stadt Neuerburg, Altes Rathaus Herrenstr. 2, 54673 Neuerburg, Telefon 06564/2673.

Fremdenverkehrsamt Neuerburger Land, Pestalozzistr. 7, 54673 Neuerburg, Telefon 06564/6943.

Niederzissen – Unterwegs mit dem Vulkanexpress

Wo die Autobahn A 1 von Köln nach Koblenz das Brohltal quert, liegt Niederzissen, ein stattlicher Ort in einer vulkan- und erdgeschichtlich besonders reizvollen Landschaft der Osteifel. Als verwaltungsmäßiger Mittelpunkt des Brohltales und Sitz der Verbandsgemeinde Brohltal in einer schönen Lage ist Niederzissen ein günstiges Standquartier, um von hier aus das Brohltal kennenzulernen.

Eisenbahnfans bekommen große Augen, wenn vom Vulkanexpress die Rede ist. Mal von Dieselloks, manchmal aber auch von einer echten alten Dampflok gezogen, ist der Vulkanexpress, der von Brohl am Rhein durch das Brohltal in die Osteifel hineinfährt bis Engeln, eine Nostalgiebahn wie aus dem Bilderbuch. Die Landschaft des Brohltales, vom Vulkanismus geprägt und von Burgen gesäumt, könnte ebenfalls aus dem Bilderbuch stammen. Mittendrin in dieser Landschaft liegt Niederzissen als Mittelpunkt dieses Tales in der Nähe der aus dem frühen 12. Jahrhundert stammenden Burg Ohlbrück.

Sehenswürdigkeiten:

Burg Olbrück. Die Burg wurde um 1100 von den Grafen von Wied erbaut, 1190 kam die Herrschaft Olbrück in den Besitz der Kölner Erzbischöfe. Bereits 1660 ist die Burg verfallen, ein Kapuzinerpater aus Linz läßt sie wieder instand setzen. Doch die Franzosen sprengen den Bau. Heute gehört die auf hohem Bergkegel liegende Ruine einem Düsseldorfer Architekten, der sich bemüht, sie vor weiterem Verfall zu bewahren. Der Bergfried der Burg ist zugänglich, es lohnt sich, ihn zu besteigen, der Ausblick ist faszinierend weit und umfassend über die Vulkanlandschaft der Osteifel.

Pfarrkirche St. Germanus. Der äußerlich schmucklose Bau wurde um 1250 geweiht. In seinem Inneren wurden bei Restaurierungsarbeiten 1970 reiche farbige Ausmalungen freigelegt.

Bausenberg. Der oberhalb von Niederzissen gelegene Bausenberg ist ein ungefähr 140 000 Jahre alter Vulkan und gilt als einer der best erhaltenen Vulkane Europas mit einem Hufeisenkrater. Das Gebiet um den Bausenberg zeichnet sich durch eine außerordentliche Artenvielfalt aus. So gibt es hier angeblich 630 (!) Schmetterlingsarten, sogar flügellose Urinsekten hat man hier gefunden. Der wärmespeichernde vulkanische Boden ermöglicht es zahlreichen Kleintieren und Pflanzen, die sonst nur in wärmeren Gegenden vorkommen, hier zu existieren.
Durch dieses hochinteressante Gebiet kann man sich fachkundig führen lassen. Auskünfte darüber bekommt man unter der Telefonnummer 02636/97400.

Ausflugsziele:

Buchholz. Die Probsteikirche Buchholz bei Burgbrohl erreicht man von der Straße Burgbrohl–Glees rechts abzweigend. Als eindrucksvolle

Ruine in einem weitgehend verwilderten Gelände läßt vor allem das Gemäuer der einstigen Probsteikirche noch wunderschöne Details aus der romanischen Erbauungszeit erkennen.

Wehr. Fünf Kilometer südlich von Niederzissen lohnt das Dorf Wehr einen Besuch. In der einstigen Probsteikirche, die lange dem Nordeifeler Kloster Steinfeld unterstand, überrascht ein kostbares barockes Altarensemble, das man angesichts des schlichten Äußeren der Kirche nicht erwartet. Diese Barockeinrichtung der Kirche gilt als eine der schönsten, geschlossensten und wertvollsten des Rheinlandes.

Königssee. Nur fünf Minuten Fußweg vom kleinen Dorf Oberdürrenbach entfernt, erreicht man den sogenannten kleinen Königssee, einen wassergefüllten Basaltbruch. Wassersport und Badevergnügen sind hier möglich.

Bad Tönisstein. Sechs Kilometer östlich von Niederzissen wußten bereits die Römer die Heilkraft der Quellen zu schätzen, bei denen im 14. Jahrhundert ein Karmeliterkloster errichtet wurde, das Kloster Antoniusstein, im Volksmund Tönisstein genannt. 1689 zerstörten lothringische Truppen das Kloster, nach einem Wiederaufbau wurde es 1802 versteigert und weitgehend zerstört. In unmittelbarer Nähe der später Kurfürstenquelle genannten Heilquelle ließen sich die Kölner Kurfürsten ein Sommerschlößchen bauen. Bis in unser Jahrhundert hinein gab es hier einen kleinen, aber exklusiven Badebetrieb.

Aktivitäten:

Wandern auf dem größten Geopfad Deutschlands, der auf 140 Kilometern Länge in vier Etappen im Frühjahr 1994 im Brohltal eröffnet werden soll. Bei drei Routen (unteres, mittleres, oberes Brohltal) wird von Haltestellen des Vulkanexpress (siehe unten) gestartet. Die vierte Tour führt um den Laacher See. Bei diesen Wanderungen wird jeweils mittags ein Ort erreicht, in dem auch warmes Essen zu bekommen ist.

Zu diesen vier Rundwanderungen für den Wanderer kommt noch eine Autoroute, die besondere Höhepunkte ansteuert. Insgesamt wird dieser Geopfad siebzig geologisch interessante und durch Hinweistafeln markierte Punkte berühren. Die Route Oberes Brohltal ist auch als Radwanderstrecke konzipiert. Alles in allem werden insgesamt neunzig Hinweistafeln Wissenswertes über Geologie, Tier- und Pflanzenwelt sowie geschichtlich Interessantes erläutern.

Fahren mit dem ***Vulkanexpress.*** Von April bis Oktober verkehrt auf der 17,5 Kilometer langen Brohltalstrecke der historische Vulkanexpress, eine Nostalgiebahn per excellence. Bei schönem Wetter kann

man dabei sogar in einem offenen Wagen sitzen und die Landschaft des Brohltales erleben. Von Brohl am Rhein geht es dabei an der Schweppenburg vorbei über Bad Tönisstein, Niederzissen nach Engeln. Der „Express" fährt mit einer Geschwindigkeit von etwa 20 Stundenkilometern auf einer nur einen Meter breiten Strecke, also einer echten Schmalspur.
Wie bei jeder richtigen Bahnstrecke gehören auch ein Viadukt und ein Tunnel zu dieser Nostalgieroute. Nähere Informationen gibt die Brohltaleisenbahn GmbH, Bahnhofstr. 11, 56656 Brohl-Lützing 1, Telefon 02633/1234.

Informationen: Fremdenverkehrsverband Brohltal, Kapellenstr. 12, 56651 Niederzissen, Telefon 02636/9740410.

Prüm – Der Glanz der Reichsabtei

Im äußersten Nordwesten der Südeifel, am Rande des Schneifel oder Schnee-Eifel genannten Höhenzuges (siehe Kapitel „Schneifel") stiftete im Jahre 721 die Adlige Bertrada von Mürlenbach ein Benediktinerkloster. König Pipin, ihr angeheirateter Enkel, bestätigte 752 diese Klostergründung und begann mit dem Bau einer Kirche. 799 war diese Kirche fertig, in Anwesenheit Karls des Großen, Pipins Sohn und Bertradas Urenkel, weihte Papst Leo III. die Kirche ein. Damit begann die Karriere einer Abtei, die sich durch die nächsten Jahrhunderte mehr als ein halbes Jahrtausend lang geradezu atemberaubend entwickelte. Aus welchen Gründen auch immer war die Benediktinerabtei Prüm im Tale der Prüm das Lieblingskind, die bevorzugte Abtei der Karolinger. Das wird in nichts anderem so sichtbar wie in der Tatsache, daß Kaiser Lothar I., Enkel Karls des Großen, die letzten Tage seines Lebens als Benediktinermönch in der Abtei Prüm verbrachte. Hier starb er 855, hier liegt er begraben.

Die Karolinger bedachten die junge Abtei derart großzügig mit Schenkungen, daß die Besitzungen der Eifelabtei weit über die Eifel hinaus gingen, bis Holland, bis an die Rhone und Loire, bis zur Bretagne. Schon Ende des 9. Jahrhunderts galt Prüm als eine der wohlhabendsten Abteien des Reiches. Kein Wunder, daß dänische Normannen von solchem Reichtum, vor allem von der prunkvoll ausgestatteten Klosterkirche, die man die goldene Kirche nannte, angezogen wurden und zweimal die Abtei plünderten. 882 und 892 tauchten sie als Plünderer hier in der Eifel auf.

Tryptichon der Kölner Schule aus dem 14. Jahrhundert in Kirchsahr

Lavabombe in Maria Laach

Die Genovevaburg in Mayen

Am Hauptmarkt in Trier

Damals waren 36 Grafen und Edelherren Vasallen der Prümer Äbte. Die Abtei hatte 119 auswärtige Besitzungen und wurde gefürstete Reichsabtei. Das bedeutet, daß Prüm zu einem unabhängigen, kleinen Klosterstaat geworden war, dessen Äbte Sitz und Stimme im Reichstag hatten. Sie waren Freunde und Berater der mittelalterlichen deutschen Kaiser und griffen als solche mitunter nicht unerheblich in die Geschicke des Reiches ein.

Finanzielle Mißwirtschaft zusammen mit einem Nachlassen der dem Kloster bis dahin zufließenden Spenden brachten zunehmend Schwierigkeiten, die die Trierer Erzbischöfe weidlich ausnutzten, bis sich 1576 der Erzbischof von Trier zum Abt von Prüm wählen lassen konnte. Dadurch war es mit der Selbständigkeit des kleinen Eifeler Klosterstaates vorbei. Das Kloster hatte fortan nur noch einen Prior, der dem Erzbischof in Trier unterstand.

1802 wurde die Abtei säkularisiert, die Kirche wurde zur Pfarrkirche, die Abteigebäude kamen in den Besitz der Stadt Prüm, die hier zunächst ein Friedensgericht, später eine Schule einrichtete.

Wie so viele Städte in der Eifel wurde auch Prüm im Zweiten Weltkrieg erheblich zerstört. Eine weitere Katastrophe ereignete sich im Sommer 1949, als ein Munitionsdepot auf dem nahe gelegenen Kalvari-

Aussicht auf Prüm

enberg explodierte und abermals der Stadt erhebliche Schäden zugefügt wurden. Heute ist Prüm ein viel besuchter Fremdenverkehrsort im südlichen Teil des deutsch-belgischen Naturparks. Von hier aus lassen sich viele interessante Ausflüge unternehmen.

Sehenswürdigkeiten:

Basilika St. Salvator. 1721, genau tausend Jahre nach der Gründung des Klosters, wurde die 799 von Papst Leo III. geweihte goldene Kirche abgerissen und mit dem Bau der heutigen Kirche begonnen. Die barockisierende Westfassade dieser Kirche wirkt vor dem Hintergrund der Waldberge recht eindrucksvoll, doch zeigt sich bei näherem Hinsehen, daß der Bau insgesamt nicht das hält, was diese Fassade verspricht. Allzu sehr hat sich hier offensichtlich der als Baumeister tätige Zimmermann Hans Georg Judas, der beim Bau der Wittlicher Pfarrkirche mitgewirkt hat, vom Vorbild dieser Kirche leiten lassen.
Im Inneren der anläßlich der Wiedereinweihung nach den Kriegszerstörungen 1950 zur Basilika minor erhobenen Kirche mag die Verwunderung noch größer werden. Das Innere der Kirche ist gotisch, die Kirche wurde aber im 18. Jahrhundert, also zur Hochzeit des Barock, gebaut. Es dürfte ein Beweis dafür sein, daß der Baumeister Judas ebenso wie sein Nachfolger, der Franziskanerbruder Kurz, zu unsicher waren, sich im neuen Barockstil der damaligen Zeit zu versuchen. Sie hielten sich an Bekanntes und Bewährtes, eben das gotische Konzept.
Der früheren Bedeutung der Abtei Prüm als reichsunmittelbarem Fürstentum wird dieser Neubau nicht gerecht. Auch darin mag der Niedergang des einstigen Klosterstaates zum Ausdruck kommen, der zur Zeit des Baus der heutigen Kirche bereits in vollem Gange war.
Sehr schön ist im Inneren allerdings das reichgeschnitzte Chorgestühl von 1731. Interessant ist das 1874 von König Wilhelm von Preußen als damals zuständigem Landesherren gestiftete Grabmal Kaiser Lothars I. vor dem Hochaltar. Die Südeifel hat also tatsächlich ein echtes Kaisergrab.
Anders als die Kirche ist das anschließende ehemalige Abteigebäude durchaus von kunsthistorischem Wert. Immerhin wurde es nach Plänen des berühmten Balthasar Neumann von seinem Schüler Johannes Seitz gebaut. Daß Balthasar Neumann hier in Prüm zumindest indirekt tätig wurde, lag daran, daß damals auf dem Trierer Erzbischofsstuhl ein Schönborn saß. Die Schönborns, die über lange Zeit hinweg auch die Bischofsstühle von Würzburg und Bamberg besetzt hielten, sahen Balthasar Neumann wohl als eine Art Hofbaumeister an. In dem einstigen

kurfürstlichen Residenzgebäude ist heute ein Gymnasium untergebracht, das den Namen des großen Abtes Regino trägt. Dieser Abt Regino hat Ende des 9. Jahrhunderts gelebt und die Abtei Prüm geleitet. Er verfaßte die erste selbständige Weltgeschichte der damaligen Zeit und gilt als der große Geschichtsschreiber und Historiker des frühen Mittelalters.
Im Inneren des einstigen Residenzgebäudes ist sehenswert der sogenannte Kurfürstensaal, in dem regelmäßig Konzertveranstaltungen stattfinden.
Niederprüm. Nur zwei Kilometer vom Stadtzentrum entfernt am südlichen Stadtrand sollte man sich in Niederprüm das ehemalige Benediktinerinnenkloster anschauen. 1190 wurde es gegründet, zu einer Zeit, als Prüm auf dem Höhepunkt seiner Macht war. Leider ist nur die 1677 geweihte Kirche zugänglich. Der Innenraum hat ein schönes Kreuzgewölbe, einen sehenswerten Hochaltar, schönes Chorgestühl und eine wertvolle Kanzel, die noch aus der Zeit der Kirchenentstehung stammt. Interessant ist die wie ein Balkon an die Nordwand gebaute Empore, von der aus die Äbtissinnen ihrerzeit dem Gottesdienst folgen konnten. Im früheren Klostergebäude befindet sich heute eine Missionsschule.
Fleringen. Das kleine Dorf östlich von Prüm ist ein schöner Beweis dafür, daß die Eifel nicht das arme, karge Land ist und war, als das sie immer verschrien war. Jedenfalls gilt das für die Kunstgeschichte. Denn immer wieder findet man gerade in abgelegenen Dörfern kleine Kostbarkeiten. In Fleringen ist es eine wertvolle „schöne Madonna" aus dem Anfang des 14. Jahrhunderts, die auf einem Seitenaltar der Pfarrkirche zu sehen ist.
Schönecken. Als Mittelpunkt der nach ihm benannten Schönecker Schweiz ist das knapp zehn Kilometer südlich von Prüm an der Straße nach Bitburg im oberen Nimstal gelegene Schönecken bekannt geworden. In der Tat ist die Landschaft um den alten Burgenort recht eindrucksvoll. Burg Schönecken, deren Ruinen den Ort überragen, wurde um 1150 erbaut, gehörte den Grafen von Vianden und kam später an Trier. Anfang des 19. Jahrhunderts wurde die Burg zerstört.
Vor allem als Ort der Töpfer und Handweber hat sich Schönecken einen Namen gemacht. Bei Volkstumsfreunden ist Schönecken bekannt durch die heute noch hier alljährlich geübten alten Osterbräuche. Ein botanischer Lehrpfad führt in die Landschaft der Schönecker Schweiz.
Nähere Informationen gibt der Verkehrs- und Gewerbeverein e.V., 54614 Schönecken, Telefon 06553/1550 oder 863.

Museen:

Heimatmuseum Tiergartenstraße, 54595 Prüm. Das Museum ist geöffnet von Juni bis Mitte September dienstags, donnerstags und sonntags von 14 bis 17 Uhr. Telefon 06551/1765 oder 3173.
Informationsstätte des Naturparks Nordeifel „Mensch und Natur" donnerstags und sonntags von 15 bis 17 Uhr.

Aktivitäten:

Wandern, Angeln, Wintersport am „Schwarzen Mann". Hier gibt es zwei Abfahrtspisten, zwei Schlepplifte, eine ausgebaute Rodelbahn mit Lift, Langlaufloipe von 4,5 Kilometern. Das Wintersportgebiet Wolfsschlucht hat zwei Abfahrtspisten, einen Schlepplift, Rodelmöglichkeiten sowie ein Langlaufloipe von neun Kilometern Länge.

Informationen: Verkehrsamt Prümer Land, Haus des Gastes, Hahnplatz 1, 54595 Prüm, Telefon 06551/505 oder 1762.

Schneifel – Wandern am Schwarzen Mann

Unter den Landschaften der Südeifel nimmt der nördlich von Prüm gelegene Höhenzug der Schnee-Eifel, oder wie man meist sagt Schneifel, eine besondere Stellung ein. 698 Meter erhebt sich der höchste Punkt, der Schwarze Mann. Das bedeutet für die von Westen heranziehenden Luftmassen den Zwang zum Aufsteigen. Als Folge der damit verbundenen Kondensation kommt es zu häufigen Niederschlägen, die im Winter viel häufiger als Schnee fallen als sonst irgendwo in der Südeifel. Die relativ hohe Lage tut aber auch sonst das ihrige dazu, das Klima hier oben rauh und unwirtlich zu halten.

Der Höhenzug der Schneifel, der sich etwa nordöstlich der Bundesstraße 409 Pronsfeld–St. Vith (Belgien) bis Kronenburg–Stadtkyll hinzieht, ist von Natur aus weitgehend bewaldet, und zwar heute überwiegend mit Nadelbäumen (Fichten). Eingestreut sind kleine Moorgebiete, Venne oder Fenne genannt, die von ihrer Entstehung und ihrem Erscheinungsbild, vor allem hinsichtlich der Vegetation weitgehend dem Hohen Venn am Rande der Ardennen entsprechen. Am Rande des noch zur Schneifel gehörenden Zitterwaldes entspringt knapp jenseits der Landesgrenze auf dem Gebiet von Nordrhein-Westfalen die Kyll, der längste und wichtigste Wasserlauf der Südeifel.

Als unmittelbares Grenzgebiet zu Belgien wurde die Schneifel in den Jahren vor dem Zweiten Weltkrieg mit zahlreichen Bunkern und anderen militärischen Bauten zur Grenzsicherung bestückt. Während der sogenannten Ardennen- oder Rundstedtoffensive im Dezember 1944 kam es im Bereich der Schneifel zu erbitterten und für beide Seiten sehr verlustreichen Kämpfen zwischen deutschen und amerikanischen Truppen. Die Wälder der Schneifel wurden zum großen Teil zerschossen und verbrannt. Heute sind die wieder aufgeforsteten Waldbestände herangewachsen und von zahlreichen Forstwegen durchzogen. So bietet sich die Schneifel als ideales Waldwandergebiet an, in dessen Tälern man auch auf einige außerordentlich seltene Pflanzen stoßen kann. Nähere Hinweise sollen auch hier aus – hoffentlich – verständlichen Gründen ebenso wenig gegeben werden wie zum Orchideenreichtum der verschiedenen Südeifeler Kalkmulden. Wer sich ernsthaft für die Pflanzenwelt der Region interessiert, wird die richtigen Ansprechpartner mit Sicherheit zu finden wissen.

Interessant ist auf der rauhen Hochfläche der Schneifel das noch weitgehend geschlossene Wacholdervorkommen, der sogenannte Wacholderurwald von Niedermehlem bei Gondenbrett. Es ist tatsächlich eine schier undurchdringliche Wildnis großer und kleiner Wacholderbäume und -sträucher, die hier auf engem Raum zusammenstehen. Mächtige Wacholdersäulen ragen da auf, erinnern geradezu an romantisch verwilderte Gärten südländischer Regionen mit ihren markanten Zypressenbäumen. Mit ihnen ist der Wacholder ja auch verwandt. Streng genommen ist er ein Fremdling hier in der Eifel, gehört in die wärmeren Regionen des Mittelmeerraumes. Früher waren weite Flächen der mageren Eifelböden mit Wacholder bedeckt. Schafherden zogen hindurch, hielten den übrigen Baumwuchs kurz, so daß der Wacholder sich entwickeln konnte.

Heute, da alles Land künstlich gedüngt wird, ist der Wacholder weitgehend aus dem Landschaftsbild der Eifel verschwunden. Der Bestand in der Schneifel nahe Prüm ist einer der letzten großen Wacholderbestände der Südeifel, als Naturschutzgebiet geschützt und von der Forstverwaltung betreut und gepflegt. Forstarbeiter mußten in gewisser Weise die Arbeit der Schafe von früher übernehmen, um jeden dem Wacholder gefährlich werdenden anderen Bewuchs gar nicht erst aufkommen zu lassen.

Sehenswürdigkeiten:

Bleialf. Der einzige größere Ort im Schneifelgebiet ist der alte Bergwerksort Bleialf, ein Ort, der bereits 893 erwähnt wird. Aus dem Jahre

1187 stammt die als „Schneifeldom" weithin bekannte Marienkirche. In ihrem Inneren gibt es sehenswerte Deckengemälde aus dem 15. Jahrhundert und einen wertvollen Hochaltar.
Der Name Bleialf weist auf einen Bergbauort hin, in dem Blei gewonnen wurde. Das ist schon zur Römerzeit hier geschehen. Die Römer wußten Blei bereits als Material zur Herstellung von Abflußrohren zu verwenden. Die Blütezeit des Bleibergbaues lag jedoch in der zweiten Hälfte des vorigen Jahrhunderts, als hier der größte „Wasserknecht" Europas, eine mit Dampf betriebene Wasserpumpe arbeitete. 1894 wurde der Bergbau eingestellt, seitdem ist Bleialf mit seinen Abraumhalden ein beliebter Treffpunkt der Mineraliensammler, die hier mitunter reiche Ausbeute finden können.
Früher war das Bleialfer Erzrevier sehr ergiebig, zahlreiche Schaustufen mit großen Kristallen in vielen Museen der Welt stammen aus der Schneifel. Man weiß durch Probebohrungen, daß die Erzgänge noch immer sehr ergiebig sind und rechnet damit, daß eines Tages der Bleibergbau in Bleialf durchaus wieder aufgenommen werden könnte.

Museum:

Bleibergbau – Schaustollen. Geöffnet April bis Oktober samstags und sonntags 14 bis 17 Uhr. Nähere Informationen über Fremdenverkehrsverein.

Aktivitäten:

Mineraliensammeln, Wandern, Wintersport am Schwarzen Mann und in der Wolfsschlucht.

Informationen: Fremdenverkehrsverein Bleialf – Schneifel e.V., 54608 Bleialf, Kellerpesch 4, Telefon 06555/302.

Stadtkyll – Grenzenlosigkeiten im Oberen Kylltal

Nur wenige Meter von der Landesgrenze zwischen Rheinland-Pfalz und Nordrhein-Westfalen und damit zwischen Südeifel und Nordeifel gelegen ist Stadtkyll Mittelpunkt einer Fremdenverkehrslandschaft, die sich seit 1971 nicht mehr um diese Landesgrenzen kümmert. Am 8. November 1971 wurde in Stadtkyll der Verein Erholungsgebiet Oberes Kylltal gegründet, dem die Verbandsgemeinde Obere Kyll in Stadtkyll in der

Südeifel und die Gemeinde Dahlem in der Nordeifel angehören. So wird der Eifelreisende, der sich in Stadtkyll erkundigt, was er anschauen und unternehmen kann, nicht nur auf Südeifeler, sondern ebenso auf Nordeifeler Möglichkeiten hingewiesen.

Was diese Nordeifeler Möglichkeiten des Oberen Kylltales angeht, so soll hier aus Platzgründen auf das Kapitel „Dahlem" im „Reisebuch Nordeifel" von Rolf Purpar im Verlag Meyer und Meyer hingewiesen werden.

Stadtkyll und damit der Südeifeler Teil des Oberen Kylltales sind Grenzgebiet, nicht nur im oben beschriebenen Sinne. Auch wenn der jenseits der Landesgrenze gelegene Teil noch von der Vulkaneifel-Touristik in Daun betreut wird, so endet doch geographisch und geologisch die Vulkaneifel in der Südeifeler Verbandsgemeinde Oberes Kylltal.

Zwar ist Stadtkyll ein alter Ort, der wie so viele Siedlungen im Kylltal viele römische Spuren aufweist, doch an alter Bausubstanz ist in dem heute als Luftkurort staatlich anerkannten Stadtkyll so gut wie nichts übrig. Wie nur wenige andere Orte in der Südeifel ist Stadtkyll, das 1022 erstmals als Trierer Besitz erwähnt wird, von Katastrophen heimgesucht worden. 1292 hatte Stadtkyll Stadtrechte erhalten. 1632, im 30jährigen Krieg, ließ ein durchziehendes Söldnerheer den Ort in Flammen aufgehen. 1678, kaum wieder aufgebaut, legten französische Truppen die Stadt in Schutt und Asche. Preußische Soldaten verursachten 1814 durch Unvorsichtigkeit eine Feuersbrunst, 1854 ging der ganze Ort abermals in Flammen auf. Da jedes Mal für den Wiederaufbau Steine der Stadtmauer benutzt wurden, ist diese auf die Dauer völlig verschwunden. Ende Dezember 1944 und Anfang Januar 1945 wurde die Stadt abermals weitgehend zerstört, diesmal durch Bomben.

Sehenswürdigkeiten:

Ehemalige Marktscheune am Kirchplatz aus dem 17. Jahrhundert.

Hubertuskapelle in Niederkyll. Im Stadtteil Niederkyll hat sich eine spätgotische Kapelle aus dem Jahre 1600 erhalten. Von kunsthistorischer Bedeutung ist das gußeiserne Nothelferkreuz an der Chorwand. Es stammt aus dem 16. Jahrhundert und ist ein schönes Beispiel früherer Eisengießerkunst im Oberen Kylltal.

Ausflugsziele:

Jünkerath. Zur Zeit der Römer gab es beim heutigen Jünkerath drei Kilometer kyllabwärts von Stadtkyll ein befestigtes Straßenkastell icori-

gium. Es sollte die wichtige, durch das Tal führende Straße von Köln nach Trier schützen. Der sogenannte Römerwall beim heutigen Bahnhof ist ein letzter Rest dieser römischen Befestigungsanlage. 1468 kam Jünkerath an die Herren von Blankenheim, die 1687 ein Eisenhüttenwerk errichten ließen. Das Jünkerather Werk war das letzte alte Eifeler Hüttenwerk, das noch tätig war. In moderner Form konnte es sich bis in die heutige Zeit erhalten.
Ein Teil der Ruinen des 1737 nach einem Blitzschlag abgebrannten Schlosses der Blankenheimer, die Burgruine Glaadt, blieb erhalten.
Ormont. Der 650 Meter hohe Goldberg bei Ormont ist der nördlichste Vulkan der Vulkaneifel. Auf ihm befindet sich die größte Wind-Energiekraftanlage der Bundesrepublik außerhalb der Küstenregion.
Kronenburg. Kronenburg, fünf Kilometer nördlich von Stadtkyll, gehört bereits zu Nordrhein-Westfalen. Es ist ein malerisches Burgnest, das die Ruine der Kronenburg aus dem Jahre 1277 mit einem fast völlig erhaltenen Burgbergring aus dem 13. und 15. Jahrhundert umschließt. In die Ringmauer ist die spätgotische Kirche einbezogen. Nach wie vor kann man den kleinen Ort nur durch ein mittelalterliches Stadttor erreichen. Näheres siehe im Kapitel „Dahlem“ des „Reisebuches Nordeifel“.

Aktivitäten:

An der in Stadtkyll in die Kyll fließenden Wirft wurde ein Stausee geschaffen, um den herum ein Sport- und Freizeitzentrum entstand. Hier sind alle Arten Wassersport möglich. Auch der ***Kronenburger See,*** ein Gemeinschaftswerk der Länder Rheinland-Pfalz und Nordrhein-Westfalen, bietet viele Wassersportmöglichkeiten. Auf der Grenze zwischen den beiden Ländern wurde der Stausee der Kyll geschaffen, nicht zuletzt um die wirtschaftlich schwache Region hier oben am äußersten Nordrand der Südeifel durch eine Wasserfläche für den Fremdenverkehr attraktiv zu machen.
Einzigartigen Badespaß bietet das subtropische Badeparadies Vulkamar in Stadtkyll in der Kurallee. Es ist geöffnet täglich von 10 bis 22 Uhr.
Akademie für bildende Kunst, Steffeln. Im kleinen Ort Steffeln wurde im denkmalgeschützten alten Pfarrhaus von einem Düsseldorfer Galeristen die Akademie für bildende Kunst Vulkaneifel eingerichtet. Kunstinteressierte jeglichen Alters und ohne Vorbildung haben hier die Möglichkeit, unter Anleitung bekannter Künstler tätig zu sein. Kurse werden ganzjährig veranstaltet. Nähere Informationen unter Telefonnummer 0211/131187 oder 026593/1351.

Außerdem werden in Stadtkyll neben den Möglichkeiten zum Wandern und Angeln Kurse in Landschaftsfotografie sowie im Schreinern und Drechseln und zur Herstellung von Naturkosmetika angeboten. Nähere Informationen über den Verkehrsverband.

Museen:

Eisenmuseum Jünkerath. Die Eisenverhüttung im Oberen Kylltal geht zurück bis in prähistorische Zeit. Kelten und Römer haben hier bereits Eisen geschmolzen. Noch heute führt ein Eisenwerk in Jünkerath die uralte Tradition fort. Dieser Tradition ist das Eisenmuseum in Jünkerath gewidmet. Man findet es am Römerwall 12, 54584 Jünkerath. Es ist geöffnet April bis September dienstags und freitags von 10 bis 13 Uhr und 15 bis 17 Uhr, samstags, sonntags und feiertags von 15 bis 17 Uhr. Oktober bis März dienstags und samstags 10 bis 13 Uhr, sonntags und feiertags 14 bis 17 Uhr.

Informationen: Verkehrsverband Erholungsgebiet Oberes Kylltal e.V., Kurallee, 54589 Stadtkyll, Telefon 06597/2878.

Trier – Deutschlands älteste Stadt

Es gibt zwar Konkurrenten, aber die Trierer lassen nicht davon ab: die Weinhandelsmetropole an der Mosel, am Südrande der Südeifel gelegen und als Sitz der Erzbischöfe und späteren Kurfürsten wie keine andere Stadt von Einfluß auf die Geschicke der Südeifel ist die älteste Stadt Deutschlands.

ANTE ROMAM TREVIRIS STETIT ANNIS MILLE TRECENTIS PERSTET ET AETERNA PACE FRUATUR. – Vor Rom stand Trier 1300 Jahre. Möge es weiter bestehen und sich eines ewigen Friedens erfreuen.

Diese Inschrift auf dem sogenannten Roten Haus am Hauptmarkt von Trier gibt die Trierer Überlieferung wieder, wonach Trier bereits 1300 Jahre vor der Gründung Roms bestanden haben soll. Rom wurde im Jahre 753 oder 754 v. Chr. gegründet. Damit läge der Anfang Triers bereits um das Jahr 2000 v. Chr. Es soll ein Stiefsohn der sagenhaften babylonischen Königin Semiramis namens Trebeta gewesen sein, der Trier gründete. Wieso er nun aus Mesopotamien ausgerechnet hier an

Teil der Porta Nigra

den Südrand der Eifel verschlagen wurde, kann niemand sagen. Mit solchem Gründungsdatum kommt natürlich keine andere deutsche Stadt mit!
Lassen wir es bei den nachweisbaren Fakten, bei der Gründung der römischen Siedlung Augusta Treverorum im Jahre 14 v. Chr. Doch damals gab es hier bereits eine Siedlung der keltischen Treverer, so daß Trier mit Sicherheit älter ist als die römische Gründung. Im Landesmuseum in Trier sind zahlreiche Funde aus der keltischen Siedlungsepoche zu sehen, die Aufschluß geben über den Stand der Kultur hier am Südeifelrand in der Zeit, als Caesar um 57 v. Chr. das Gebiet eroberte.

Kaiser Augustus gründete dann die Augusta Treverorum, was zu einer rund ein halbes Jahrtausend dauernden römischen Herrschaft führen sollte. Im zweiten Jahrhundert n. Chr. entstanden die Großbauten, deren Ruinen uns heute noch beeindrucken, wie Porta Nigra, Amphitheater, Thermen, Stadtmauer. Nach dem Jahre 285 n. Chr. wurde Trier Residenz der römischen Kaiser des Westreiches, deren bedeutendster Konstantin der Große (306 bis 337) war. Konstantin machte das Christentum zur Staatsreligion im Römischen Reich, das führte natürlich dazu, daß in der Hauptstadt Trier damals bereits zahlreiche Kirchen entstanden. 480 fiel Trier in die Hände der Franken, die Römerzeit war zu Ende. Unter Karl dem Großen erhielt der Trierer Bischof Erzbischofswürde. Somit gebot er nicht nur über das Bistum Trier, sondern auch über die Bistümer Metz, Toul und Verdun. Diese Macht ging erst 1806 mit dem Heiligen Römischen Reich Deutscher Nation unter.

In dieser ganzen Zeit, also rund 1000 Jahre lang, bestimmten die Erzbischöfe, die im 14. Jahrhundert die Kurfürstenwürde errangen, wodurch Trier zum Kurstaat wurde, das Leben in Trier, obschon die Trierer mehrfach versuchten, diese Herrschaft abzuschütteln und reichsunmittelbar zu werden. Im 30jährigen Krieg hatte Trier schwer unter französischer und spanischer Besatzung zu leiden.

Nachdem die Französische Revolution und der Einmarsch französischer Truppen dem Kurstaat ein Ende gemacht hatten, kam Trier nach dem Wiener Kongreß 1815 zu Preußen und wurde Sitz des Regierungspräsidenten eines preußischen Regierungsbezirks. Bis heute ist der Regierungsbezirk Trier einer der beiden Bezirke, in die die Südeifel aufgeteilt ist. Im Zweiten Weltkrieg hat Trier erhebliche Zerstörungen erlitten. Nach dem Wiederaufbau ist Trier heute neben Koblenz die wichtigste Stadt am Rande der Südeifel, die als Verwaltungs- und Schulzentrum, Handels- und Einkaufsstadt, als kulturelles und wirtschaftliches Zentrum für weite Teile vor allem der westlichen Südeifel nach wie vor von allergrößter Bedeutung ist.

Sehenswürdigkeiten:

Porta Nigra. Kein anderes Bauwerk nördlich der Alpen verkörpert so sehr die Macht und Größe des Römischen Reiches wie dieses besterhaltene römische Stadttor außerhalb des Mittelmeerraumes. Ende des zweiten Jahrhunderts wurde die Porta Nigra als Teil der gewaltigen Stadtmauer gebaut. Als Baumaterial diente Sandstein, der im Laufe der Zeit schwarz verwitterte, woher der Bau seinen Namen Porta Nigra = Schwarzes Tor bekam. Die Sandsteinblöcke sind ohne Mörtel lose aufeinander gelegt, waren ursprünglich nur durch Eisenklammern miteinander verbunden, die in den einzelnen Blöcken mit Blei befestigt waren. Die Eisenklammern sind im Laufe der Zeit längst Metalldieben zum Opfer gefallen, die bleigefüllten Löcher in den Quadern sind zum Teil noch zu erkennen.

Daß die Porta Nigra dem Schicksal der übrigen Stadttore entging und nicht abgerissen wurde, ist wohl der Tatsache zu verdanken, daß sich der fromme Einsiedler Simeon in einer Zelle der Porta Nigra niedergelassen hatte. Erzbischof Poppo von Babenberg ließ deshalb 1035 die Porta Nigra in eine Domkirche zu Ehren des Heiligen Simeon verwandeln. Auf einem Stich des Matthäus Merian von 1645 ist dieser Zustand zu sehen. Erst Napoleon ließ den Kirchenbau entfernen und die Porta Nigra wieder als rein römisches Stadttor herstellen.

Simeonstift. Erzbischof Poppo ließ neben der Porta Nigra 1037 das Simeonstift errichten, dessen Stiftshof der älteste in Deutschland ist. Die Anlage ist 1936/38 restauriert worden.

Dreikönighaus in der Simeonstraße. Das wohl schönste mittelalterliche Wohnhaus aus dem 13. Jahrhundert in Trier, mit mustergültig restaurierter Fassade liegt in der Simeonstraße, die die Porta Nigra mit dem Hauptmarkt verbindet.

Hauptmarkt. Der Trierer Hauptmarkt ist nicht nur der schönste Platz Triers, sondern einer der schönsten altdeutschen Plätze überhaupt. Um 958 wurde das Marktkreuz errichtet, der Marktbrunnen, beliebter Treffpunkt der Jugend in Trier, stammt von 1595. Die Löwenapotheke rühmt sich, die älteste Apotheke Deutschlands zu sein. Das beherrschende Bauwerk am Markt ist die Steipe; 1430 als Trink- und Festhaus der Ratsherren gebaut, hat das Gebäude später zeitweise als Sitz des Marktgerichtes gedient. Daneben steht das Rote Haus mit dem auf das Alter Triers anspielenden lateinischen Spruch.

An der Südseite des Marktplatzes beherrscht die St.-Gangolf-Kirche aus dem 14. und 15. Jahrhundert das Bild.

Georgsbrunnen. Am Kornmarkt erinnert der St. Georgsbrunnen an den Trierer Kurfürsten Franz Georg von Schönborn. 1751 wurde der Brunnen vom Rat der Stadt gebaut. Er gilt als einer der schönsten Rokokobrunnen Deutschlands.

Domfreihof. Neben der frühgotischen Liebfrauenkirche und dem barocken Palais Kesselstadt beherrscht der salische Westbau des Domes aus dem 11. Jahrhundert diesen Platz. Der Dom wurde über den Resten einer von Konstantin dem Großen errichteten Kirche gebaut. Es würde zu weit führen und den Rahmen dieses Buches sprengen, Details über den Trierer Dom darzustellen. Erwähnt sei lediglich, daß hier eine der kostbarsten Reliquien der Christenheit verehrt wird, der Heilige Rock.

Dom und Liebfrauenkirche sind geöffnet vom 1. November bis 31. März täglich von 6 bis 12 Uhr und von 14 bis 17.30 Uhr, vom 1. April bis 31.

Oktober täglich von 6 bis 18 Uhr. Sowohl im Dom wie auch in der Liebfrauenkirche werden Führungen veranstaltet. Anfragen direkt an das Dombüro Telefon 0651/75801.

Basilika. Der Überlieferung nach soll die Heilige Helena, die Mutter Konstantins des Großen den Grundstein zu diesem Gebäude gelegt haben, das ihr Sohn Konstantin der Große nach 300 als Residenzschloß errichten ließ. Heute ist von diesem Residenzschloß lediglich der

Das Rote Haus in Trier

Hauptsaal, die sogenannte Basilika erhalten. Kunsthistoriker betrachten diese Basilika in Trier als eines der großartigsten Gebäude aller Zeiten. Das einstige kaiserlich-konstantinische Palastgebäude dient heute als evangelische Kirche, nachdem Friedrich Wilhelm IV. von Preußen die Basilika hat restaurieren lassen und sie 1856 der evangelischen Gemeinde übergeben hatte.
Die Basilika ist geöffnet Ostersamstag bis 31. Oktober werktags von 9 bis 13 Uhr und 14 bis 18 Uhr, sonn- und feiertags 11 bis 13 Uhr und 14 bis 18 Uhr, 1. November bis Karfreitag werktags 11 bis 12 Uhr und 15 bis 16 Uhr, sonntags von 11 bis 12 Uhr. Montags ist die Basilika geschlossen. Telefon 0651/72468.
Kurfürstliches Schloß. Neben der Basilika als Residenz der römischen Kaiser entstand seit 1614 als Residenz ihrer Nachfolger, der Erzbischöfe und Kurfürsten von Trier, der Renaissancebau des kurfürstlichen Schlosses.
Kaiserthermen. Mit dem Bau der gewaltigen Anlage wurde nach 300 unter Konstantin dem Großen begonnen. Sie stellen eine der größten Thermenanlagen der antiken Welt dar, sind allerdings niemals ganz fertig geworden. Noch als Ruinen sind sie eindrucksvoll und lassen gut erkennen, welche Bäder hier genommen werden konnten.
Geöffnet Januar bis März täglich 9 bis 17 Uhr, April bis September täglich 9 bis 18 Uhr, Oktober bis November 9 bis 17 Uhr.
Amphitheater. Es ist das älteste noch erhaltene Bauwerk Triers, das wohl bereits um 100 n. Chr. errichtet wurde. Das als Erdbau, nicht wie sonst aus Stein errichtete Theater konnte 20 000 Zuschauern Platz bieten. Der Name Theater ist irreführend, zumindest für heutige Begriffe. Es gab hier keine musisch-künstlerischen Vorstellungen, sondern blutige Kämpfe zwischen wilden Tieren, zwischen Menschen und Tieren und die sogenannten Gladiatorenkämpfe zwischen Menschen und Menschen.
Geöffnet wie Kaiserthermen.
Barbarathermen. Dicht bei der Römerbrücke liegen die früher kostbar ausgestatteten Barbarathermen, die drittgrößten der antiken Welt. Nach 1600 wurden die Ruinen als Steinbruch für den Bau des Jesuitenkollegs benutzt, so daß heute nur noch die Keller, die Fundamente und Reste von Heizungsanlagen übrig sind.
Geöffnet Januar bis März 9 bis 13 Uhr und 14 bis 17 Uhr, April bis September 9 bis 13 Uhr und 14 bis 18 Uhr, Oktober und November 9 bis 13 Uhr und 14 bis 17 Uhr. Am 1. Werktag jeder Woche sowie im Dezember ist die Anlage geschlossen. Desgleichen können sämtliche histori-

schen Anlagen in Trier bei winterlichen Wetterbedingungen, Eis- und Schneeglätte geschlossen bleiben.

Römerbrücke. Seit dem zweiten Jahrhundert bis heute dient die sogenannte Römerbrücke dem Verkehr über die Mosel. Sie ist damit zumindest von ihren Pfeilern her die älteste heute noch benutzte Brücke Deutschlands.

Abtei St. Matthias. Am Fuße des Heiligkreuzer Berges steht die in ihren Anfängen bis in die Römerzeit, bis ins vierte Jahrhundert zurückreichende Benediktinerabtei St. Matthias. Seit 1127 werden hier die Reliquien des Apostels Matthias verehrt. Das führte wegen des gewaltigen Pilgerandranges 1148 zum Neubau einer Kirche über dem Apostelgrab, dem einzigen nördlich der Alpen. Die Matthiaskirche aus dem 12. Jahrhundert ist bis heute im wesentlichen unverändert geblieben. Sehenswert ist außer der Kirche selber der Kreuzgang des nach wie vor von Benediktinern bewohnten Klosters.

Museen:

Rheinisches Landesmuseum, Weimarer Allee 1. Das Museum ist für jeden, der sich mit der Geschichte und Kunstgeschichte der Südeifel beschäftigt, ein Muß. Wurden hier doch alle bedeutsamen Funde von der Vorgeschichte an über Römerzeit und Mittelalter zusammengetragen, die im jahrhundertelang kurtrierischen Teil der Südeifel, und das war der mit Abstand größte Teil des Berglandes, gemacht wurden. Natürlich sind diese Funde aus der Südeifel im Rheinischen Landesmuseum eingebettet in das weit größere Umfeld der Sammlungen, die, wie der Name des Museums bereits sagt, einen großen Teil des Rheinlandes, vor allem den heute zu Rheinland-Pfalz gehörenden, berücksichtigen.

Geöffnet: montags von 10 bis 16 Uhr, dienstags bis freitags 9.30 bis 16 Uhr, samstags 9.30 bis 13 Uhr und sonntags von 9 bis 13 Uhr. Der Eintritt ist frei. Telefonnummer 0651/43588 und 43589.

Städtisches Museum Simeonstift an der Porta Nigra. Hier sind Exponate zur Stadtgeschichte, Kunstwerke vom Mittelalter bis zum 19. Jahrhundert aus Trier und Umgebung, spätantike und zeitgenössische Kunst, Gemälde, Skulpturen und Ostasiatika aus einer privaten Sammlung zusammen getragen.

Geöffnet dienstags bis freitags von 9 bis 17 Uhr, samstags, sonn- und feiertags 9 bis 15 Uhr (April bis Oktober) sowie 9 bis 13 Uhr November bis März. Montags ist das Museum geschlossen.

Telefonnummer 0651/7182449.

Bischöfliches Dom- und Diözesanmuseum Trier, Windstraße 6- 8. Das 1988 neu eröffnete Haus bietet eine reiche Schausammlung, die Denkmäler aus der Zeit des frühen Christentums, des Mittelalters und der Neuzeit umfaßt. Einen besonderen Rang nimmt hier die aus vielen Fragmenten zusammengesetzte Putzdecke eines Zimmers aus dem Wohnpalast ein, den man unter dem Trierer Dom gefunden hat. Dieses Deckengemälde stammt aus dem 4. Jahrhundert n. Chr. und wird als eines der bedeutendsten Denkmäler spätantiker Malerei angesehen.
Geöffnet montags bis samstags 9 bis 13 Uhr und 14 bis 17 Uhr, sonn- und feiertags 13 bis 17 Uhr, Telefon 0651/7105-255.
Karl-Marx-Haus, Museum, Brückenstr. 10. In diesem Geburtshaus des Begründers des modernen Sozialismus Karl Marx ist eine Ausstellung über Leben-Werk-Zeit von Karl Marx 1818 bis 1883 zu sehen.
Geöffnet November bis März dienstags bis sonntags 10 bis 13 Uhr und 15 bis 18 Uhr, montags 15 bis 18 Uhr. April bis Oktober 10 bis 18 Uhr.

Stadtführungen:

Vom 1. April bis zum 31. Oktober bietet die Touristinformation Trier tägliche Stadtrundgänge mit geprüften Stadtführerinnen und Stadtführern an. Die Führungen finden statt von 10 bis 12 Uhr und von 15 bis 17 Uhr. Die Stadtrundgänge stehen unter dem Motto „Zweitausend Schritte gleich zweitausend Jahre". Sie führen von der Porta Nigra und dem Simeonstift zum Dreikönighaus, Hauptmarkt, Dom, Basilika mit Innenbesichtigung, Kurfürstliches Schloß, Kaiserthermen mit Besichtigung.
Daneben werden vom 1. Mai bis zum 31. Oktober täglich zwischen 10.30 Uhr und 12.30 Uhr sowie 14.30 Uhr bis 16.30 Uhr Stadtrundfahrten angeboten unter dem Motto „Zwei Stunden gleich zweitausend Jahre". Die Fahrtroute führt von der Porta Nigra/Simeonstift zum Moselufer und zur Römerbrücke, weiter zu Barbarathermen und Kaiserthermen, die besichtigt werden, sowie zur Basilika, die ebenfalls besichtigt wird, dann zum Amphietheater und zurück zur Porta Nigra.

Informationen: Touristinformation Trier, An der Porta Nigra, 54290 Trier, Telefon 0651/9780821.

Ulmen – Die Schätze von Konstantinopel

Ähnlich wie in Meerfeld bei Manderscheid liegen auch in Ulmen Maar und Dorf in einem Kraterkessel beisammen. Doch gegenüber Meerfeld ist das Bild in Ulmen ungleich dramatischer. Der Kraterkessel ist viel enger, die Fachwerkhäuser des Dorfes drängen bis ans Wasser des kleinen Vulkansees, und das Ganze wird überragt von einer wildromantisch wirkenden Burgruine. Was sich an geschichtlichen Erinnerungen mit dieser Burgruine verbindet, ist allerdings mehr wild als romantisch.

Anfang des 12. Jahrhunderts ist die Oberburg von Ulmen entstanden. Der bekannteste Ritter, der als sogenannter Reichsministerialer auf der Burg Ulmen gelebt hat, war Heinrich von Ulmen. Er war Teilnehmer an jenem unsäglichen vierten Kreuzzug 1202 bis 1204, bei dem die abendländischen Ritter sich blind und willig in die Großmachtpläne des venezianischen Dogen Dandolo einspannen ließen. Unter dem Vorwand, das Heilige Land von den heidnischen, weil islamischen Osmanen zu befreien, überfielen die abendländischen Heere die Stadt Konstantinopel, plünderten und brandschatzten sie.

Ulmener Maar, im Hintergrund das Dorf

Einer derjenigen, die sich als eifrigste Plünderer betätigten, war der Ulmener Ritter Heinrich. Nachdem Graf Balduin von Flandern sich als Marionette der Venezianer in Konstantinopel zum Kaiser hatte krönen lassen, was zur Gründung des sogenannten lateinischen Kaiserreiches führte, machte der neue Kaiser den Ulmener Ritter zum Oberbefehlshaber der kaiserlichen Streitkräfte und Stadtkommandanten von Konstantinopel.

Der Eifeler Ritter hat das weidlich ausgenutzt. Als er nach Ulmen zurückkehrte, war er gleichsam hoch beladen mit den erlesensten und zum Teil unschätzbaren Kostbarkeiten, die er in Konstantinopel geraubt hatte, unter anderem aus der berühmten Hagia Sophia. Die größte Kostbarkeit war das Siegeskreuz der byzantinischen Kaiser Konstantinus VII., Porphyrogenitus und Romanus II. Nach zeitgenössischen Berichten soll dieses Reliquiar, abgesehen von seinem ideellen Werte einen nicht schätzbaren materiallen Wert gehabt haben. Es gilt als eine der kostbarsten Arbeiten spätantiker Goldschmiedekunst. Diese Kostbarkeit befindet sich heute im Domschatz von Limburg an der Lahn. Von 1340 bis 1355 betätigten sich die Ulmener Ritter gemeinsam mit denen von Daun als Raubritter, bis sie 1355 endgültig geschlagen wurden und sich unterwerfen mußten, um die Oberhoheit der Trierer Erzbischöfe anzuerkennen.

Von 1679 bis 1689 wurde die Oberburg sowie die zwischenzeitlich entstandene kleinere Niederburg durch die Franzosen zerstört. Die Niederburg verfiel ganz, die Oberburg, seit 1852 im Besitz der Gemeinde und seit 1913 unter Denkmalschutz, wurde soweit restauriert, daß die Ruinen nicht weiter verfallen können.

Sehenswürdigkeiten:

Ruine der Oberburg und Ruine des kurtrierischen Amtshauses. In aussichtsreicher Lage auf dem Kraterrand über dem Maar lohnen die Ruinen unbedingt einen Besuch.

Ulmener Maar. Der Vulkansee entstand in der letzten Phase des Eifelvulkanismus vor etwa 10 000 Jahren. Er hat eine Oberfläche von 5,4 Hektar und ist 37 Meter tief. Als Besonderheit beim Ulmener Maar gilt die Tatsache, daß mit zunehmender Wassertiefe die Temperatur steigt. Man vermutet auf dem Grunde des Sees eine heiße Quelle.

Jungfernweiher. Schon manch einer, der über die Autobahn nach Ulmen kommt, hat den Jungfernweiher für das Ulmener Maar gehalten und war deshalb ganz enttäuscht, weil die Bilder vom Ulmener Maar doch etwas ganz anderes zeigen. Dieser rund 35 Hektar große, aber nur drei bis fünf Meter tiefe Weiher am Ortsrand von Ulmen ist möglicherweise auch einmal ein Maar gewesen, aber dann schon sehr lange ein Trockenmaar. Im Mittelalter wurde er als Fischweiher genutzt, im 19. Jahrhundert zur Torf- und Weidelandgewinnung teilweise trockengelegt. Zur Zeit der Dampfeisenbahnen wurden auf dem Bahnhof Ulmen die Lokomotiven mit Wasser aus dem Jungfernweiher befüllt. Heute ist der Weiher eines der größten Feuchtgebiete der Südeifel, mit seinen Flachwasser- und Verlandungszonen ist er ein wertvolles Brut- und Durchzugsbiotop für Vogelarten, die Wasser oder Feuchtigkeit benötigen. Vor allem zur Zeit des alljährlichen Vogelzuges in Herbst und Frühjahr kann man hier viele Zugvögel beobachten.

Kapelle St. Anna. Im Ortsteil Meiserich hat Ulmen mit der sogenannten Filialkapelle St. Anna eine besondere kunsthistorische Kostbarkeit. 1512 wurde hier ein erstes spätgotisches Kapellchen errichtet, das nach einem Blitzschlag 1756 erneuert und in die heutige Form gebracht wurde. Besonders sehenswert ist ein farbiger Holzschnitzaltar aus dem 17. Jahrhundert mit einer thronenden Madonna mit Kind aus dem 15. Jahrhundert.

Alter Bildstock in Ulmen

Lutzerath. Im Lutzerather Ortsteil Driesch stößt man auf die Wallfahrtskirche Mater Dolorosa. Ist schon der 1681/91 entstandene Neubau anstelle der durch Blitzschlag zerstörten Vorgängerkirche als typische Eifeler Einstützenkirche mit bemerkenswertem Chorgewölbe sehenswert, so gilt dies erst recht für den Hauptaltar im rechten Chorraum. 1672 schuf der Meister Bartholomäus Hammes aus dem Nachbarort Alflen diesen riesigen Altar vom bitteren

Leiden Christi, der in mehreren Etagen in volkstümlich einfachen, aber vielleicht gerade deshalb so eindrucksvollen Figuren und Szenen die Leidensgeschichte Christi zeigt.
Kaisersesch. Östlich von Ulmen, unmittelbar an der von Trier nach Koblenz führenden Autobahn ist Kaisersesch ein interessantes Ziel für alle Altertumsfreunde. Der Ort lag an der Römerstraße, die vom Mittelmeer an den Rhein führte. Im Forst Langenheck am Ortsrand sind heute noch die Spuren der einstigen römischen Ansiedlung zu sehen. In der Nähe des Bahnhofs ist noch ein wohlerhaltenes Stück des Römerwalls auszumachen. Darüber hinaus kann man im Kaisersescher und im Eulgemer Wald zahlreiche vorgeschichtliche Hügelgräber und die Reste vorgeschichtlicher Wohnstätten finden.
Halbwegs zwischen Ulmen und Kaisersesch liegt im Tal der wilden Endert das vielbesuchte Wallfahrtskloster Maria Marthental. Es ist ein günstiger Ausgangspunkt für Wanderungen in dieses Tal, das nicht von ungefähr Tal der „wilden Endert" heißt.

Veranstaltungen:

Jeden zweiten Sonntag im Juli gibt es das große Burg- und Heimatfest in den Ruinen der Oberburg Ulmen.

Aktivitäten:

Wandern, Angeln im Jungfernweiher.

Informationen: Touristinformation Ferienland der Thermen und Maare, Winkelstr. 22, 56763 Ulmen, Telefon 02676/40944.

Wittlich – Die Stadt der Säubrenner

In Wittlich wird die Südeifel ganz anders, so könnte man die Stadt und ihre Umgebung charakterisieren. Tatsächlich tritt hier der schroffe Charakter des Vulkanberglandes zugunsten lieblicherer Landschaftsformen zurück, unübersehbar macht sich hier das milde Klima des nahen Moseltales bemerkbar. Dies und die fruchtbaren Böden, auf denen Wein und Tabak gedeihen, haben sicherlich dazu beigetragen, daß das Gebiet im unteren Liesertal schon sehr früh besiedelt wurde.

Die ältesten Siedlungsspuren stammen von den Kelten, die auf dem Tempelkopf in Wittlich eine Fliehburg hatten. Deren Spuren sind heute noch ebenso zu sehen wie die römischer Bauten. Die Römer gaben dem Ort den Namen Vitteliacum, daraus entwickelte sich Wittlich. Die restaurierten Reste einer römischen Villa im Mundwald erinnern an die römische Epoche. 404 mußten die Römer den Franken weichen, um 1000 vereinnahmten die Trierer Erzbischöfe das Gebiet, vermittelten 1291 die Verleihung der Stadtrechte durch Rudolf von Habsburg und behielten die Stadt bis zur Französischen Revolution.

Häufig haben die Trierer Erzbischöfe, spätere Kurfürsten, in Wittlich residiert. Vor allem auf der Anfang des 15. Jahrhunderts erbauten Burg Ottenstein haben sich die Landesherren damals gerne aufgehalten. Zehn Mal erlebte die Stadt bis zur Französischen Revolution alles vernichtende Stadtbrände. Der letzte, 1747, zerstörte auch die Burg Ottenstein. Daraufhin ließ Kurfürst Johann Phillip von Waldersdorf das prachtvolle barocke Jagdschloß Phillipsfreude als kurtrierischen Amtssitz bauen. 1794 wurde der Prunkbau jedoch bereits von den Franzosen zerstört und dann auf Abbruch verkauft. Nichts ist mehr von ihm erhalten außer einigen Putten.

Im Zweiten Weltkrieg wurde Wittlich durch alliierte Bombenangriffe zerstört.

Heute ist Wittlich die bedeutendste Handels- und Einkaufsstadt am Rande der Südeifel zwischen Koblenz und Trier, wichtiges kulturelles und Verwaltungszentrum, Schul- und Behördenstadt, bedeutender Verkehrsknotenpunkt zwischen Eifel und Mosel, landwirtschaftliches Zentrum mit Weinbau und dem einzigen Tabakanbaugebiet des Rheinlandes. Schließlich findet in Wittlich das größte und bekannteste Volksfest der Südeifel statt, die Säubrennerkirmes.

Sehenswürdigkeiten:

Am reizvollen Marktplatz steht das ***alte Rathaus,*** das heute als städtische Galerie genutzt wird. Um 1650 wurde es gebaut, 1922 erweitert. Ursprunglich war es im Erdgeschoß eine offene Markthalle. Seine Fassade gehört zu den schönsten Beispielen der deutschen Spätrenaissance. Es ist ein stadtbildprägendes Merkmal von Wittlich, nicht zuletzt durch seine Farbgebung. Diese Farbgebung erinnert daran, daß man in Wittlich seit Jahren bemüht ist, die historischen Gebäude der Stadt nach Möglichkeit wieder in den historisch überlieferten Farben zu gestalten. Ein Bemühen, das den Wittlichern inzwischen bereits viel Anerkennung eingetragen hat. Neben dem Rathaus ist es dabei das Ensemble zum Teil noch historischer Häuser, die auf diese Weise auffallen und hervorzuheben sind. Es geht dabei vor allem um die ehemalige

Thurn- und Taxis'sche Posthalterei, das Haus Nummer drei, sowie die Häuser Nummer fünf und sechs als besonders schöne Beispiele der Barockzeit.

Haus Daus. In der Karrstraße 19/21 ist das restaurierte Bürgerhaus ein schönes Beispiel eines auf spätgotische Bausubstanz zurückgehenden historischen Gebäudes, das in seinem äußeren Erscheinungsbild von 1686 stammt. Typisch für die Südeifel sind die mit rotem Sandstein gestalteten Tür- und Fensterrahmen.

Pfarrkirche St. Markus. Anfang des 18. Jahrhunderts entstand im frühbarocken Stil diese dreischiffige Hallenkirche.

Burgtor. An der Lieserbrücke lohnt sich am alten Burgtor ein Blick in die Höhe. Die Schnauze der hier noch sichtbaren Fratze war der Ausguck für den Stadtwächter.

Ehemalige jüdische Synagoge. Als wichtigste Handelsstadt der Südeifel zwischen Koblenz und Trier hatte Wittlich immer eine starke jüdische Bevölkerung. In der sogenannten Reichskristallnacht am 9. November 1938 wurde von den Nazis der Innenraum der 1909/10 erbauten Synagoge zerstört. 1975/76 baute man die Ruine wieder auf. Rein äußerlich präsentiert sich das einstige jüdische Gotteshaus wieder als interessante Jugendstilanlehnung an den romanischen Baustil. Genutzt wird die ehemalige Synagoge heute als Kultur- und Tagungsstätte.

Ausflugsziele:

Bruch. Die Wasserburg Bruch im unteren Salmtal südwestlich von Wittlich ist mit ihren beiden Rundtürmen ein besonderes Wahrzeichen der Landschaft und war einmal ein Kuriosum der Geschichte. Von 1100 bis 1539 war Bruch eine kleine eigenständige Herrschaft an der Grenze zwischen den Territorien der Erzbischöfe von Trier und den Grafen von Manderscheid. Die schöne Wasserburg, deren Wohnhaus 1700 erbaut wurde, ist zwar Privatbesitz, doch können die historischen Gebäude auf Anfrage besichtigt werden.

Dreis. Ein wenig unterhalb von Bruch im landschaftlich schönen Salmtal liegt am Rande des gleichnamigen Dorfes das Barockschloß Dreis. Wie Schloß Weilersbach bei Bollendorf (siehe Kapitel „Ferschweiler Plateau") war auch Dreis eine Sommerresidenz der letzten Äbte von Echternach. 1774 ließen sie den Bau in der Nähe von Wittlich entstehen. Auch Dreis ist heute Privatbesitz, gegen Voranmeldung kann das Schloß jedoch besichtigt werden. Im Inneren gibt es eine sehr schöne Gemäldesammlung und eine originelle französische Bildtapete.

Rathaus in Wittlich

Klausen. Als bedeutendsten Bau der Spätgotik im gesamten Bereich der Eifel und des Moselraumes hat der bekannte Kunsthistoriker Dehio die alte Wallfahrtskirche Klausen südlich von Wittlich bezeichnet. Zwischen 1474 und 1502 entstand zur Verehrung eines Trierer Vesperbildes die Kirche St. Maria. Bereits 1492 war hier ein Kloster für Augustinerchorherren gegründet worden, das 1802 aufgehoben wurde.
Die Kirche ist eine spätgotische zweischiffige Hallenkirche mit Chor und Seitenschiff und sehenswertem Netzgewölbe. Neben dem hölzernen Gnadenbild von 1440, dem heute noch die Wallfahrten nach Klausen gelten, ist ein eindrucksvoller Antwerpener Schnitzaltar von 1480 eine besondere Kostbarkeit der Innenausstattung der Kirche. Sehenswert ist auch das Chorgestühl vom Ende des 15. Jahrhunderts sowie die barocke Kanzel und Täfelung.
Die Kirche ist täglich von 8 bis 18 Uhr geöffnet.
Niederkail. Der Landscheider Ortsteil Niederkail ist eng verbunden mit dem Namen des bekanntesten Südeifeler Heimatdichters Peter Zirbes. Peter Zirbes, 1825 bis 1901, war Steinzeughändler, der mit einem kleinen eselsgezogenen Karren das in seiner Heimat erzeugte Steinzeug durch die Eifel und weit darüber hinaus handelte. Bei seinen Fahrten und Wanderungen dieses Hausierhandels schrieb er jene Gedichte, die ihn schon zu seinen Lebzeiten bekannt machten. Sein Geburtshaus in Niederkail ist heute Museum. Es ist geöffnet freitags von 14 bis 16 Uhr und sonntags von 10.30 bis 12 Uhr. Telefon 06575/8123.
Speicher. Schon die Römer kannten und nutzten die Tonvorkommen im unteren Kylltal zur Herstellung von Keramikwaren. Römische und mittelalterliche Ziegeleiöfen im Walde von Speicher beweisen die ununterbrochene Existenz des Gewerbes. Heute noch wird in Speicher Keramik erzeugt, wenn auch unter modernen industriellen Bedingungen.

Veranstaltungen:

Säubrennerkirmes alljährlich am dritten Wochenende im August drei Tage lang. Überall in der Stadt werden in diesen Tagen ganze Schweine am Spieß gebraten, dazu wird der in den Rebhängen des unteren Liesertales um Wittlich wachsende Wein ausgeschenkt.
Das Fest soll zurückgehen auf eine Begebenheit anläßlich einer Belagerung Wittlichs 1397 durch Ritter Friedrich von Ehrenburg. Ein Nachtwächter soll damals ein Stadttor statt mit dem üblichen Riegel mit einer Rübe verschlossen haben, die nachts von einer streunenden Sau aufgefressen wurde. Dadurch war das Tor nicht mehr gesichert, und der

Feind konnte eindringen. Zur Strafe, soll der Stadtrat von Wittlich damals beschlossen haben, wurden alle Schweine der Stadt in ein Feuer getrieben und verbrannt.
Tatsächlich soll das Fest jedoch darauf zurückgehen, daß auf den Viehmärkten von Wittlich immer besonders viele Schweine aufgetrieben und hier mit glühenden Eisen markiert, also gebrannt wurden.

Aktivitäten:

Rundwanderungen mit und ohne Gepäck im Wittlicher Land.

Spezialitäten:

Wittlicher Wein von den Lagen des Liesertales.

Informationen: Fremdenverkehrsverband Wittlicher Land, Altes Rathaus, 54516 Wittlich, Telefon 06571/4086 und 4087.

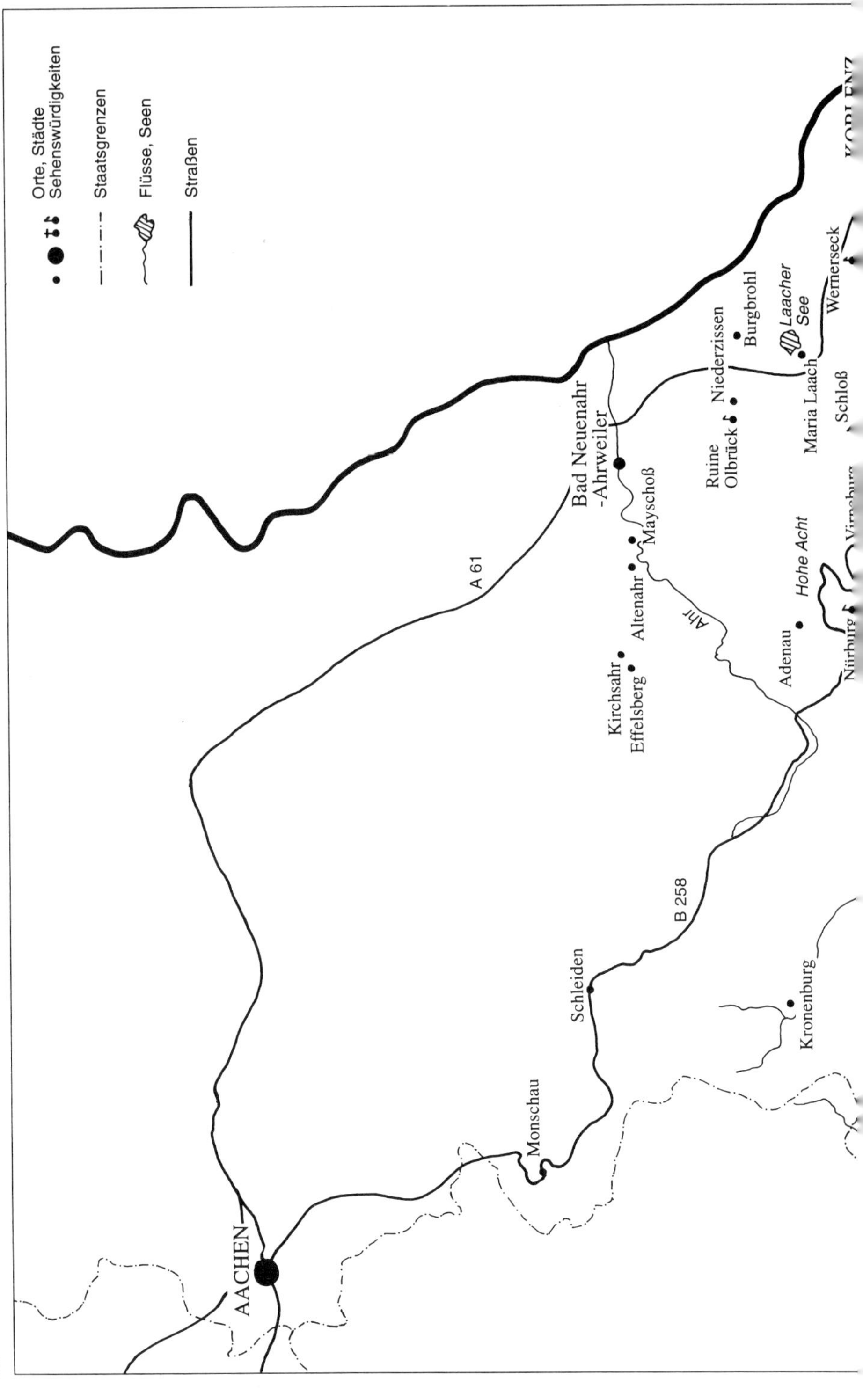

Orte, Städte
Sehenswürdigkeiten
Staatsgrenzen
Flüsse, Seen
Straßen
Bad Neuenahr
-Ahrweiler
Mayschoß
Altenahr
Ahr
Kirchsahr
Effelsberg
A 61
Ruine
Olbrück
Niederzissen
Burgbrohl
Laacher
See
Maria Laach
Wernerseck
Schloß
Hohe Acht
Adenau
B 258
Schleiden
Kronenburg
Monschau
AACHEN

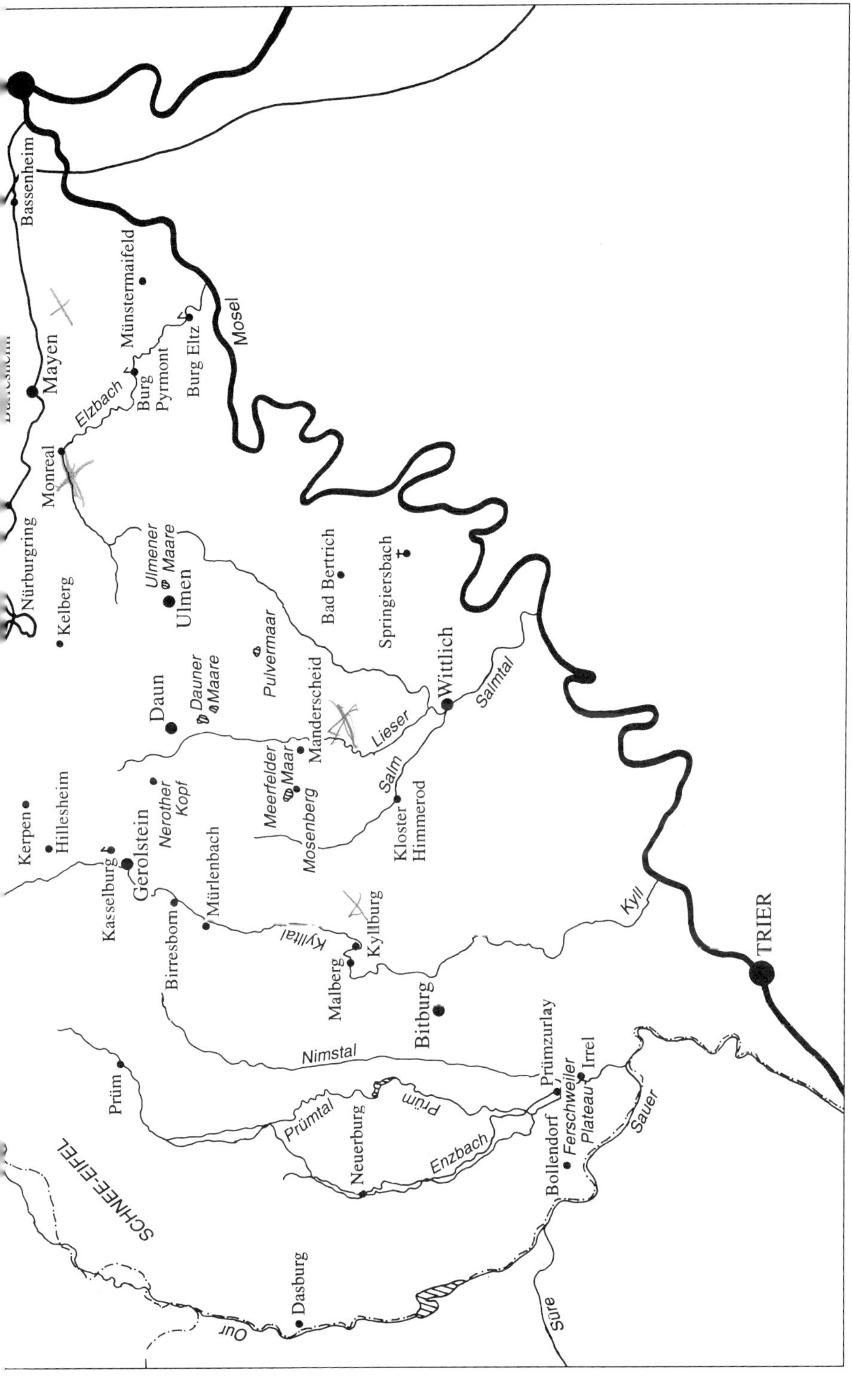

Bassenheim
Münstermaifeld
Mayen
Burg Pyrmont
Burg Eltz
Elzbach
Mosel
Monreal
Nürburgring
Kelberg
Ulmener Maare
Ulmen
Bad Bertrich
Springiersbach
Pulvermaar
Daun
Dauner Maare
Wittlich
Salmtal
Manderscheid
Lieser
Meerfelder Maar
Mosenberg
Salm
Kloster Himmerod
Kerpen
Hillesheim
Nerother Kopf
Gerolstein
Kasselburg
Mürlenbach
Birresborn
Kylltal
Kyllburg
Malberg
Kyll
TRIER
Bitburg
Prümzurlay
Irrel
Ferschweiler Plateau
Nimstal
Prüm
Prümtal
Prüm
Neuerburg
Enzbach
Bollendorf
Sauer
SCHNEE-EIFEL
Dasburg
Our
Süre

Orte (Fettdruck = Haupteintrag)

Orte

Orte (Fettdruck = Haupteintrag)

Orte

Orte (Fettdruck = Haupteintrag)

Reisebücher

im Meyer & Meyer Verlag

Rolf Purpar
Reisebuch Niederrhein

2., überarbeitete Auflage,
216 Seiten, 16 Seiten Farbe,
50 Fotos, 5 Gebietskarten,
Broschur, 14,8 x 21 cm
ISBN 3-89124-108-9

Rolf Purpar
Reisebuch Nordeifel

304 Seiten, 16 Seiten Farbe,
47 Fotos, Gebietskarte,
Broschur, 14,8 x 21 cm
ISBN 3-89124-121-6

Christoph Wendt
Reisebuch Ardennen

216 Seiten, 16 Seiten Farbe,
40 Fotos, Broschur,
14,8 x 21 cm
ISBN 3-89124-185-2

Sylvie u. Konrad Kubisch
Reisebuch Aquitanien

2., überarbeitete Auflage,
232 Seiten, 16 Seiten Farbe,
38 Fotos, Broschur,
14,8 x 21 cm
ISBN 3-89124-184-4

Unser Regionalprogramm